MAKRAMEE

24 LIEBLINGSSTÜCKE SELBST KNÜPFEN

Amy Mullins
Marnia Ryan-Raison

südwest

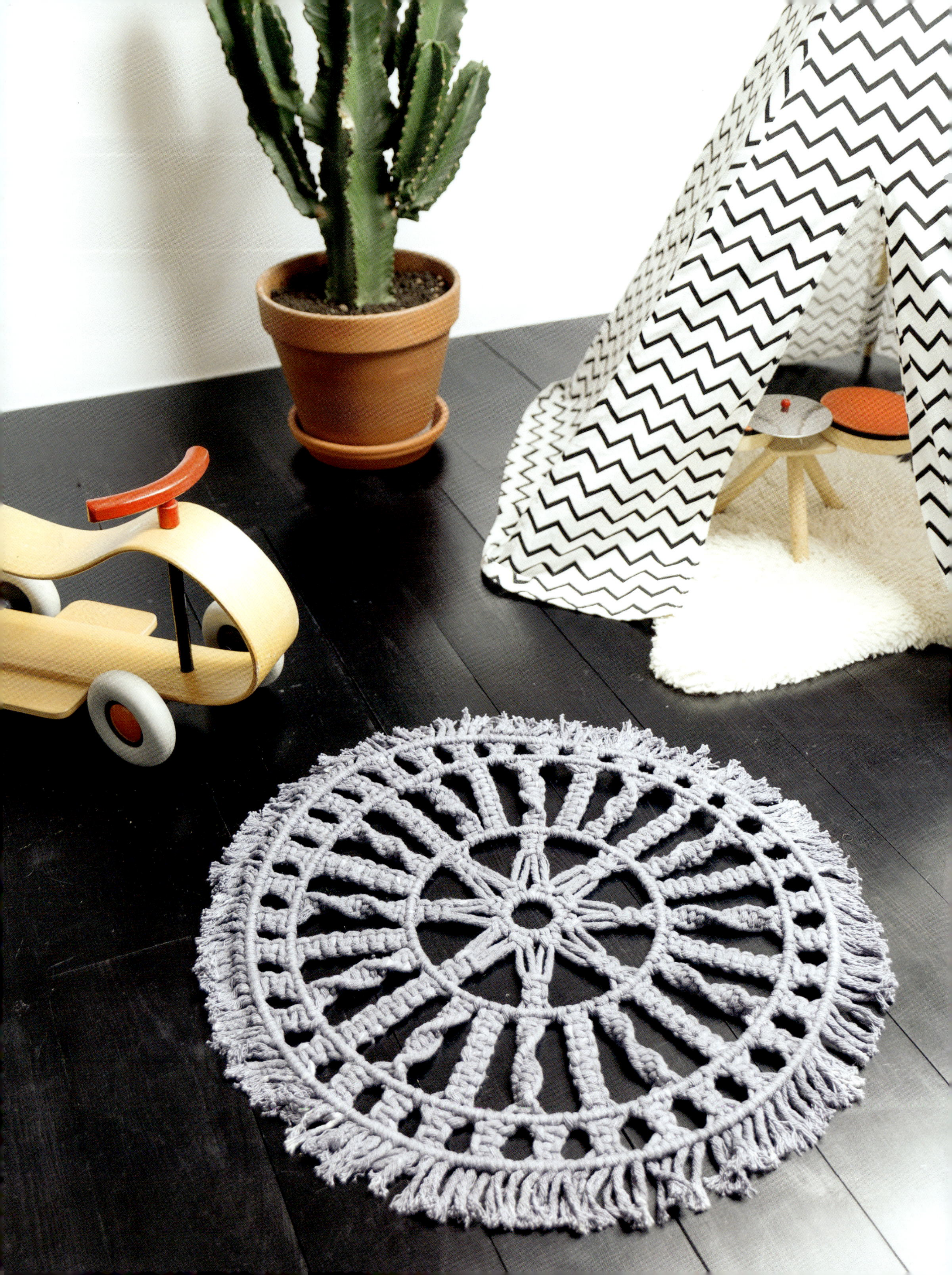

INHALT

EINFÜHRUNG

„Makramee" verbindet die alte Kunst der kreativen Knüpftechnik mit spannenden neuen Designinterpretationen, die das Makramee an eine moderne Optik anpassen. Ob Sie nach einem hübschen Gegenstand zur Verschönerung eines Raumes oder nach zweckmäßigen und zugleich dekorativen Gebrauchsgegenständen für Ihr ganzes Zuhause suchen – hier finden Sie eine umfangreiche Auswahl an Projekten, mit denen Sie Ihren kreativen Ehrgeiz ausleben können.

Ob Sie nun eine neue Handarbeitstechnik erlernen oder sich einfach nur weiter schulen wollen, wir haben für jeden etwas. Es stehen vierundzwanzig Arbeiten zur Auswahl, die wir als zwölf Projektpaare vorstellen. Das jeweils erste Projekt ist ideal für diejenigen Makrameefans, die mit dem Knüpfen beginnen, und das zweite ist perfekt geeignet, um vorhandene Kenntnisse zu vervollkommnen.

Beim Entwurf unserer Projekte war es unser Ziel, Ihnen eine Vielzahl dekorativer Möglichkeiten anzubieten, indem wir die verschiedensten Knüpfgarne, vielseitige Farbkombinationen und interessante Texturen und Techniken nutzen. Es gibt eine detaillierte Einführung in die Knotenknüpftechnik und wir raten Ihnen, die Knoten, die Sie brauchen, erst einmal zu üben, bevor Sie mit einem Projekt beginnen.

Jedes Projekt startet mit einer Auflistung der benötigten Knoten und Techniken sowie der wesentlichen Materialien, die Sie benötigen, bevor eine Schritt-für-Schritt-Anleitung folgt. Zahlreiche detaillierte Fotos führen Sie durch die Knüpfsequenzen; wenn Sie diese genau befolgen, werden Sie sehen, dass selbst das umfangreichste Muster viel einfacher ist, als Sie vielleicht gedacht haben.

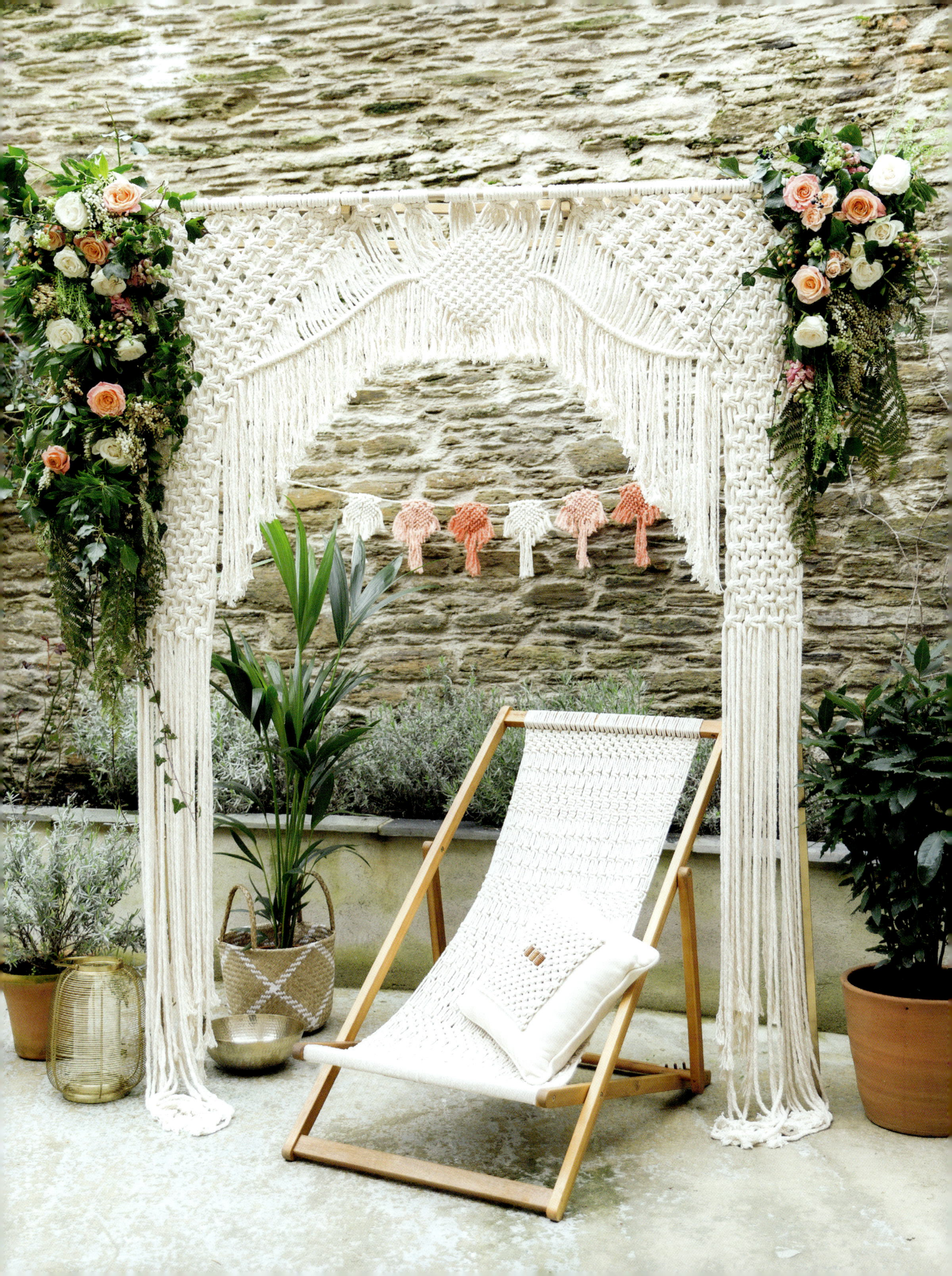

WERKZEUG & MATERIALIEN

In diesem Kapitel geben wir einen Überblick über das wichtigste Material für alle Makrameekünstler, die Garne oder Schnüre, mit denen die Knoten geknüpft werden, sowie einige grundlegende Werkzeuge, die Sie benötigen. Welche Materialien für jedes Knüpfprojekt benötigt werden, steht am Anfang des jeweiligen Projekts.

DIE KNÜPFARBEIT

Wir haben für die Projekte in diesem Buch unterschiedliche Knüpfgarne verwendet, von denen einige hier abgebildet sind. Aber am häufigsten haben wir uns für ein 5 mm dickes Garn entschieden, weil wir denken, dass es für die meisten Projekte am besten geeignet ist (mit einem zu dicken Garn kann es mühsam und zeitraubend sein, eine Arbeit fertigzustellen, und ein dickeres Garn bleibt am besten großformatigen Projekten vorbehalten). Wir empfehlen die Verwendung von Baumwollgarn, weil es beim Knüpfen gut in der Hand liegt und angenehm zu verarbeiten ist. Baumwollgarn sieht wesentlich schöner aus als Polypropylen- oder Polyestergarne, die billig wirken können, und seine Textur ist für schöne Gebrauchsgegenstände besser geeignet.

Die Stärke und die genauen Mengen des benötigten Knüpfgarns stehen am Anfang des jeweiligen Projekts. Die Garne können je nach Geschmack durch andere ersetzt werden, doch wenn Sie eine andere Garnstärke wählen, wirkt sich das auf die Gesamtmenge aus. Deswegen schlagen wir für ein gutes Gelingen der Knüpfarbeiten vor, sich bei Abweichungen auf die Textur und Farbe der Garne zu beschränken und bei der gleichen Garnstärke zu bleiben. Knüpfgarne erhalten Sie bei allen guten Garnlieferanten und Kurzwarenhändlern.

Es kann sinnvoll sein, dass Sie sich eine Unterlage anschaffen, auf der Sie ihre Fäden fixieren, wenn Sie an kleineren Projekten arbeiten (siehe S. 20 unter „Befestigungstechniken“). Knüpfunterlagen sind oft mit einer Skalierung und grundlegenden Anleitungen zu Knüpftechniken bedruckt und die Fäden werden mit T-Nadeln darauf befestigt.

GRUNDLEGENDES WERKZEUG

Außer den Werkzeugen, die zu jedem Projekt angegeben sind, brauchen Sie auch:

- Schere
- Maßband
- Klebeband

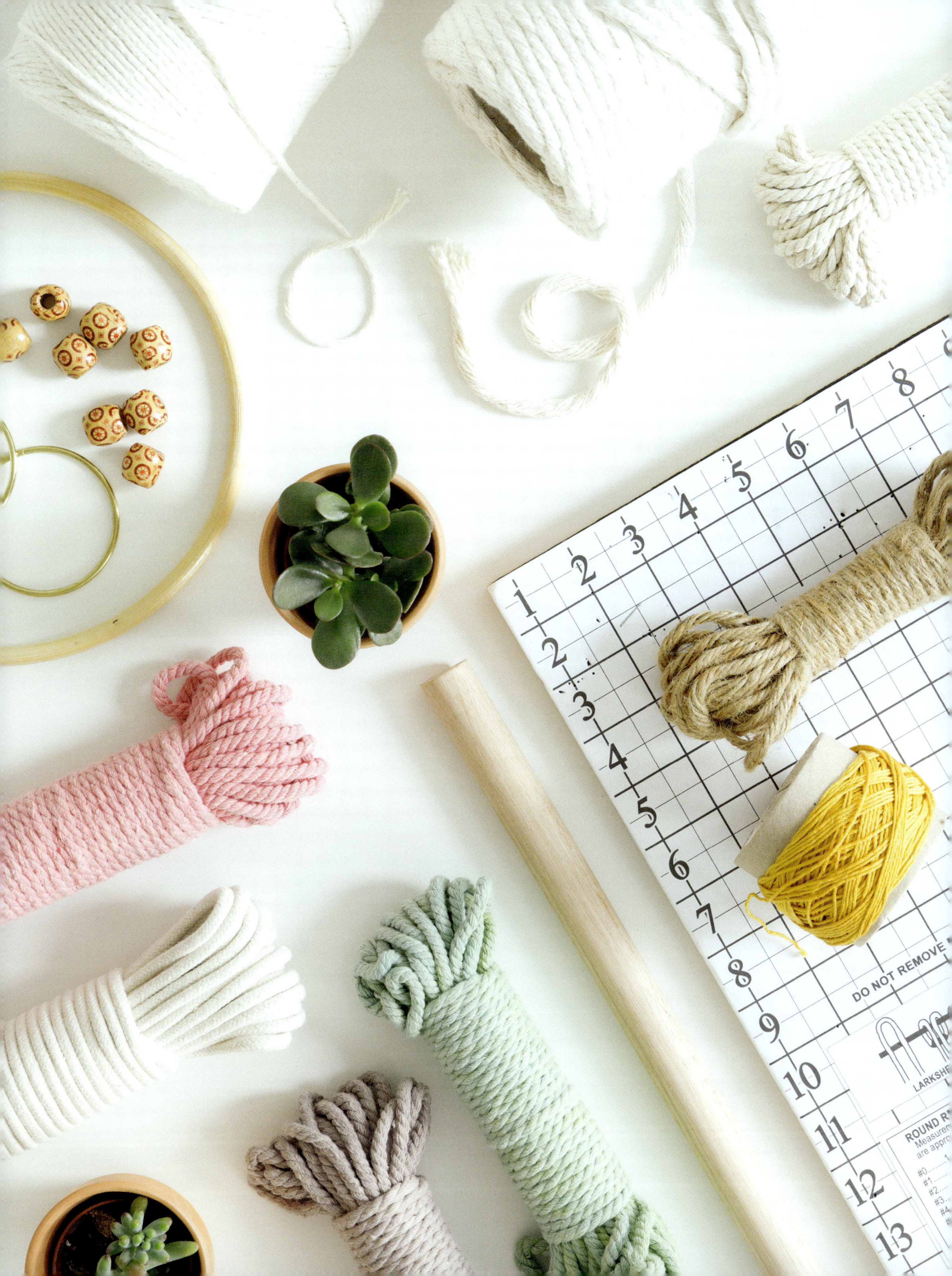
DO NOT REMOVE

KNOTEN & TECHNIKEN

KNOTENTERMINOLOGIE

Bevor Sie mit dem Knüpfen beginnen, sollten Sie sich mit ein paar grundlegenden Ausdrücken vertraut machen. Hier sind alle Ausdrücke aufgeführt, die in diesem Buch verwendet werden:

Platting: senkrechte Reihe von geknüpften Knoten

Reihe: mehrere nebeneinander geknüpfte Knoten

Knüpffäden: Fäden, mit denen der Knoten geknüpft wird

Füllerfäden: nicht aktive Fäden, um welche die Knüpffäden gelegt werden

Leitfaden: Gegenstand, an dem die Fäden befestigt werden, sei es ein Ring, ein Holzstab oder ein anderes Stück Knüpfgarn

Fäden versetzen: Indem Sie die Hälfte der Fäden von einem vorhergehenden Knoten mit der Hälfte der Fäden seines Nebenknotens zusammennehmen und eine neue Gruppe bilden, wird ein neuer Knoten geformt.

ÜBERHANDKNOTEN

Ein Überhandknoten ist der einfachste Knoten beim Knüpfen. Für einen doppelten Überhandknoten werden die Schritte einfach wiederholt.

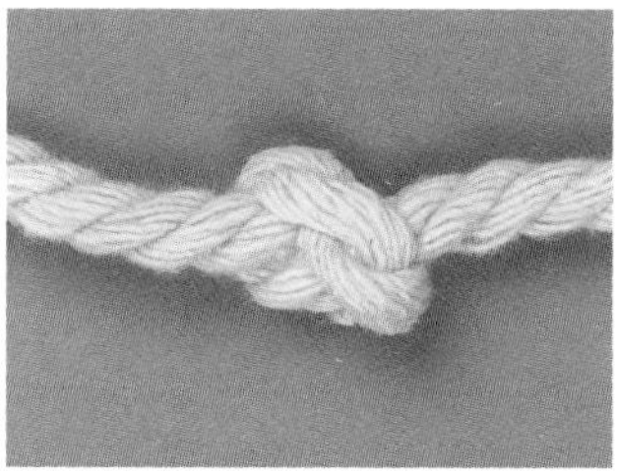

1 Halten Sie beide Fadenenden und bilden Sie eine Schlaufe, indem Sie das linke Ende über das rechte legen.

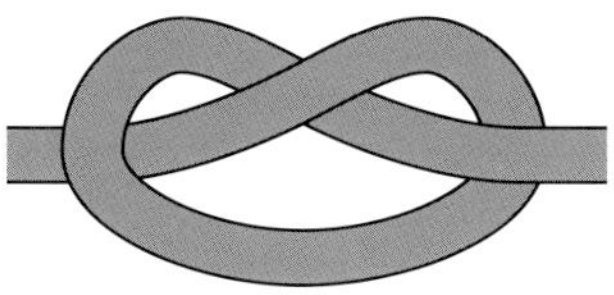

2 Fädeln Sie das linke Ende durch die Schlaufe und ziehen Sie fest an.

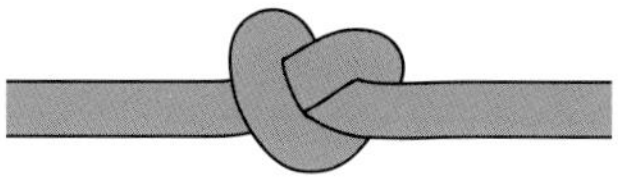

HALBE SCHLÄGE

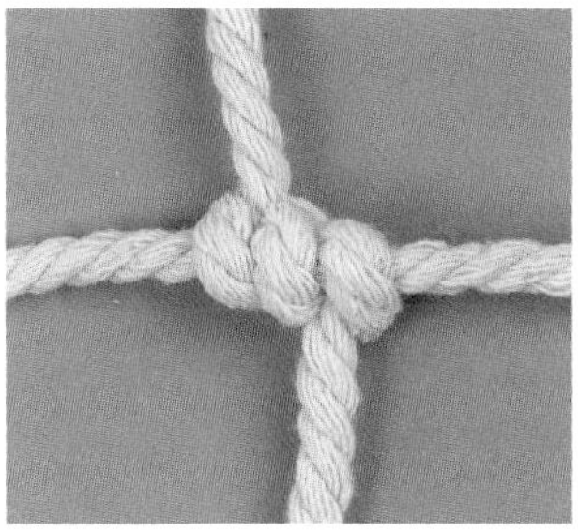

Halbe Schläge sind wichtig und kommen beim Makramee häufig zur Anwendung. Sie werden mit einem Knüpffaden und einem Leitfaden gebildet und können vertikal, horizontal oder diagonal eingesetzt werden, je nachdem, wie der Winkel des Leitfadens ist. Diese Anleitung zeigt Ihnen, wie Sie verschiedene halbe Schläge knüpfen können.

1 Beginnen Sie mit dem Knüpffaden 2 unter dem Leitfaden 1. Führen Sie den Knüpffaden nach oben und über den Leitfaden und durch die Schlaufe. Das ist ein **halber Schlag**.

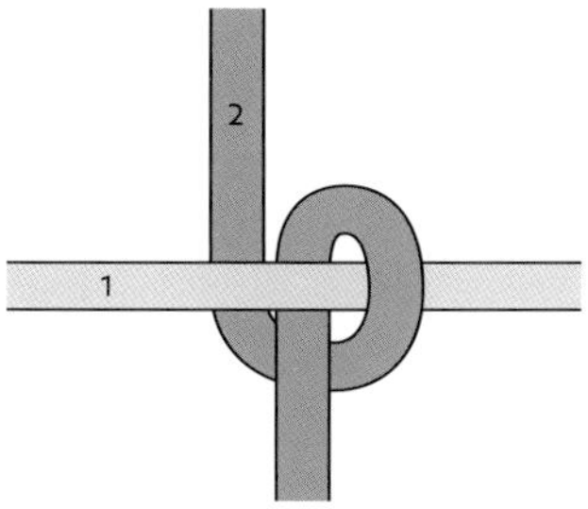

2 Führen Sie den Knüpffaden wieder nach oben und über den Leitfaden und beenden Sie so den **doppelten halben Schlag**.

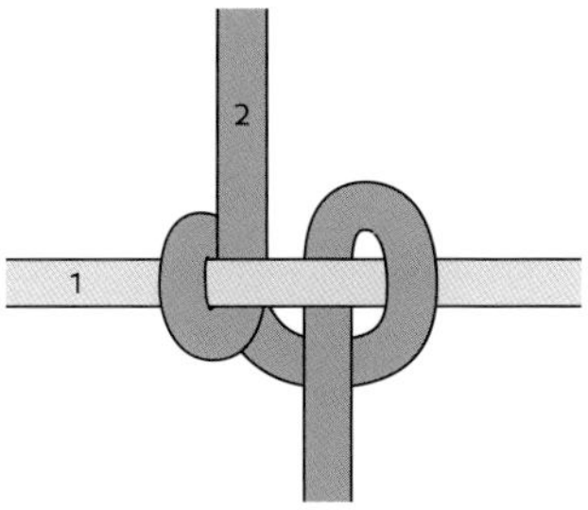

3 Führen Sie den Knüpffaden ein drittes Mal nach oben und über den Leitfaden, um einen **dreifachen halben Schlag** zu bilden.

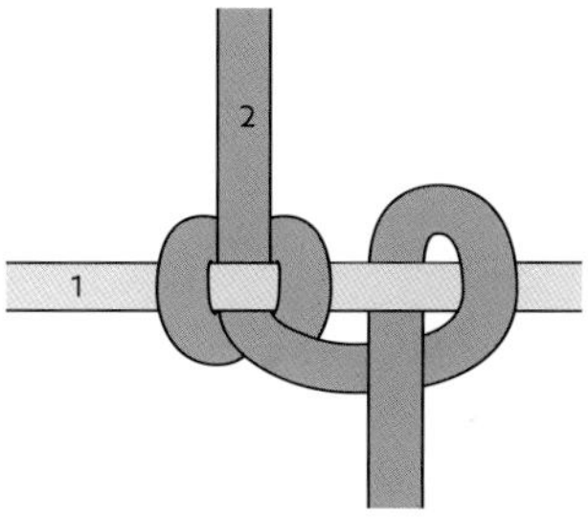

HORIZONTALER DOPPELTER HALBER SCHLAG

Dies ist eine Serie von doppelten halben Schlägen, die um einen horizontalen Leitfaden gelegt werden.

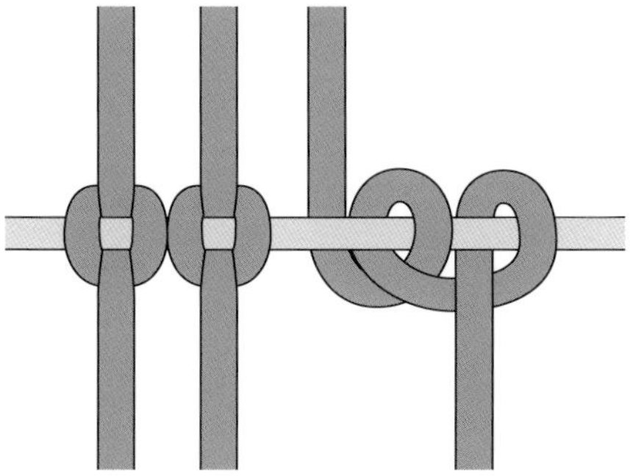

DIAGONALER DOPPELTER HALBER SCHLAG

Dies ist eine Serie von doppelten halben Schlägen auf einem diagonalen Leitfaden.

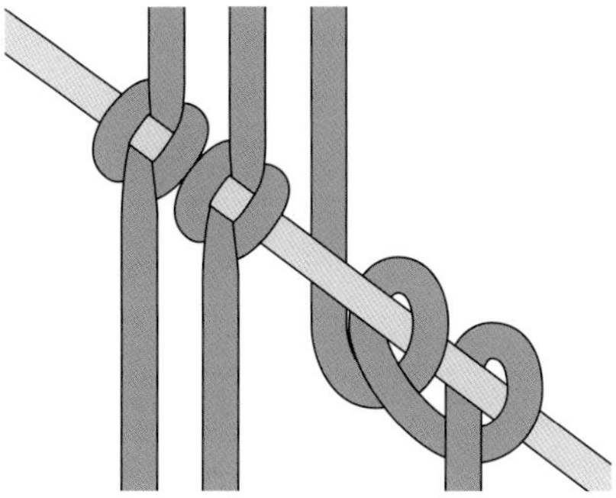

UMGEKEHRTER LERCHENKOPFKNOTEN

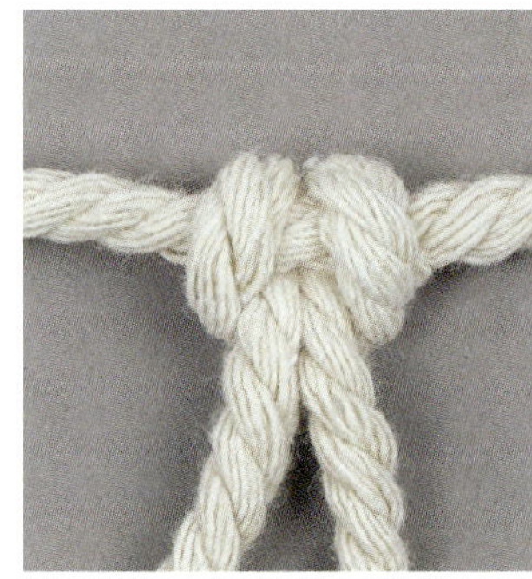

Der umgekehrte Lerchenkopfknoten wird am häufigsten benutzt, um Fäden an einem Stab oder einem horizontalen Leitfaden zu befestigen.

1 Falten Sie einen Faden doppelt und legen Sie ihn über den Leitfaden oder den Holzstab.

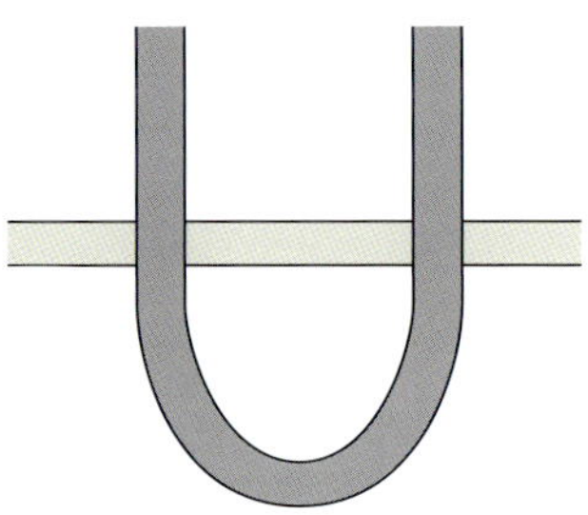

2 Führen Sie die Fadenenden durch die Schlaufe.

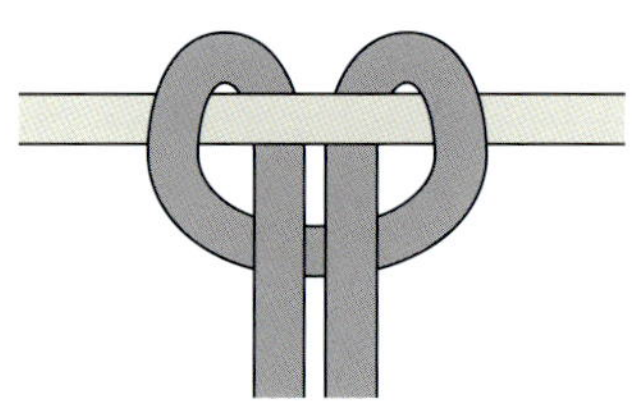

3 Ziehen Sie die Fadenenden fest an, um den Knoten zu sichern.

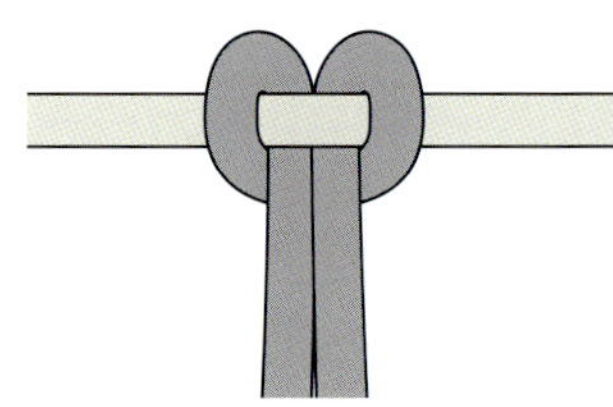

ABBINDEKNOTEN

Ein Abbindeknoten wird meist eingesetzt, um an einer hängenden Knüpfarbeit oben und unten die Fäden zusammenzubinden.

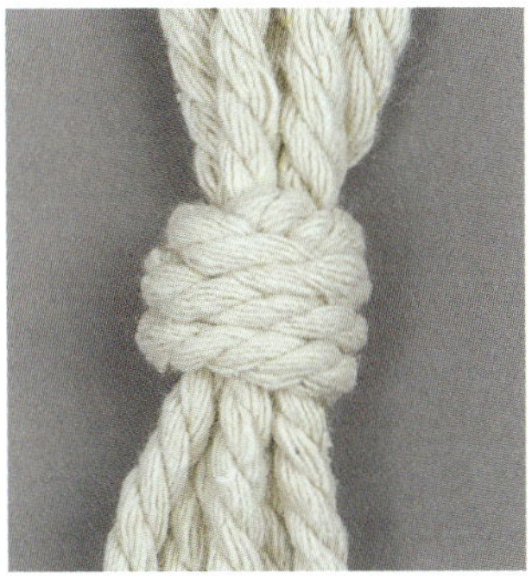

1 Legen Sie direkt unter den Fäden, die umwickelt werden sollen, eine Schlaufe. Das kurze Ende zeigt nach oben.

2 Führen Sie das lange Ende wieder bis direkt unter das kurze Ende zurück und wickeln Sie es fest um alle Fäden so oft Sie wollen. Achten Sie darauf, dabei nicht die Schlaufe zu umwickeln. Führen Sie das lange Ende durch die Schlaufe nach unten.

3 Ziehen Sie das kurze Ende nach oben, bis die Schlaufe ungefähr halb durch die Umwicklung geführt ist. Schneiden Sie die Enden der Fäden ab, mit denen Sie den Abbindeknoten gebildet haben.

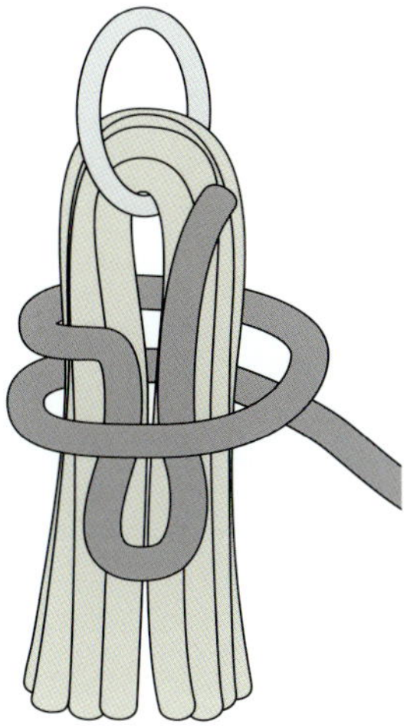

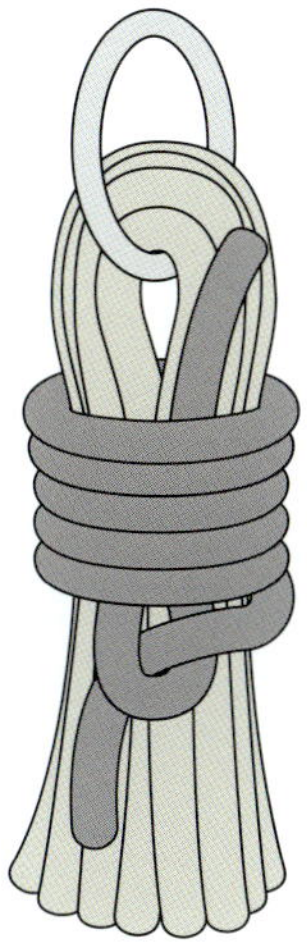

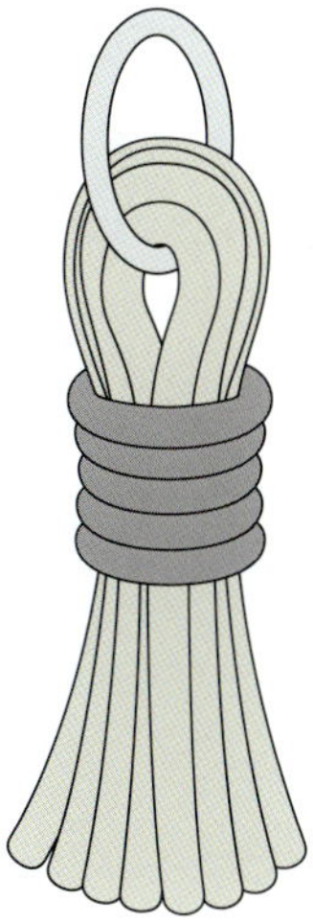

KREUZKNOTEN

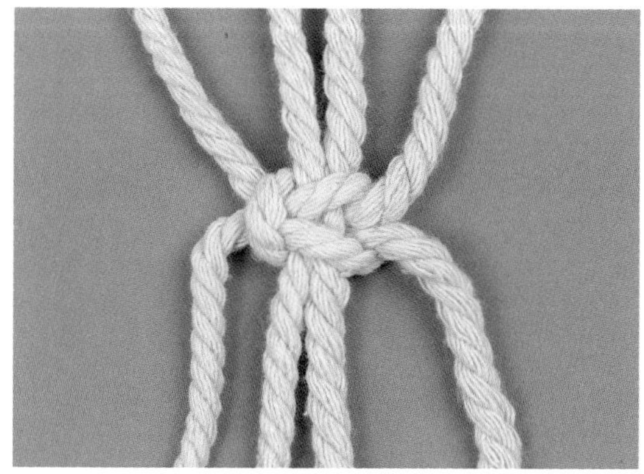

Der Kreuzknoten ist einer der am häufigsten verwendeten Makramee-Knoten. Variationen des Kreuzknotens sind mit einer anderen Anzahl von Füllerfäden und Knüpffäden möglich. Beim klassischen Kreuzknoten werden vier Fäden verwendet (siehe Zeichnungen). Mit dem einfachen Kreuzknoten lassen sich die verschiedensten Muster kreieren.

1 Nummerieren Sie die Fäden von 1 bis 4. Die äußeren Fäden 1 und 4 sind die Knüpffäden und die Fäden 2 und 3 sind die Füllerfäden. Legen Sie Faden 1 über die Füllerfäden und unter Faden 4.

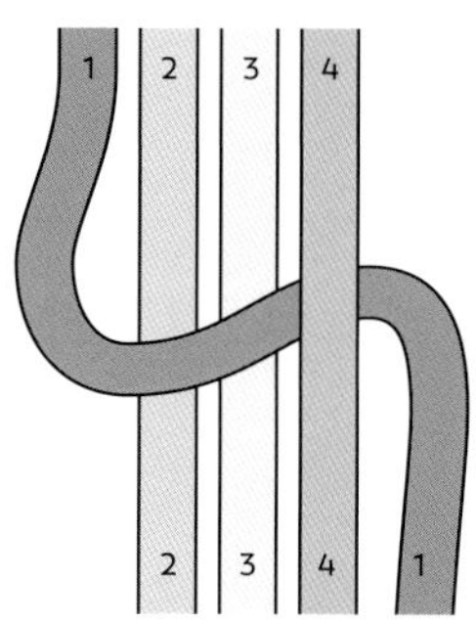

2 Legen Sie nun Faden 4 unter die Füllerfäden und führen Sie ihn zwischen den Fäden 1 und 2 zurück nach oben, sodass er über Faden 1 liegt.

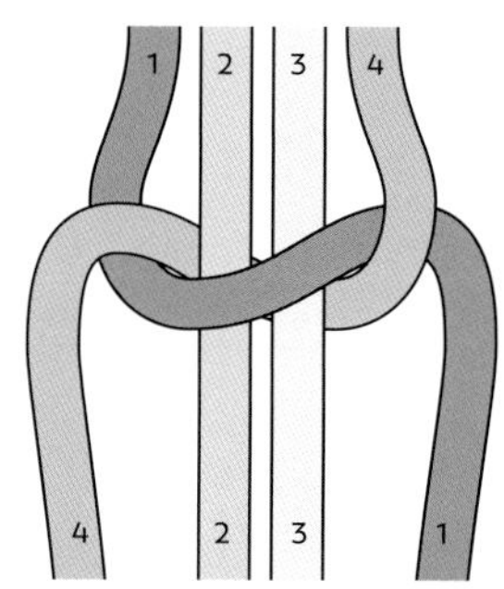

3 Führen Sie Faden 1 zurück über die Füllerfäden und unter Faden 4 hindurch.

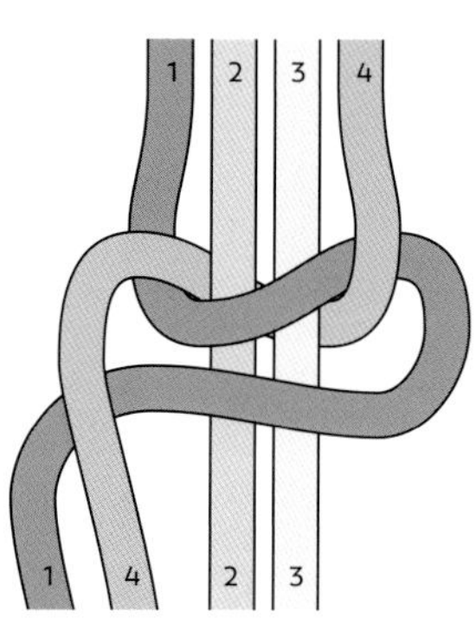

4 Führen Sie nun Faden 4 unter den Füllerfäden hindurch und wieder zwischen den Fäden 3 und 1 zurück nach oben und ziehen Sie die Knüpffäden an, damit der Knoten fest sitzt.

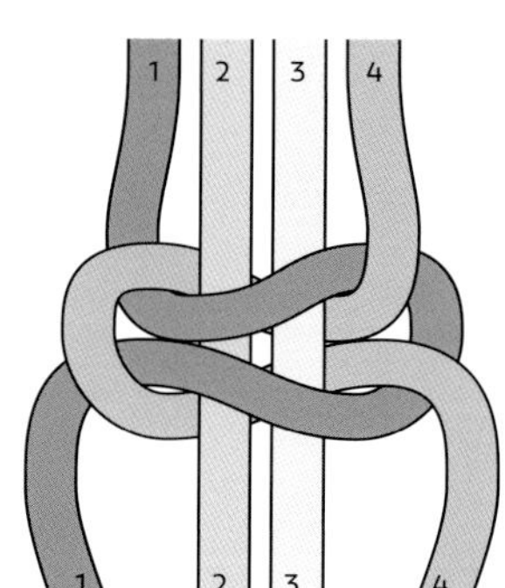

KREUZKNOTEN IM PICOTMUSTER

Dies ist ein dekoratives Muster aus einfachen Kreuzknoten.

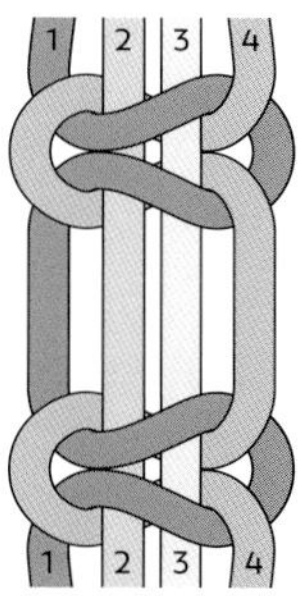

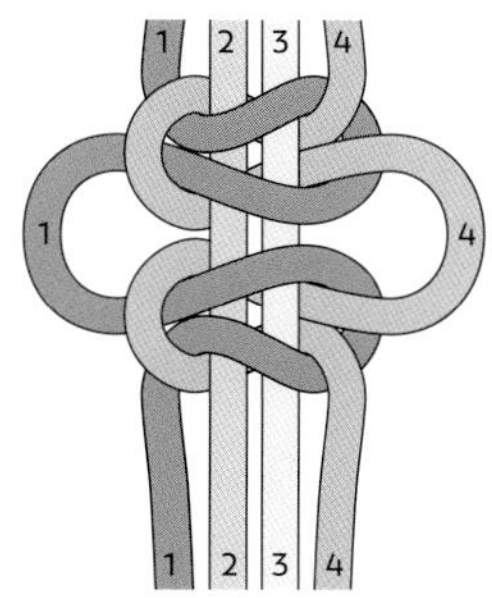

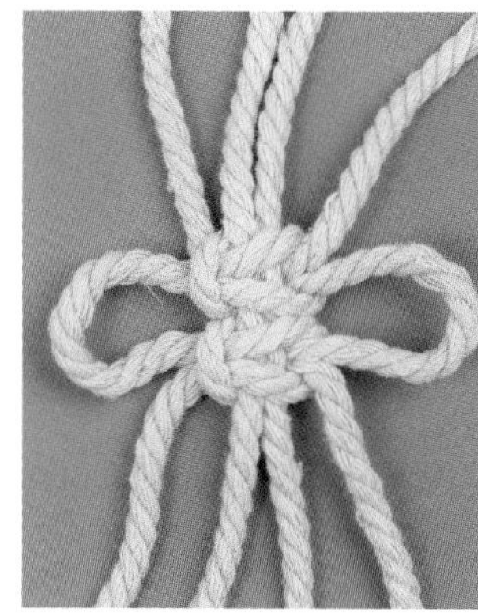

1 Knüpfen Sie einen Kreuzknoten (siehe S. 12 unter „Kreuzknoten"). Gehen Sie bis zu der in der jeweiligen Knüpfarbeit angegebenen Stelle nach unten und binden Sie einen weiteren Kreuzknoten.

2 Schieben Sie den zweiten Knoten auf den Füllerfäden nach oben und lassen Sie ihn unter dem ersten geknüpften Knoten stehen.

VERSETZTES KREUZKNOTENMUSTER

Das versetzte Kreuzknotenmuster gehört zu den beim Makramee am häufigsten benutzten Mustern.

Bei einem **versetzten Doppelkreuzknotenmuster** (siehe S. 52 unter „Wandbehang, anspruchsvoll") wiederholen Sie jede Kreuzknotenreihe, bevor Sie die Fäden wechseln.

1 Knüpfen Sie Kreuzknoten in einer horizontalen Reihe (siehe S. 12 unter „Kreuzknoten"); hier sind zwei gearbeitet worden, aber diese Technik kann auch mit mehr Kreuzknoten geknüpft werden.

2 Versetzen Sie die Fäden, indem Sie mit den Fäden 3 und 6 als Knüpffäden und den Fäden 4 und 5 als Füllerfäden einen Kreuzknoten auf einer neuen Reihe knüpfen.

3 Knüpfen Sie in der nächsten Reihe zwei Kreuzknoten wie in Schritt 1, indem Sie die Fäden 1-4 für den ersten Kreuzknoten und die Fäden 5-8 für den zweiten Kreuzknoten einsetzen.

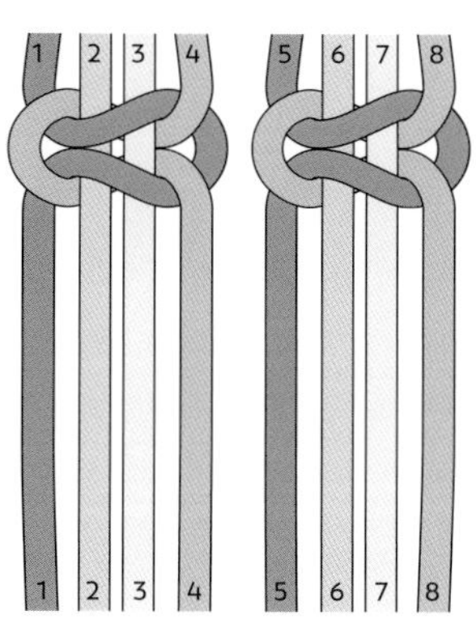

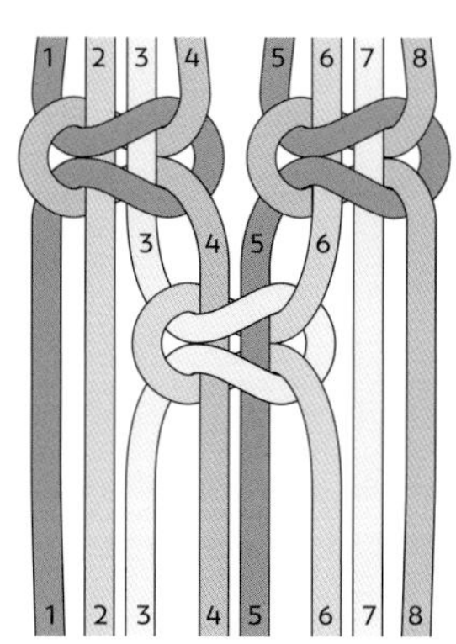

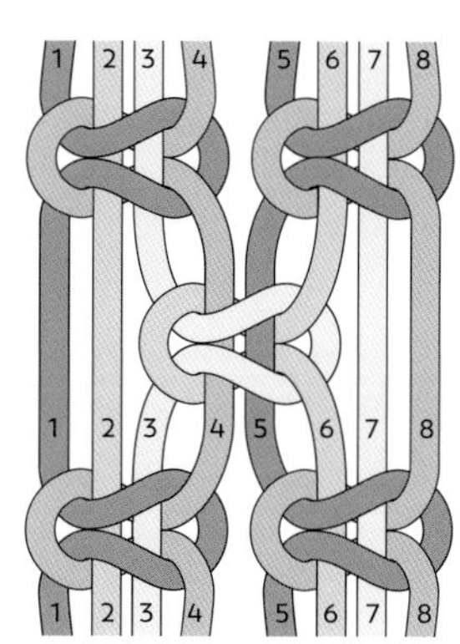

ZUNEHMENDES KREUZKNOTENMUSTER

Beginnend mit einer Reihe mit nur einem Kreuzknoten nimmt die Anzahl der geknüpften Kreuzknoten in jeder nachfolgenden Reihe um eins zu. In den gezeigten Diagrammen wurde das zunehmende Kreuzknotenmuster mit zwölf Fäden gearbeitet (und endet mit drei Kreuzknoten). Es können jedoch weniger oder mehr Fäden eingesetzt werden, die Anzahl wird in der jeweiligen Knüpfarbeit angegeben.

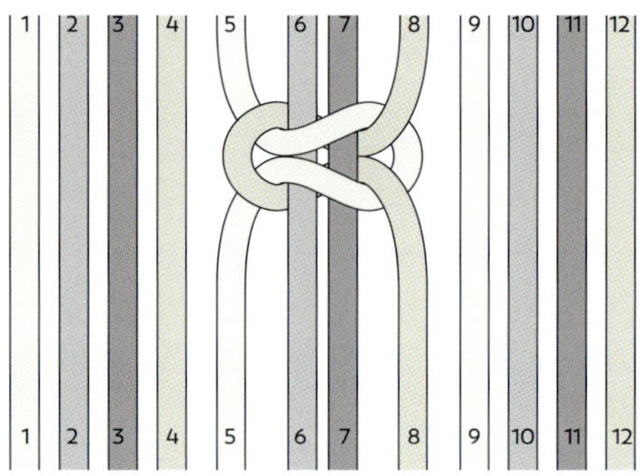

1 Nummerieren Sie die Fäden von 1 bis 12. Dann knüpfen Sie einen Kreuzknoten (siehe S. 12 unter „Kreuzknoten") mit den Fäden 5-8.

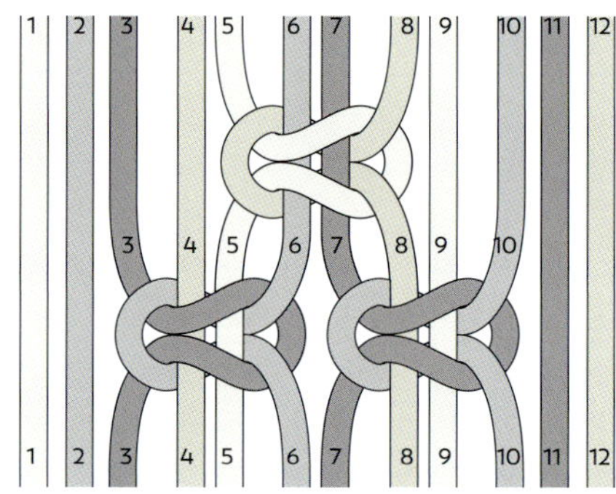

2 Knüpfen Sie die zweite Reihe Kreuzknoten mit den Fäden 3-6 und 7-10.

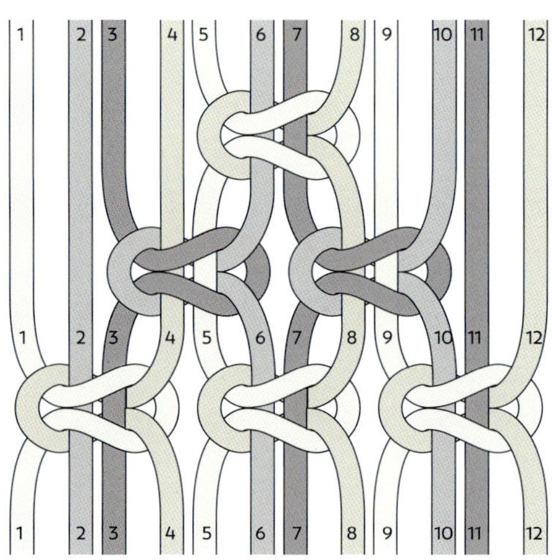

3 Knüpfen Sie die dritte Reihe Kreuzknoten mit den Fäden 1-4, 5-8 und 9-12.

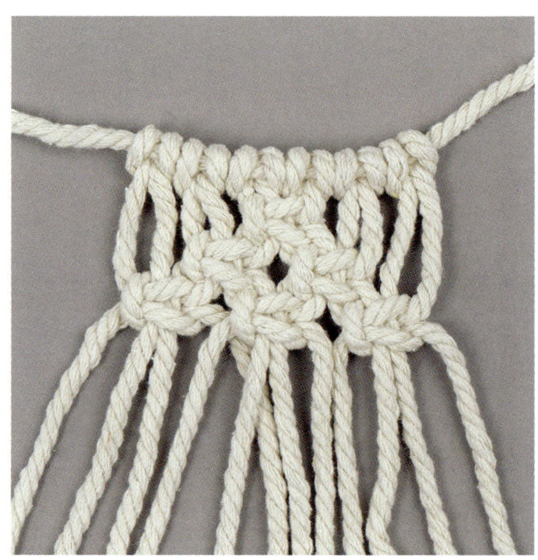

ABNEHMENDES KREUZKNOTENMUSTER

Bei diesem Muster nimmt die Anzahl der Kreuzknoten, die in jeder folgenden Reihe geknüpft werden, ab. In den gezeigten Diagrammen wurde das abnehmende Kreuzknotenmuster mit zwölf Fäden gearbeitet (beginnend mit drei Kreuzknoten); es können jedoch weniger oder mehr Fäden eingesetzt werden. Die Anzahl wird in der jeweiligen Knüpfarbeit angegeben.

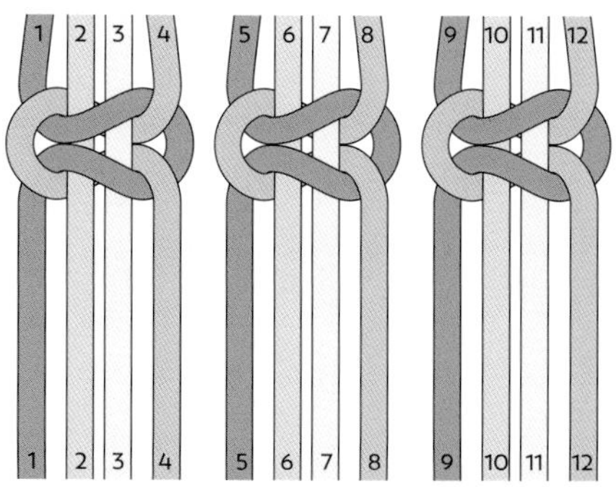

1 Knüpfen Sie eine Reihe Kreuzknoten (siehe S. 12 unter „Kreuzknoten") mit den Fäden 1–4, 5–8 und 9–12.

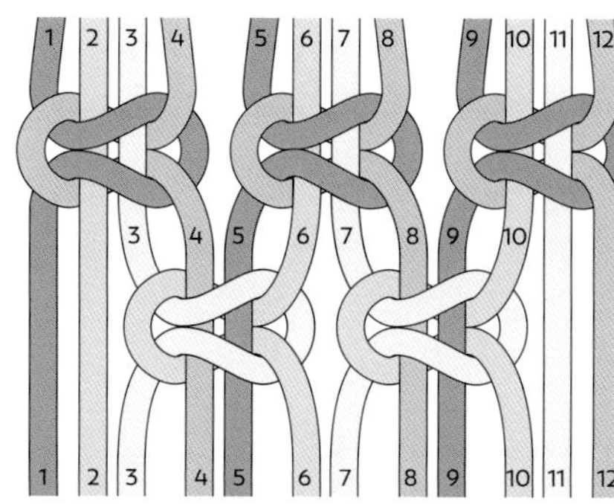

2 Knüpfen Sie die zweite Reihe Kreuzknoten mit den Fäden 3–6 und 7–10.

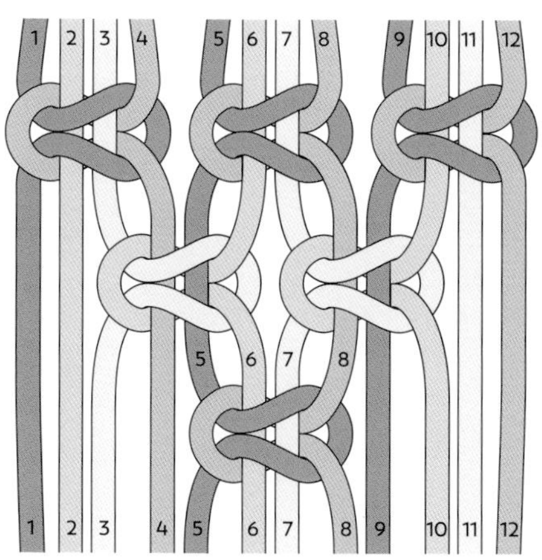

3 Knüpfen Sie die dritte Reihe Kreuzknoten mit den Fäden 5–8.

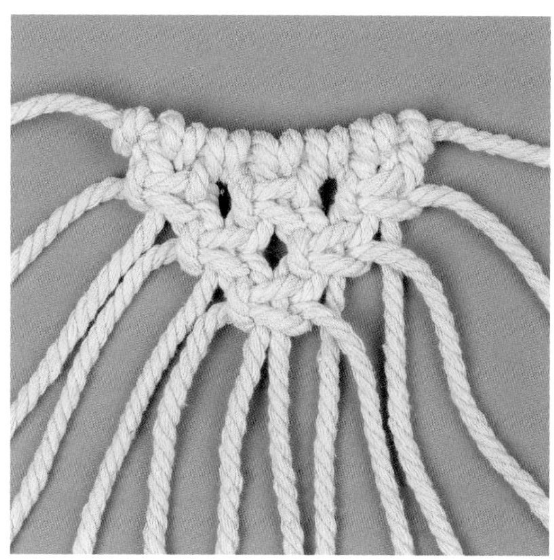

HALBER KNOTEN

Ein halber Knoten ist im Grunde ein halber Kreuzknoten. Halbe Knoten können auch in Reihen geknüpft und so gearbeitet werden, dass ein versetztes Muster entsteht.

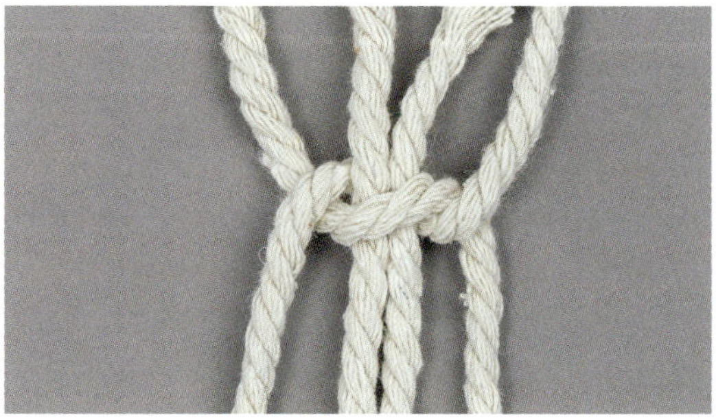

1 Nummerieren Sie die Fäden von 1 bis 4. Die äußeren Fäden 1 und 4 sind die Knüpffäden, die Fäden 2 und 3 sind die Füllerfäden. Führen Sie Faden 1 über die Füllerfäden und unter Faden 4.

2 Legen Sie nun Faden 4 unter die Füllerfäden und führen Sie ihn zwischen den Fäden 1 und 2 zurück nach oben, sodass er über Faden 1 liegt.

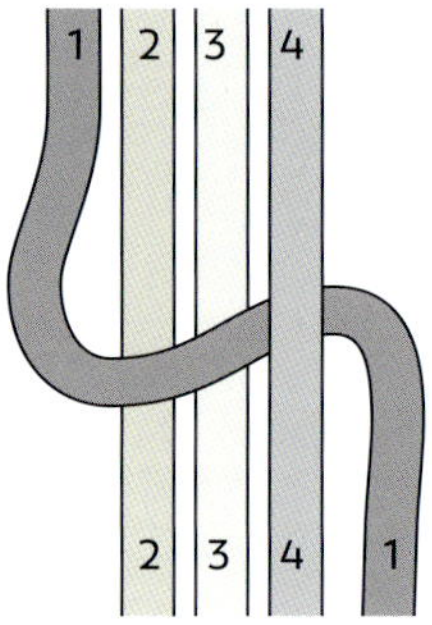

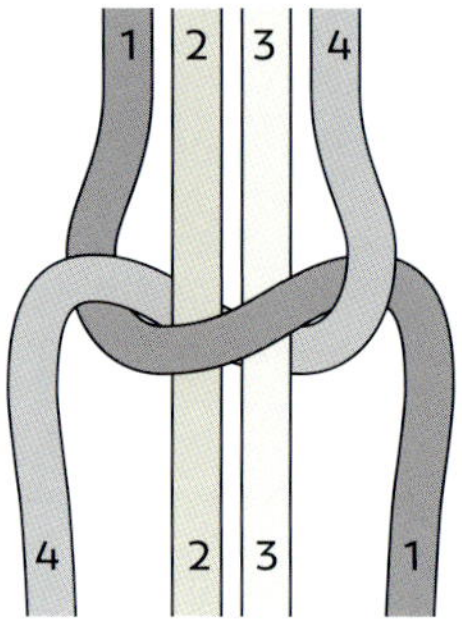

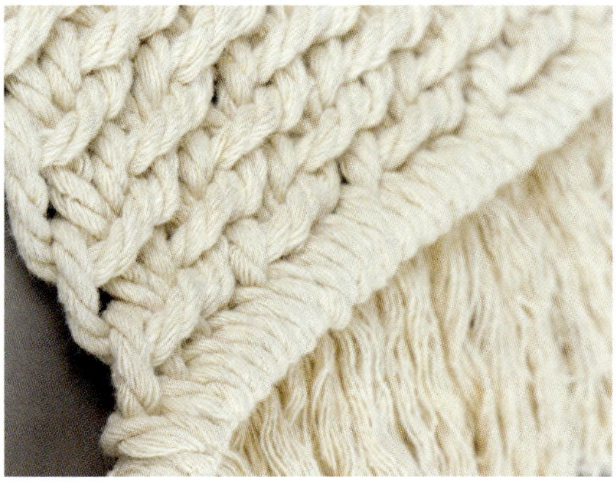

Halbe Knoten können in einem **versetzten Halbknotenmuster** genauso gearbeitet werden wie Kreuzknoten in einem versetzten Kreuzknotenmuster (siehe S. 13 unter „Versetztes Kreuzknotenmuster“). Das Tischset-Projekt ist mit einem versetzten Halbknotenmuster gearbeitet.

HALBKNOTENSPIRALE

Die Halbknotenspirale ist ein Platting (eine vertikale Kette) aus halben Knoten, die sich beim Knüpfen drehen. Sie erhalten ein gleichmäßiges Bild, wenn Sie die Knoten in regelmäßigen Abständen drehen und festziehen.

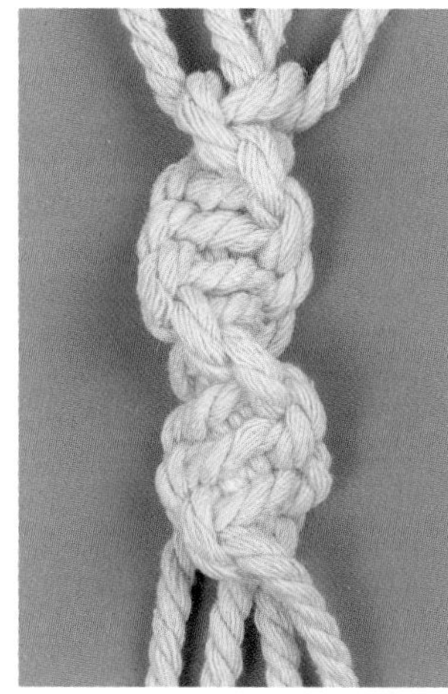

1 Nummerieren Sie die Fäden von 1 bis 4. Die äußeren Fäden 1 und 4 sind die Knüpffäden und die Fäden 2 und 3 sind die Füllerfäden. Legen Sie Faden 1 über die Füllerfäden und unter Faden 4.

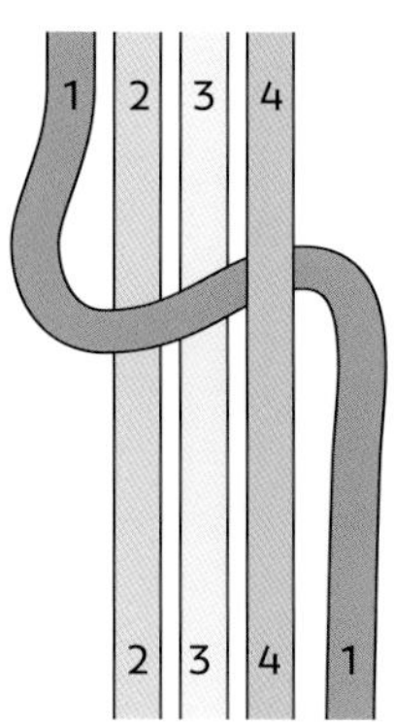

2 Führen Sie nun Faden 4 unter die Füllerfäden und zwischen den Fäden 1 und 2 hindurch nach oben über Faden 1.

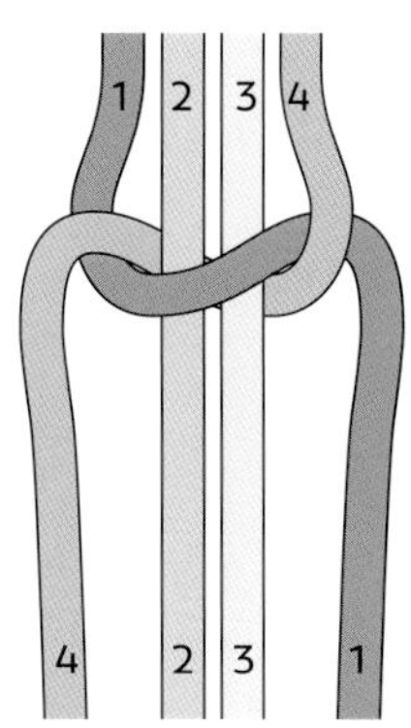

3 Wiederholen Sie die Schritte 1 und 2 so oft wie in dem jeweiligen Knüpfprojekt angegeben, damit eine Halbknotenspirale entsteht.

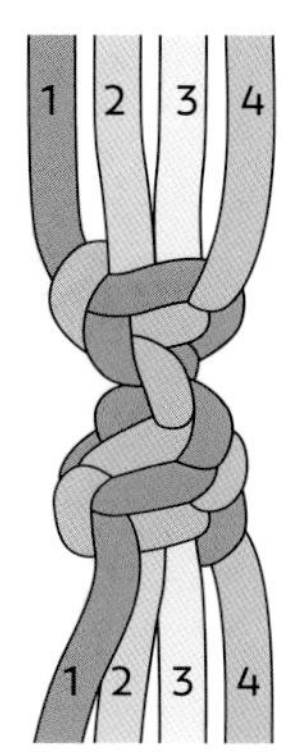

CHINESISCHER KRONENKNOTEN

Um einen chinesischen Kronenknoten zu knüpfen, müssen Sie die Knüpffäden auf Ihren Schoß legen und mit Ihren Knien festhalten. Die einzelnen Fäden in den Skizzen und auf dem Foto sind Fadengruppen mit mehreren Fäden.

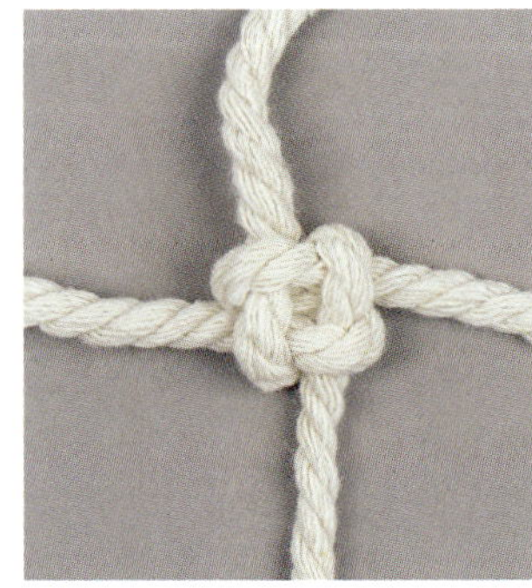

1 Unterteilen Sie die Fäden in vier gleiche Gruppen und legen Sie die Fadengruppen an die vorgesehenen Punkte, wobei die Fadengruppen mit 1-4 und die Zwischenräume mit A–D gekennzeichnet sind.

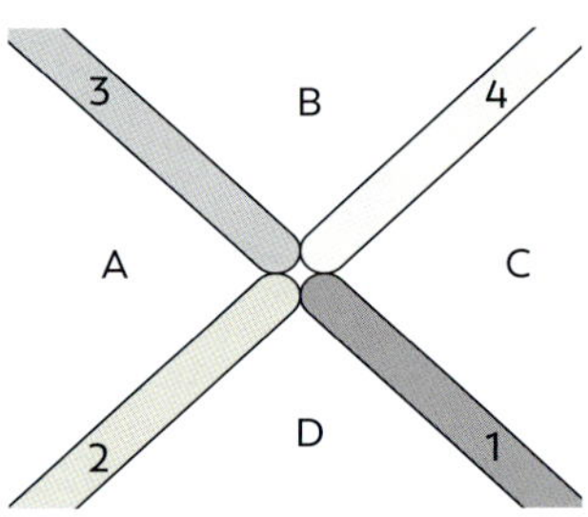

2 Legen Sie die Fadengruppe 1 so in den Zwischenraum A, dass an der Biegung eine Schlaufe entsteht.

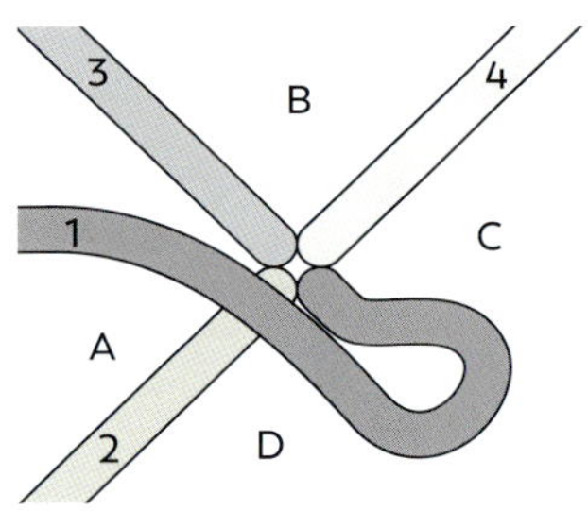

3 Legen Sie die Fadengruppe 2 über die Fadengruppe 1 und in den Zwischenraum B. Führen Sie die Fadengruppe 2 bis in die Mitte (siehe Schritt 4) und legen Sie keine Schlaufe.

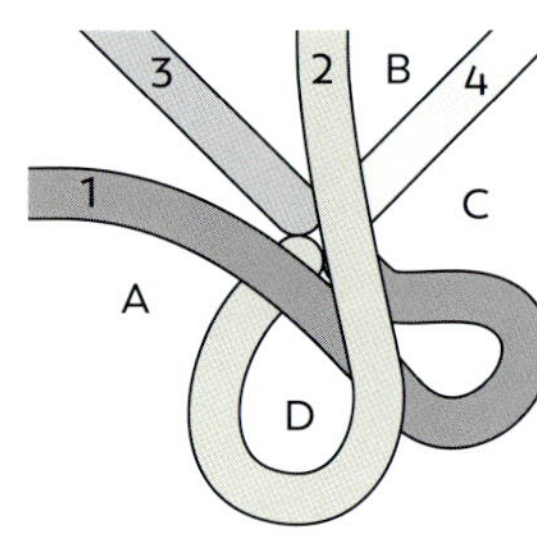

4 Legen Sie die Fadengruppe 3 über die Fadengruppen 2 und 4 und führen Sie sie in den Zwischenraum C.

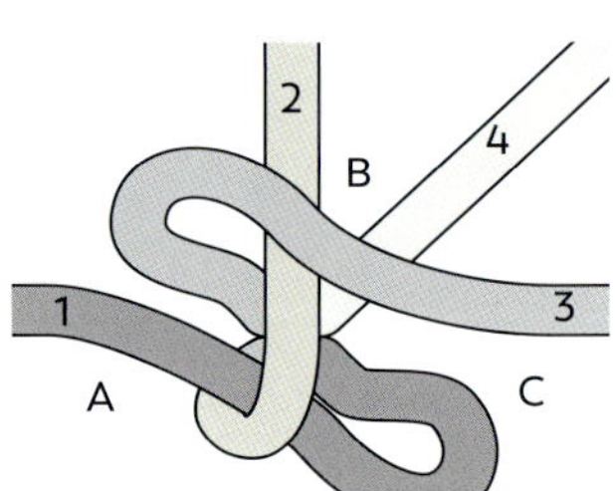

5 Führen Sie die Fadengruppe 4 durch die Schlaufe in den Zwischenraum D.

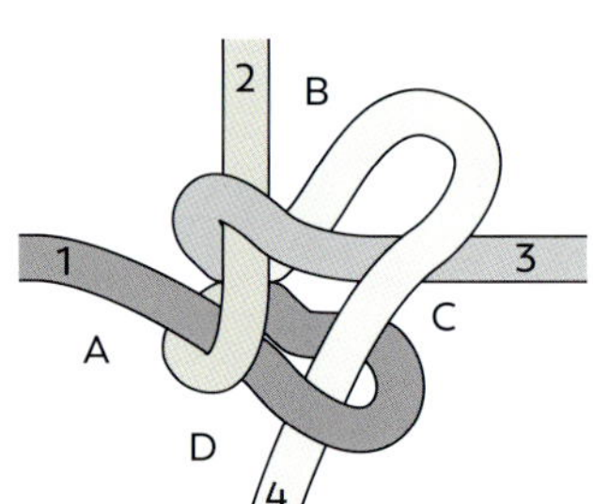

6 Ziehen Sie alle Fadengruppen gleichmäßig an, bis der Knoten entsteht.

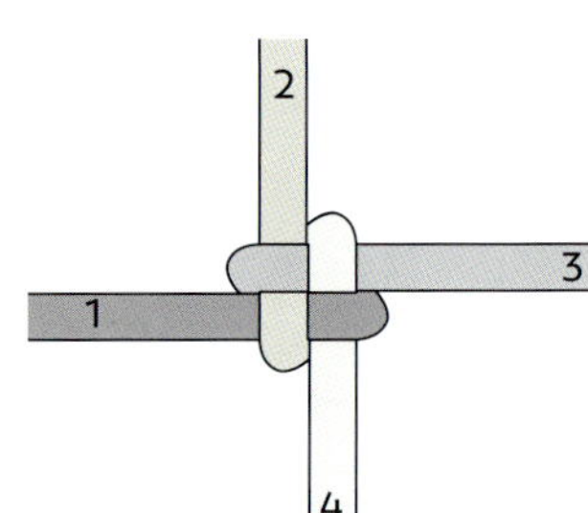

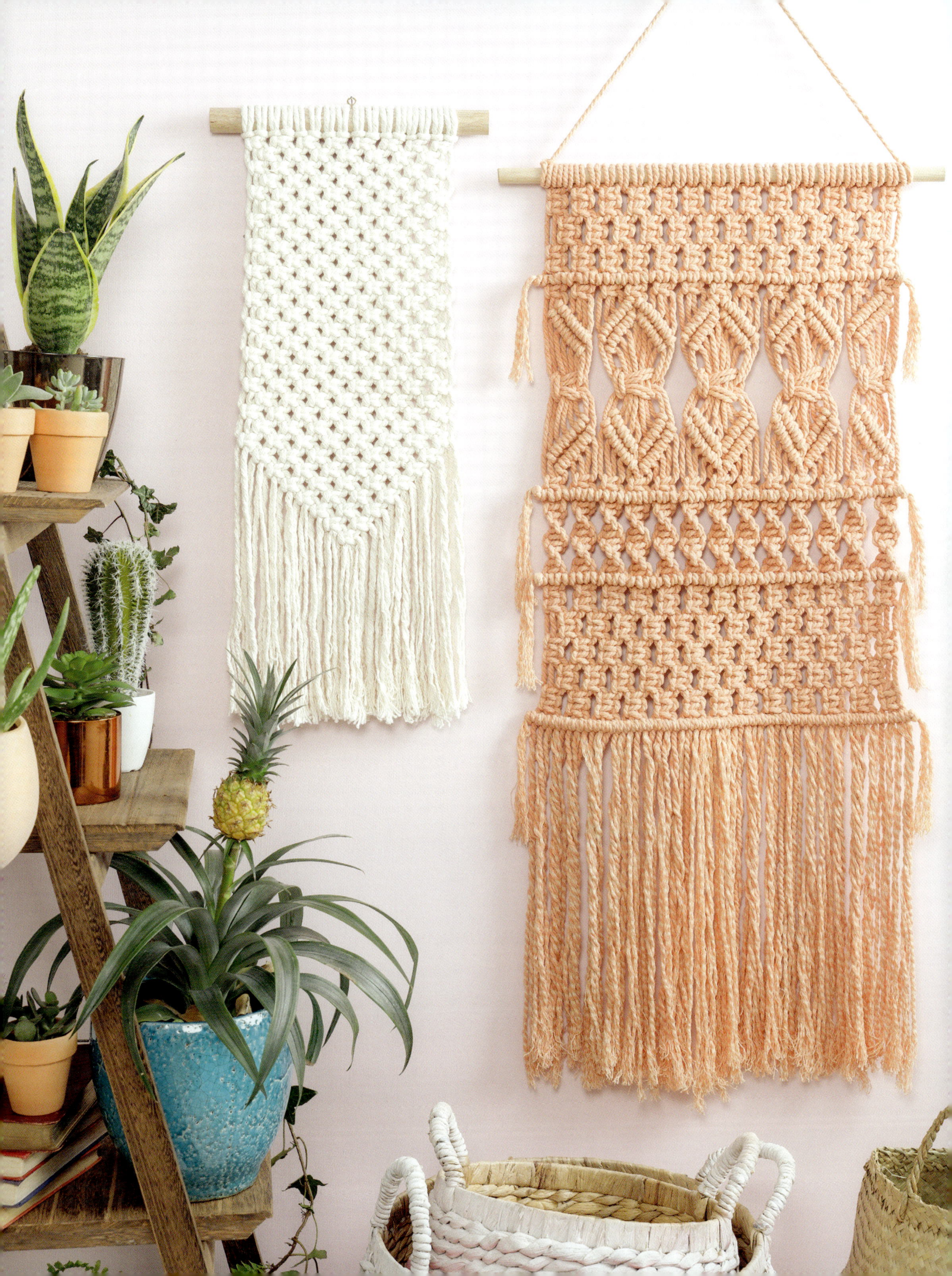

TECHNIKEN

Es gibt einige Grundtechniken, die Sie für die Projekte in diesem Buch benötigen. Hier werden sie erklärt.

BEFESTIGUNGSTECHNIKEN

Da es wichtig ist, dass die Fäden beim Knotenknüpfen gut gespannt sind, müssen Sie die nachstehenden Vorbereitungen treffen, bevor Sie loslegen.

Für kleine Arbeiten, wie z.B. die Clutch, bei der eine Schnur als Leitfaden dient, oder wenn Sie feinere Dinge, wie Schmuck, herstellen, sind ein Arbeitsbrett und T-Nadeln besonders nützlich (siehe S. 6 unter „Werkzeug & Materialien"). Sie können Ihren Leitfaden auch auf einem Brett, an einer Wand oder an einer anderen glatten Unterlage mit Klebeband befestigen.

Für Wandbehänge oder Blumenampeln, bei denen Sie Ihre Fäden an einem Holzstab oder einem Metallring befestigen, wird ein Kleiderständer zu einem hervorragenden Arbeitsplatz. Binden Sie Ihren Holzstab oder Metallring einfach an die horizontale Stange des Kleiderständers oder nutzen Sie S-Haken, um diese Leitfäden zu fixieren. Sie können auch einen Wandhaken nutzen, an den Sie einen Metallring hängen, wenn Sie eine Blumenampel fertigen, oder Sie nutzen zwei Wandhaken, auf die Sie einen Holzstab legen, wenn Sie einen Wandbehang arbeiten.

Für große, breite Projekte, wie unseren Festbogen, können Sie Ihren Holzstab an eine Gardinenstange oder an zwei kräftige Wandhaken hängen, aber prüfen Sie vorher die Tragfähigkeit der Wandhaken.

Für Projekte mit einem langen vertikalen Leitfaden, wie die Hängelampe oder die Indoorschaukel, können Sie Ihre Arbeit von einem Haken an der Decke hängen lassen, aber vergewissern Sie sich, dass die Tragfähigkeit des Hakens für Ihr Projekt ausreichend ist.

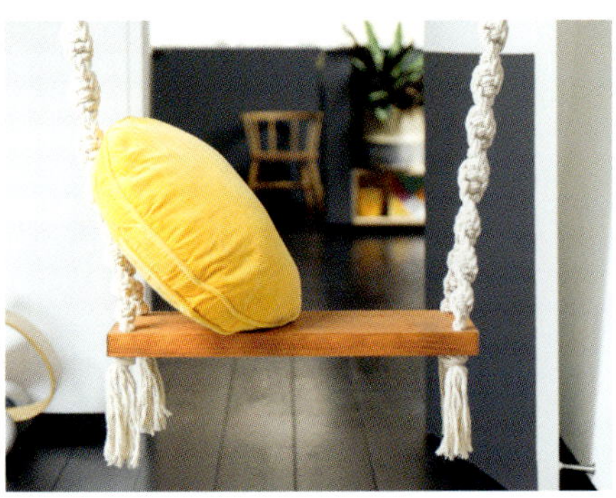
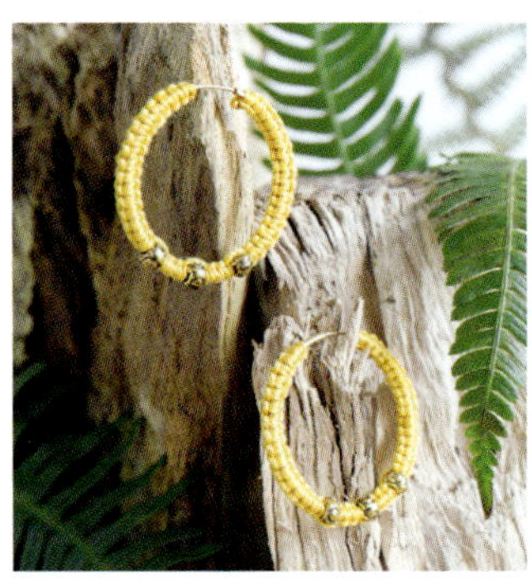
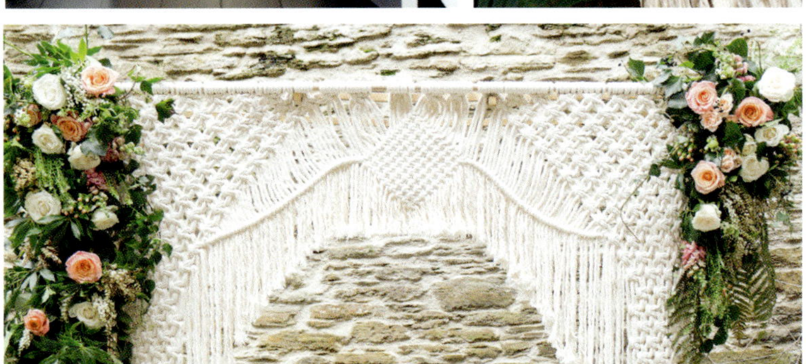
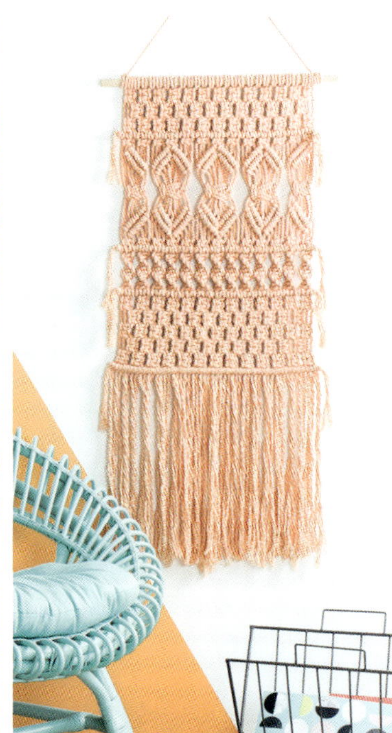

EINEN RING UMWICKELN

Nehmen Sie Ihr Stück Schnur und befestigen Sie ein Ende an dem Metallring, indem Sie einen doppelten halben Schlag knoten (siehe S. 9 unter „Halbe Schläge"). Führen Sie das lange Ende der Schnur durch den Ring und wickeln Sie die Schnur um den Ring, bis nur noch so viel Platz bleibt, dass sie mit einem weiteren doppelten halben Schlag befestigt werden kann. Überstehende Schnur wird abgeschnitten.

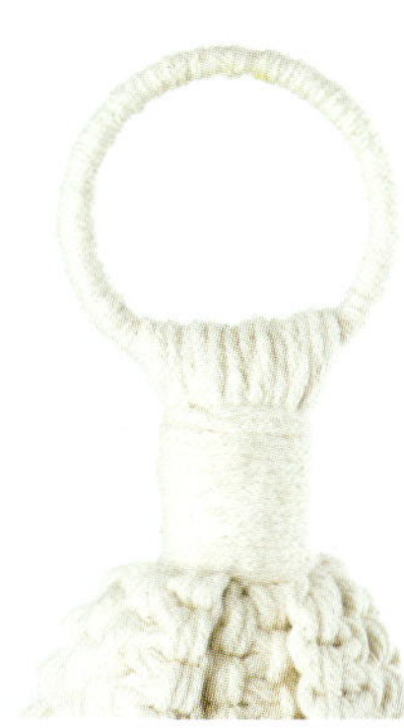

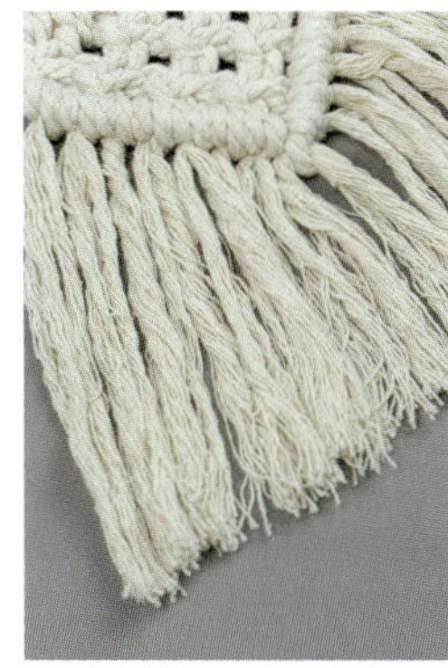

AUSFRANSEN

Bei dieser Abschlusstechnik werden die Schnüre jedes Strangs in ihre Bestandteile aufgelöst, sodass ein Fransenlook oder eine vollere Quaste entsteht.

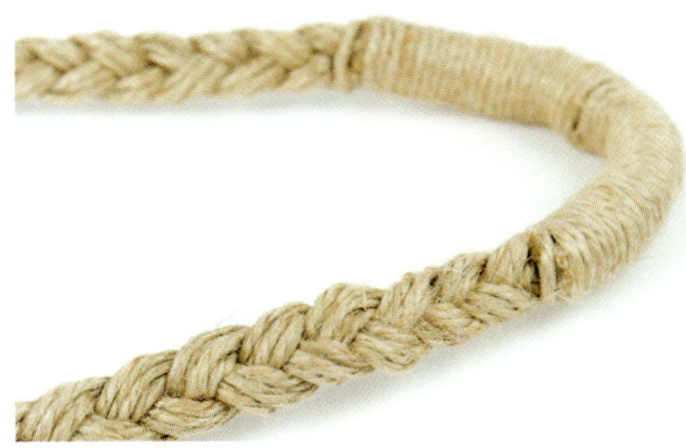

GEWEBTER ABSCHLUSS

Eine Abschlusstechnik, bei der die Enden der Schnur unter die Knoten auf der Rückseite des Knüpfprojekts gewebt werden.

FLECHTEN

Beim Flechten werden drei Schnüre oder Gruppen von Schnüren zu einem Zopf verschlungen. Legen Sie die linke Schnur über die mittlere Schnur, sodass die linke zur mittleren Schnur wird. Legen Sie dann die rechte Schnur über die neue mittlere Schnur, sodass die rechte nun in der Mitte liegt. Legen Sie weiter abwechselnd die linke und die rechte Schnur in die Mitte und bilden Sie so den Zopf.

FÄDEN NUMMERIEREN

Dies ist eine Möglichkeit, Fäden zu zählen, um die genaue Stelle zu finden, an der eine Makramee-Arbeit begonnen werden soll. Fäden werden von links nach rechts gezählt; bei kleineren Knüpfarbeiten, für die weniger Fäden benötigt werden, kann man das im Kopf machen. Wenn man aber an großen Projekten arbeitet, die viele Fäden umfassen, wie z. B. dem Festbogen, kann man sich leicht verzählen. Um nicht die Übersicht zu verlieren, können Sie vorübergehend ein Stück Garn in Kontrastfarbe um jeden zehnten Faden binden oder Fadengruppen mit Nadeln zusammenhalten.

ZUSAMMENSCHNÜREN

Die Ränder der Clutch werden zusammengeschnürt, indem man den Leitfaden durch die Zwischenräume in den versetzten Kreuzknotenmustern fädelt.

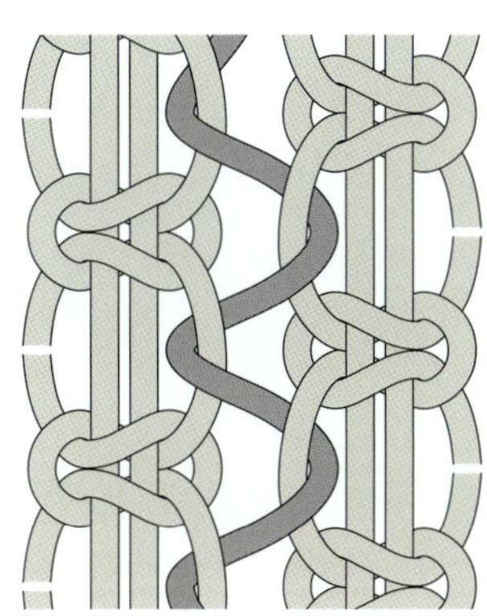

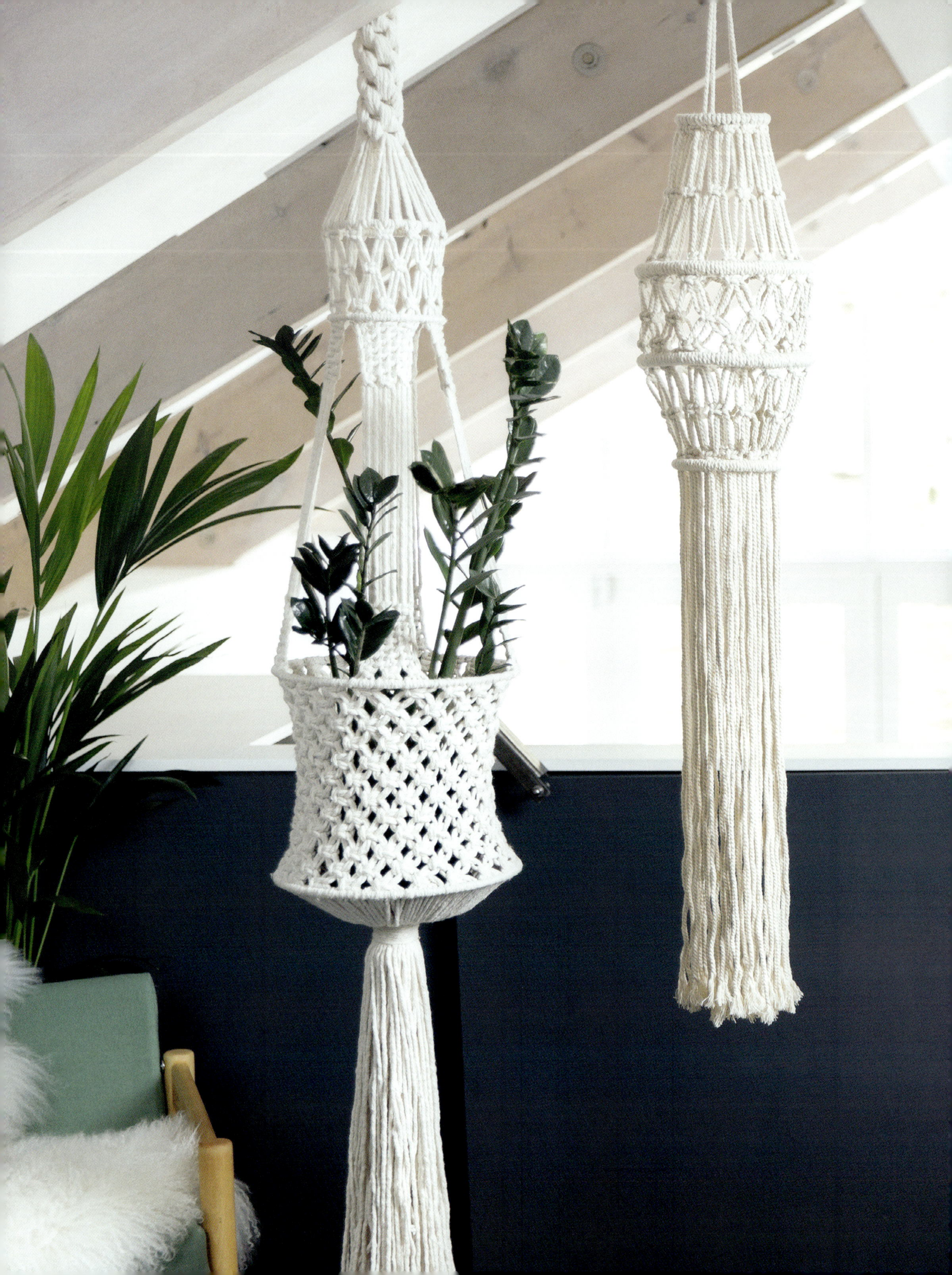

PROJEKTE

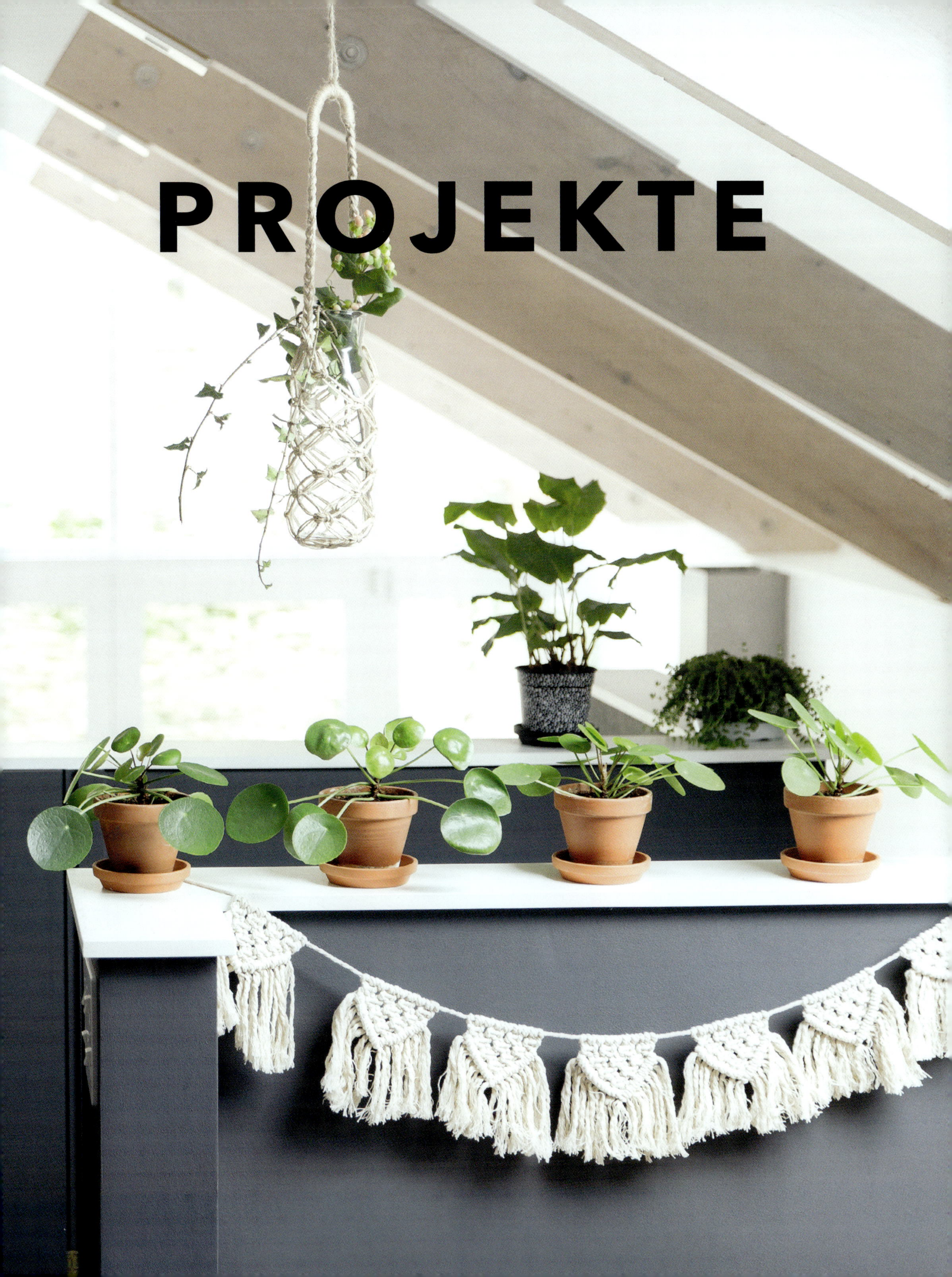

HÄNGEBORD

MATERIALIEN:

- 74 m Schnur, 5 mm dick
- Metallring, 8 cm Durchmesser
- Zwei Kiefernholzbretter, je 48 cm lang × 18,5 cm breit × 2 cm dick
- Holzbohrer, 15 mm Durchmesser
- 120er Schleifpapier (fein)
- Holzbeize in gewünschter Farbe

KNOTEN & TECHNIKEN:

- Halbknotenspirale
- Überhandknoten
- Einen Ring umwickeln
- Befestigungstechniken
- Ausfransen

Dieses dekorative Bord ist ideal für die Aufbewahrung leichter Gegenstände. Es passt in Ihrem Zuhause überall hin und hängt an einer 16-fädigen Halbknotenspirale entweder an der Wand oder von der Decke an einer Wand lehnend. Achten Sie darauf, dass Sie einen Wanddübel mit Schraube verwenden, der eine Belastung von mindestens 10 kg zulässt. Bitte beachten Sie, dass die Art des Dübels von der Struktur Ihrer Wand sowie dem Gewicht der Borde und der Gegenstände, die darauf stehen sollen, abhängt.

VORBEREITUNG:

- Schneiden Sie acht 9 m lange Fäden aus 5 mm dicker Schnur zu.
- Schneiden Sie einen 2 m langen Faden aus 5 mm dicker Schnur zu.
- Markieren Sie an jeder Ecke der Holzbretter in 2 cm Abstand zum Rand die Position eines Lochs und bohren Sie dann die Löcher.
- Schleifen Sie das Holz leicht ab, damit es glatt und eben ist, und beizen Sie es dann in der von Ihnen gewünschten Farbe.

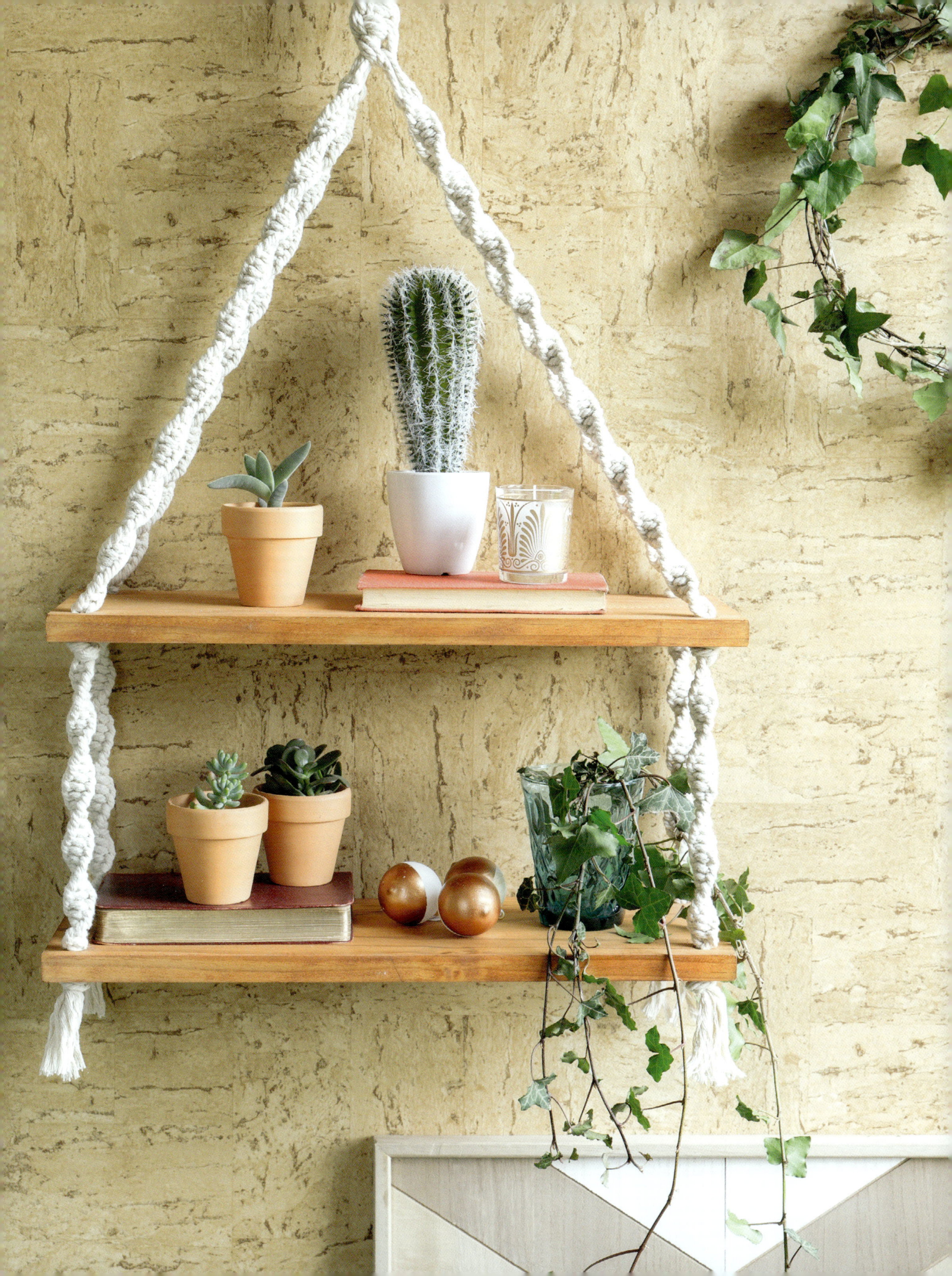

ANLEITUNG

1. Umwickeln Sie den 8 cm breiten Metallring mit dem 2 m langen Faden. (Siehe S. 21 unter „Einen Ring umwickeln")
2. Bringen Sie die acht 9 m langen Fäden am Ring an, indem Sie diese doppelt legen und in den Ring einhängen (siehe S. 20 unter „Befestigungstechniken").
3. Trennen Sie die Fäden in drei Gruppen auf: Gruppe 1 - vier Fäden; Gruppe 2 - acht Fäden; Gruppe 3 - vier Fäden.
4. Benutzen Sie die Fäden der Gruppe 1 und Gruppe 3 als Knüpffäden und der Gruppe 2 als Füllerfäden (siehe S. 8 unter „Knotenterminologie") und knüpfen Sie eine 16-fädige Halbknotenspirale mit acht Halbknoten (siehe S. 17 unter „Halbknotenspirale").
5. Unterteilen Sie nun die Fäden in vier Gruppen mit jeweils vier Fäden.
6. Gehen Sie 1,5 cm nach unten und knüpfen Sie eine 4-fädige Halbknotenspirale mit vierundsechzig halben Knoten mit jeder der vier Gruppen.
7. Legen Sie Ihr erstes Bord gerade hin und fädeln Sie die vier Fäden aus jeder der Halbknotenspiralen durch je eines der gebohrten Ecklöcher.
8. Drehen Sie das Bord um und verknoten Sie jede Fadengruppe mit einem Überhandknoten (siehe S. 8 unter „Überhandknoten"), um das Bord an jeder Ecke zu befestigen. Wenn alle vier Knoten geknüpft sind, drehen Sie das Bord um und vergewissern Sie sich, dass es gerade liegt, bevor Sie die Arbeit fortsetzen.
9. Knüpfen Sie direkt unter jedem Überhandknoten eine 4-fädige Halbknotenspirale mit zweiunddreißig Halbknoten für jede Ihrer vier Fadengruppen.
10. Wiederholen Sie die Schritte 7 und 8.
11. Kürzen Sie nun die Fäden auf eine Länge von 5,5 cm und fransen Sie sie aus (siehe S. 21 unter „Ausfransen").

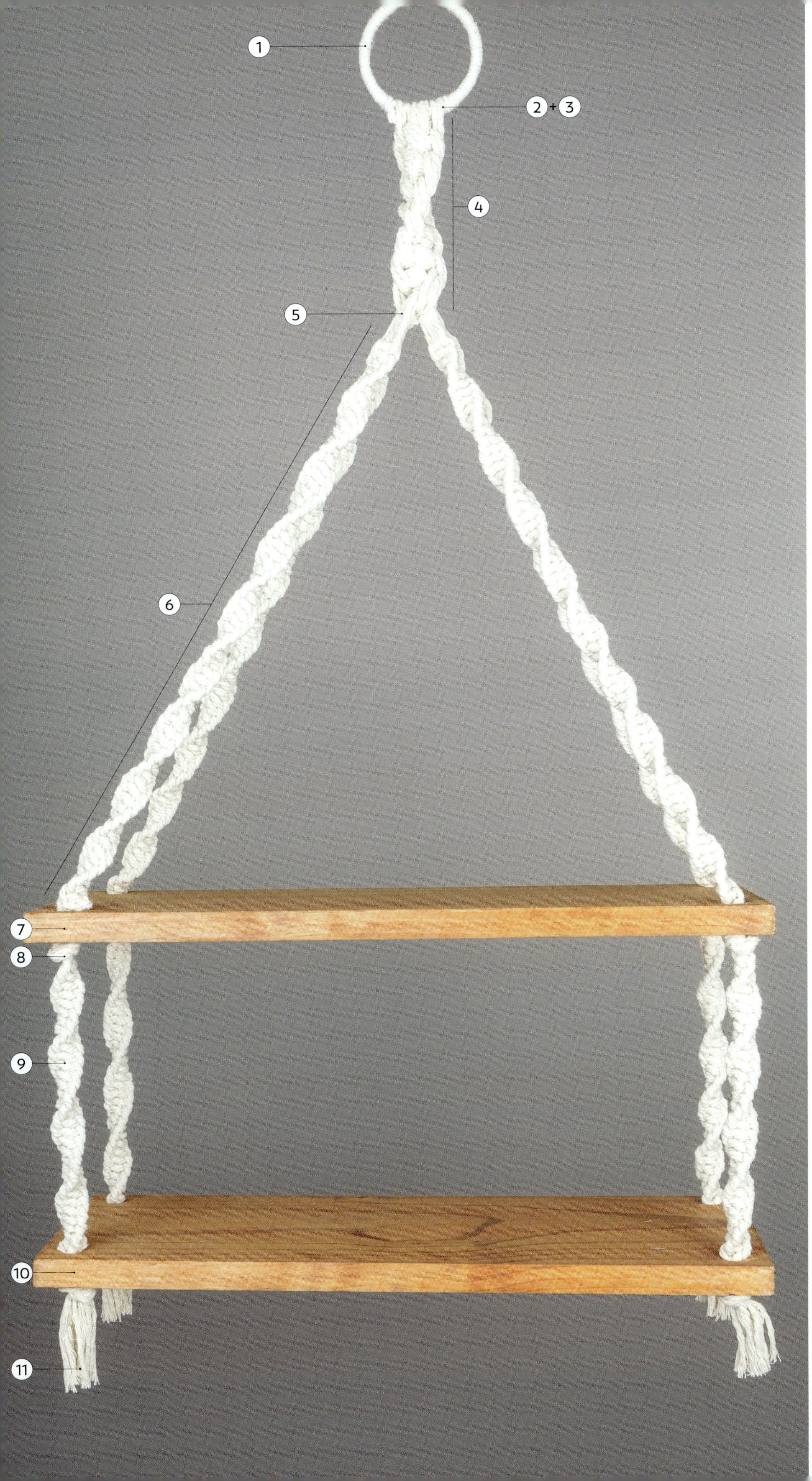
1
2 + 3
4
5
6
7
8
9
10
11

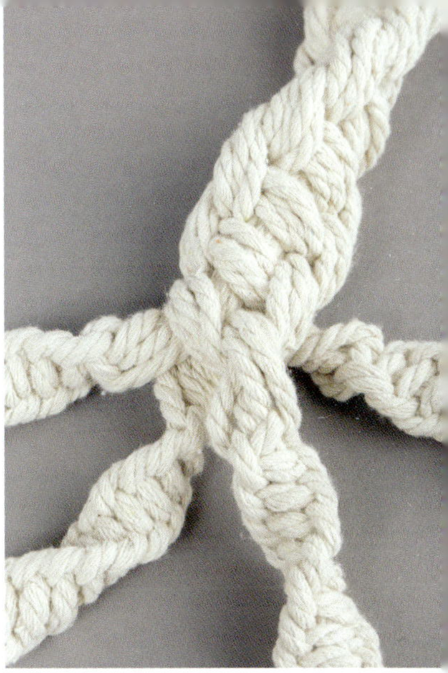

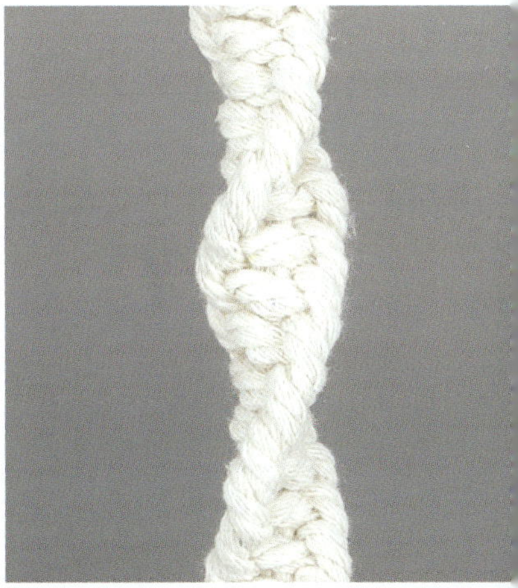

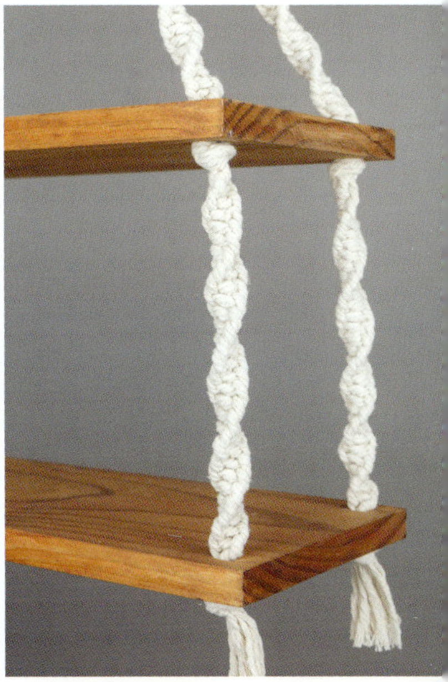

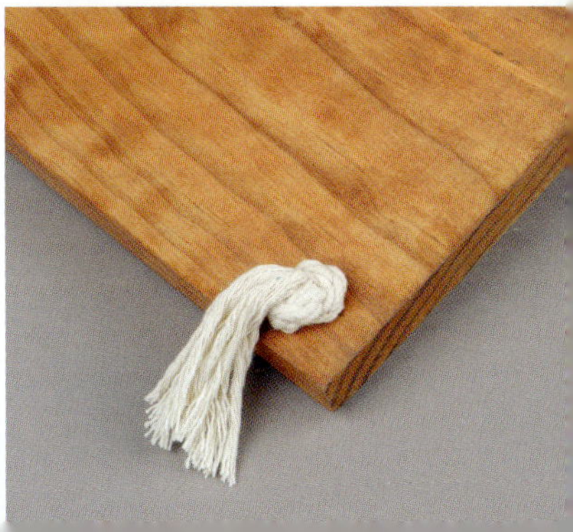

HÄNGETISCH

Schaffen Sie sich mit diesem wahrhaft schönen Hängetisch einen Eyecatcher für Ihr Zuhause. Man kann ein paar hübsche Dinge daraufstellen, aber alle Augen werden sich sicherlich auf das Makramee richten. Die hängende „Kette" wird aus chinesischen Kronenknoten gebildet und für die Hängestränge wurde ein schönes Kreuzknoten-Picotmuster gewählt. Bitte beachten Sie: Um den Tisch aufzuhängen, muss ein Haken in einen Deckenbalken geschraubt werden, der eine Belastung von mindestens 10 kg zulässt.

MATERIALIEN:

- 147 m Schnur, 5 mm dick
- Zwei Metallringe, 6 cm und 9 cm Durchmesser
- 30 cm Baumwollschnur, 2,5 mm dick
- Ein rundes Tablett Ihrer Wahl, 40–60 cm Durchmesser

KNOTEN & TECHNIKEN:

- Abbindeknoten
- Chinesischer Kronenknoten
- Doppelter halber Schlag
- Kreuzknoten
- Versetztes Kreuzknotenmuster
- Kreuzknoten im Picotmuster
- Überhandknoten
- Ausfransen

VORBEREITUNG:

- Schneiden Sie sechzehn 9 m lange Fäden aus 5 mm dicker Schnur zu.
- Schneiden Sie zwei 1,5 m lange Fäden aus 5 mm dicker Schnur zu.

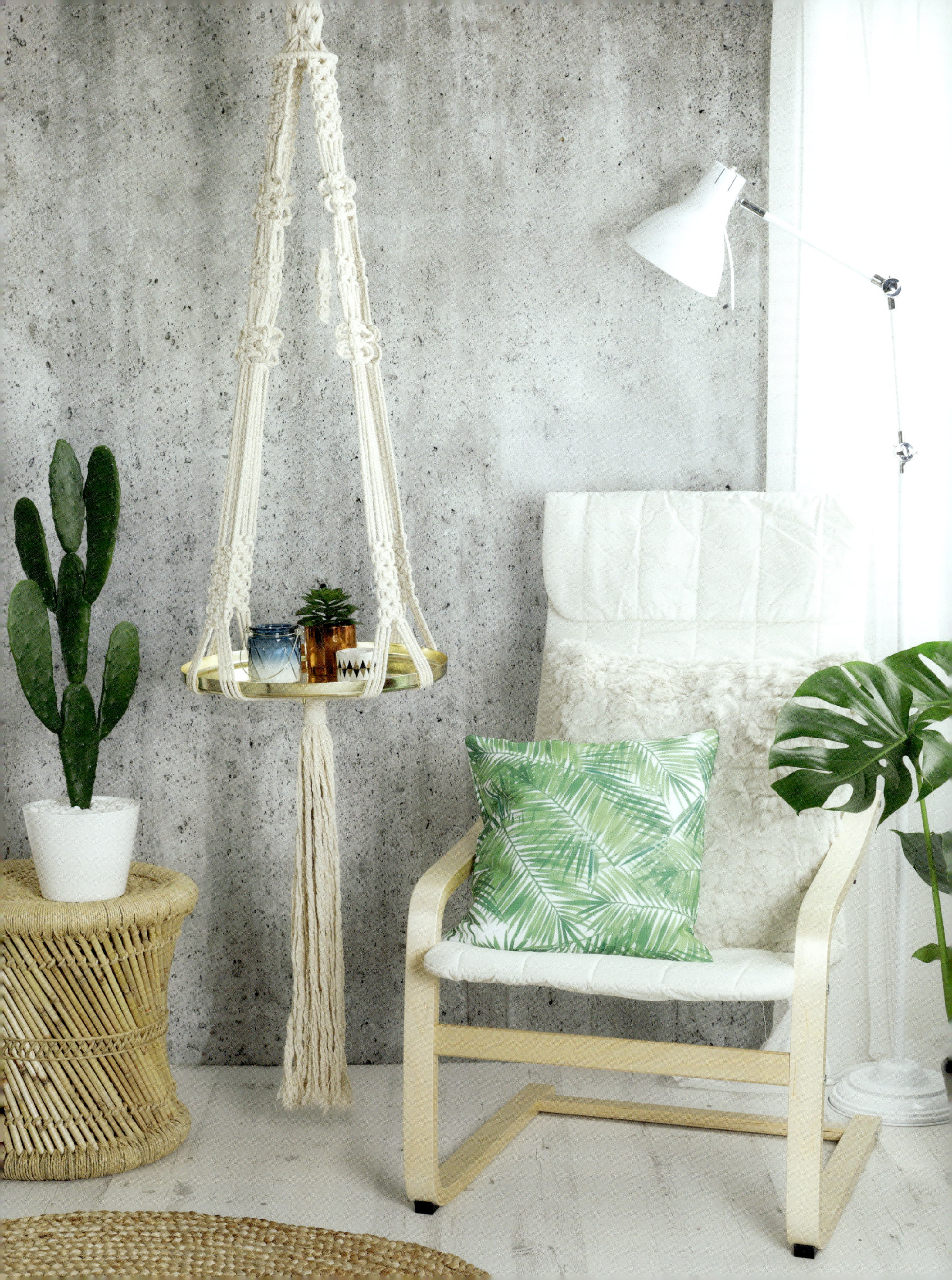

ANLEITUNG

1 Bringen Sie die sechzehn 9 m langen Fäden an dem 6 cm breiten Ring an, indem Sie diese auf die Hälfte falten und über die Ringinnenseite legen.

2 Binden Sie die Fäden mithilfe eines 1,5 m langen Fadens mit einem Abbindeknoten zusammen (siehe S. 11 unter „Abbindeknoten").

3 Unterteilen Sie die Fäden in vier Gruppen zu je acht Fäden und knüpfen Sie sechs chinesische Kronenknoten (siehe S. 18 unter „Chinesischer Kronenknoten").

4 Führen Sie alle Fäden direkt unterhalb der chinesischen Kronenknoten durch den 9 cm breiten Metallring. Der horizontal liegende Metallring dient nun als Leitfaden (siehe S. 8 unter „Knotenterminologie"). Halten Sie den Ring stets waagerecht und knoten Sie halbe Schläge (siehe S. 9 unter „Halbe Schläge") mit allen Fäden auf dem Ring.

5 Fixieren Sie den Ring, indem Sie eine Reihe mit acht Kreuzknoten (siehe S. 12 unter „Kreuzknoten") direkt unterhalb des Rings knüpfen.

6 Verteilen Sie die Fäden auf vier Gruppen zu je acht Fäden. Jede Gruppe wird nun ein Platting (siehe S. 8 unter „Knotenterminologie"). Wiederholen Sie die Schritte 7–14 für jedes Platting.

7 Knüpfen Sie acht Reihen versetzte Kreuzknoten (siehe S. 13 unter „Versetztes Kreuzknotenmuster").

8 Gehen Sie 5 cm nach unten und knüpfen Sie einen Kreuzknoten aus vier Füllerfäden und zwei Knüpffäden auf jeder Seite. Das ist ein 8-fädiger Kreuzknoten (siehe S. 12 unter „Kreuzknoten).

9 Gehen Sie 3 cm nach unten und knüpfen Sie einen weiteren 8-fädigen Kreuzknoten.

10 Wiederholen Sie Schritt 9.

11 Schieben Sie die Kreuzknoten auf den Füllerfäden nach oben, sodass ein Kreuzknoten-Picotmuster (siehe S. 13 unter „Kreuzknoten im Picotmuster") entsteht.

12 Gehen Sie 5 cm nach unten und knüpfen Sie drei Reihen mit versetzten Kreuzknoten.

13 Wiederholen Sie die Schritte 8–11.

14 Gehen Sie 27 cm nach unten und knüpfen Sie neun Reihen mit versetzten Kreuzknoten.

15 Versetzen Sie die Fäden (siehe S. 8 unter „Knotenterminologie"), indem Sie jeweils vier Fäden von zwei nebeneinanderliegenden Plattings zusammenbringen. Gehen Sie 22 cm nach unten und knüpfen Sie einen 8-fädigen Kreuzknoten, sodass jedes Platting mit dem nächsten durch einen 8-fädigen Kreuzknoten verbunden ist.

16 Gehen Sie 7 cm nach unten, nehmen Sie alle Fäden zusammen und knüpfen Sie mit der 30 cm langen Baumwollschnur einen doppelten Überhandknoten (siehe S. 8 unter „Überhandknoten") darum.

17 Bedecken Sie den Überhandknoten mit einem 5 cm langen Abbindeknoten, den Sie mit dem verbleibenden 1,5 m langen Faden knüpfen.

18 Kürzen Sie die Fäden zunächst auf die gewünschte Länge, dann fransen Sie sie aus (siehe S. 21 unter „Ausfransen").

19 Hängen Sie das runde Tablett als Tischfläche ein.

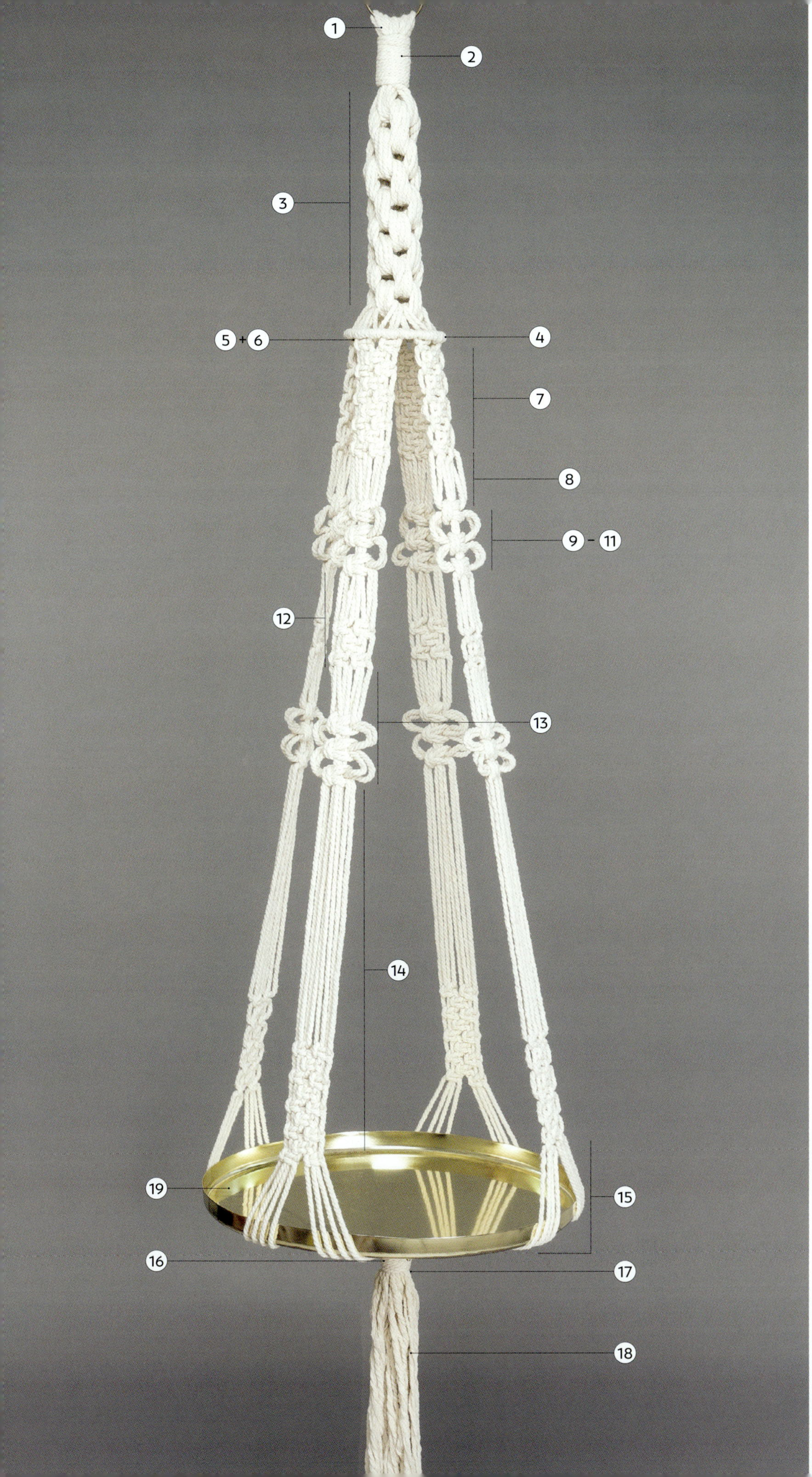
1
2
3
5 + 6
4
7
8
9 - 11
12
13
14
19
15
16
17
18
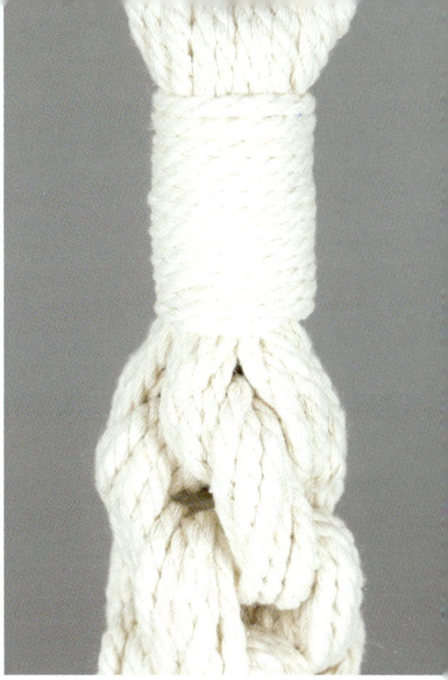
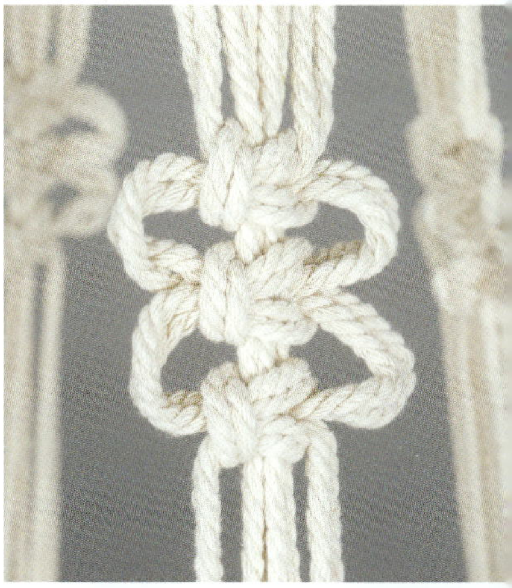
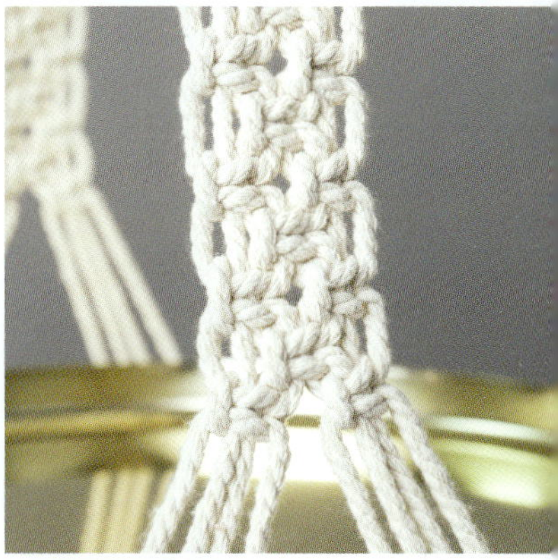
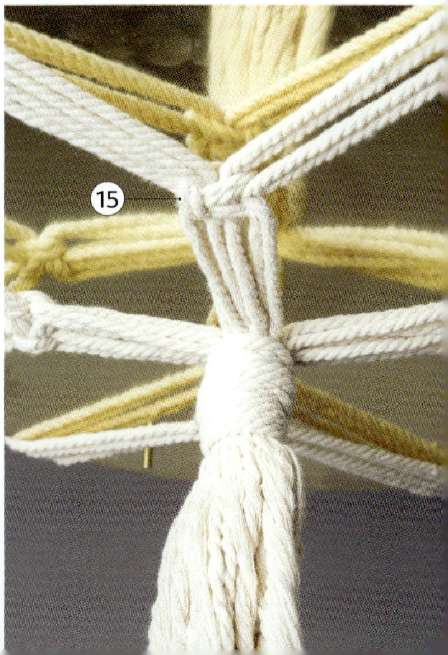
15

FLASCHENHALTER

Dieses schöne Netz ist ideal für die Aufbewahrung einer Flasche edlen Weins, könnte aber auch Ihre Glasvase in Szene setzen und sogar als Blumenampel dienen. Es hat rustikale geflochtene Hängestränge und einen stabil gearbeiteten, umwickelten Griff. Aus Jute gefertigt passt dieses Modell perfekt in ein mit natürlichen Erdfarben gestaltetes Interieur.

MATERIALIEN:

- 44,3 m Jutegarn, 2 mm dick
- Glasgefäß, 26 cm hoch und mit 8 cm breitem Boden

KNOTEN & TECHNIKEN:

- Chinesischer Kronenknoten
- Kreuzknoten
- Überhandknoten
- Abbindeknoten
- Flechten

VORBEREITUNG:

- Schneiden Sie sechzehn 2,5 m lange Fäden aus 2 mm dickem Jutegarn zu.
- Schneiden Sie einen 4 m langen Faden aus 2 mm dickem Jutegarn zu.
- Schneiden Sie einen 30 cm langen Faden aus 2 mm dickem Jutegarn zu.

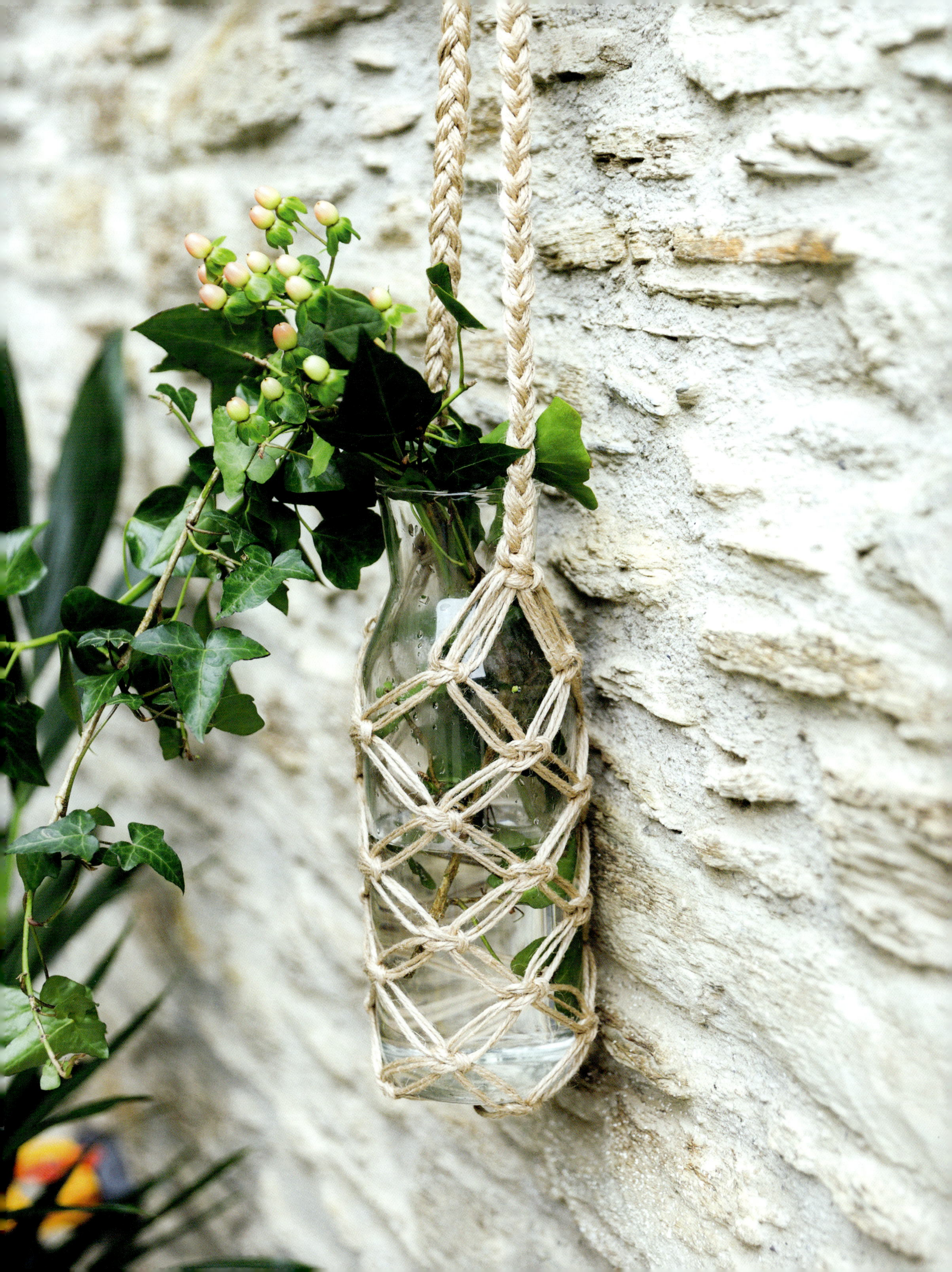

ANLEITUNG

1 Unterteilen Sie die sechzehn 2,5 m langen Juteschnüre in zwei Gruppen von je acht Fäden und legen Sie jede Gruppe so auf eine flache Unterlage, dass sie sich in der Mitte kreuzen.

2 Knüpfen Sie einen chinesischen Kronenknoten (siehe S. 18 unter „Chinesischer Kronenknoten"), mit dem Sie die beiden Fadengruppen zusammenbinden. Sie haben jetzt vier Fadenbündel, die von dem chinesischen Kronenknoten in der Mitte ausgehen – hier beginnt der untere Teil des Flaschenhalters.

3 Bringen Sie vier Fäden aus jedem Bündel mit vier Fäden des danebenliegenden Bündels zusammen, sodass eine Gruppe von acht Fäden entsteht. Gehen Sie 3 cm ab der Mitte des chinesischen Kronenknotens nach unten und knüpfen Sie einen 8-fädigen Kreuzknoten (siehe S. 12 unter „Kreuzknoten"), für den Sie auf jeder Seite vier Füllerfäden und zwei Knüpffäden (siehe S. 8 unter „Knotenterminologie") verwenden.

4 Wiederholen Sie Schritt 3 mit den drei restlichen Gruppen, bis Sie insgesamt vier 8-fädige Kreuzknoten um den Mittelpunkt geknotet haben.

5 Wechseln Sie die Fäden wie in Schritt 3, lassen Sie einen 3 cm großen Zwischenraum und knüpfen Sie eine weitere Reihe mit vier 8-fädigen Kreuzknoten.

6 Machen Sie mit dem Fadenwechsel und den 3 cm großen Abständen zwischen jeder Reihe weiter und schaffen Sie so sechs weitere Reihen mit 8-fädigen Kreuzknoten. (Sobald eine Schüsselform zu entstehen beginnt, was etwa in der dritten Reihe geschehen wird, können Sie Ihr Glasgefäß umgekehrt hinstellen, Ihre Fäden darüberziehen und das Knüpfen fortsetzen.)

7 Führen Sie acht Fäden aus einem 8-fädigen Kreuzknoten mit acht Fäden aus dem danebenliegenden zusammen. Gehen Sie 3 cm nach unten und knüpfen Sie einen 16-fädigen Kreuzknoten aus acht Füllerfäden und vier Knüpffäden auf jeder Seite.

8 Wiederholen Sie Schritt 7 an den übrigen zwei 8-fädigen Kreuzknoten.

9 Sie haben jetzt zwei 16-fädige Kreuzknoten, einen auf jeder Seite des Modells, und diese sind die Ausgangspunkte für die Herstellung der Hängestränge. Ausgehend von einem der 16-fädigen Kreuzknoten unterteilen Sie die sechzehn Fäden in Gruppen von fünf, fünf und sechs Fäden und flechten einen 30 cm langen festen Zopf (siehe S. 21 unter „Flechten"). Flechten Sie die Fäden aus dem zweiten 16-fädigen Kreuzknoten genauso.

10 Für die Herstellung des Griffes legen Sie die Enden der geflochtenen Stränge 5 cm übereinander und achten Sie darauf, dass sie ganz flach aufeinanderliegen. Fassen Sie alle Fäden zusammen und binden Sie mit der 30 cm langen Juteschnur einen Überhandknoten (siehe S. 8 unter „Überhandknoten") in der Mitte der übereinanderliegenden Stränge.

11 Knüpfen Sie mit der verbleibenden 4 m langen Juteschnur einen 14 cm langen Abbindeknoten (siehe S. 11 unter „Abbindeknoten"), um den doppelten Überhandknoten zu bedecken, der in der Mitte des Abbindeknotens sitzen sollte. Schneiden Sie überstehende Schnur ab.

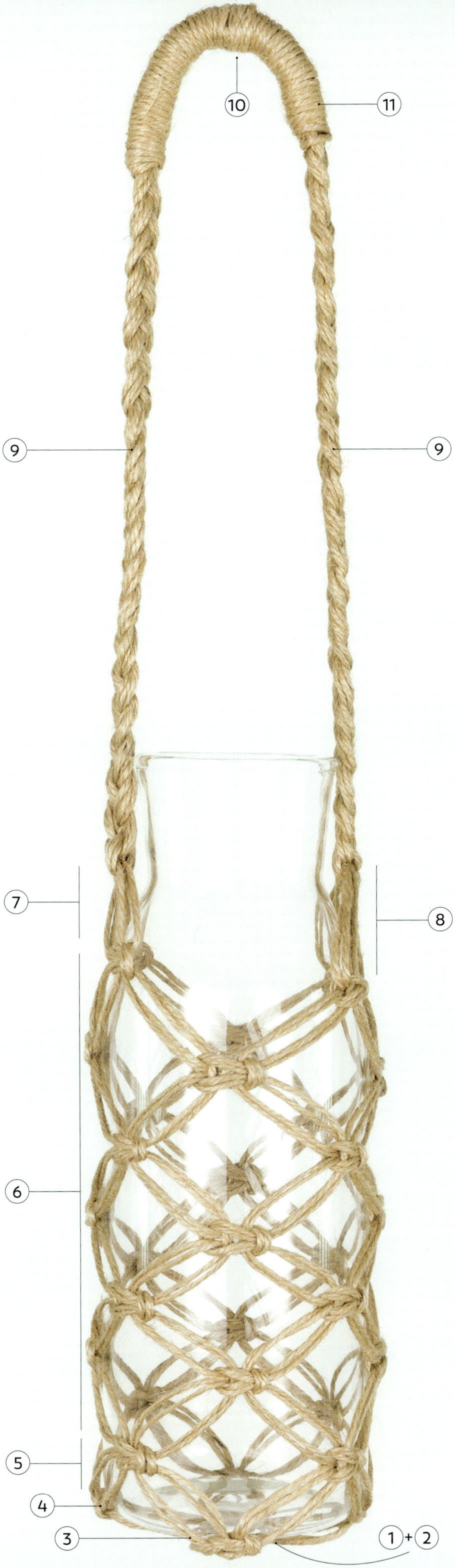
10
11
9
9
7
8
6
5
4
3
1 + 2

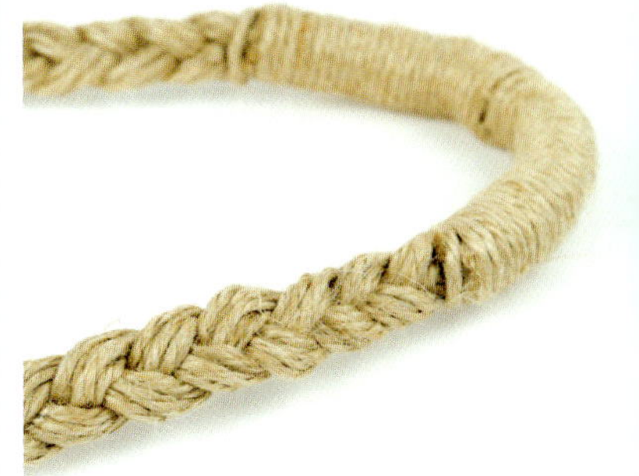

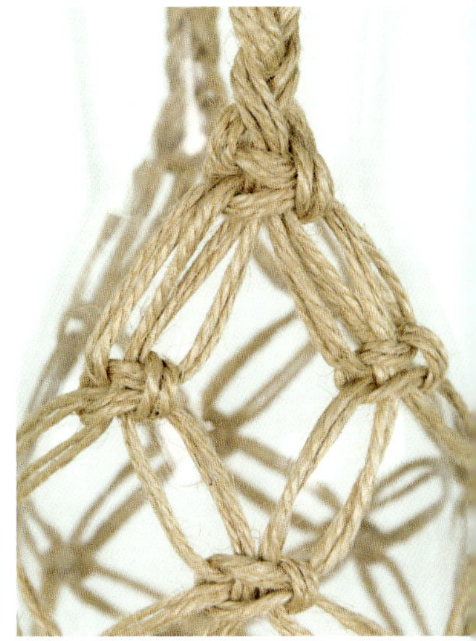

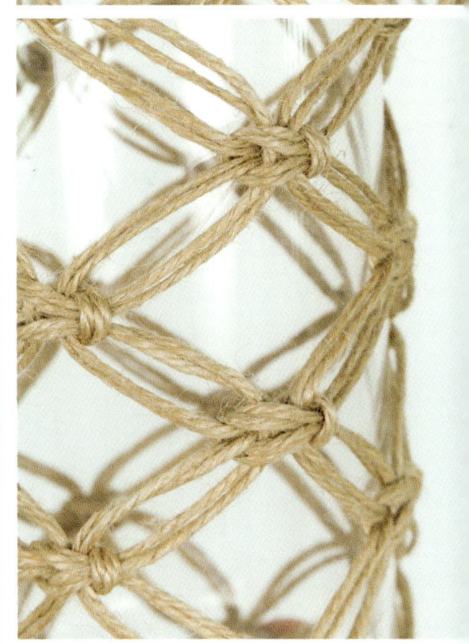

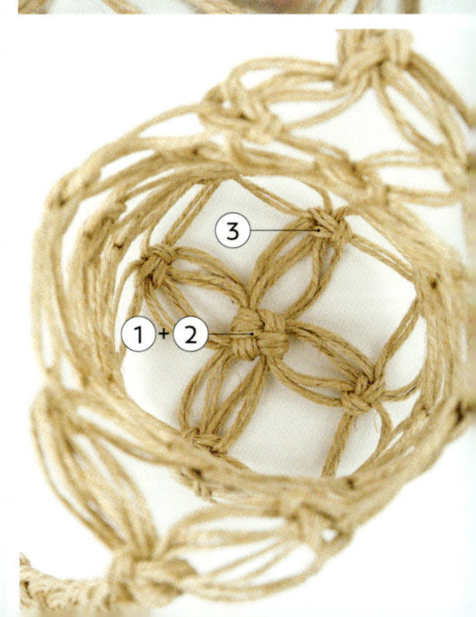
3
1 + 2

HÄNGEKORB

Dieses korbartige, hängende Modell ist vielseitig verwendbar und kann als Blumenampel im Wohnzimmer, als Nähkorb in Ihrer Nähecke oder als hängende Obstschale in der Küche dienen. Versetzte Kreuzknoten schaffen ein schönes netzähnliches Muster für die Korbhülle.

MATERIALIEN:

- 167 m Schnur, 2,5 mm dick
- Metallring, 6 cm Durchmesser
- Zwei Rohrringe, 20 cm Durchmesser

KNOTEN & TECHNIKEN:

- Abbindeknoten
- Kreuzknoten
- Dreifacher halber Schlag
- Versetztes Kreuzknotenmuster
- Überhandknoten
- Einen Ring umwickeln
- Befestigungstechniken

VORBEREITUNG:

- Schneiden Sie vierzig 4 m lange Fäden aus 2,5 mm dicker Schnur zu.
- Schneiden Sie drei 2 m lange Fäden aus 2,5 mm dicker Schnur zu.
- Schneiden Sie einen 1 m langen Faden aus 2,5 mm dicker Schnur zu.

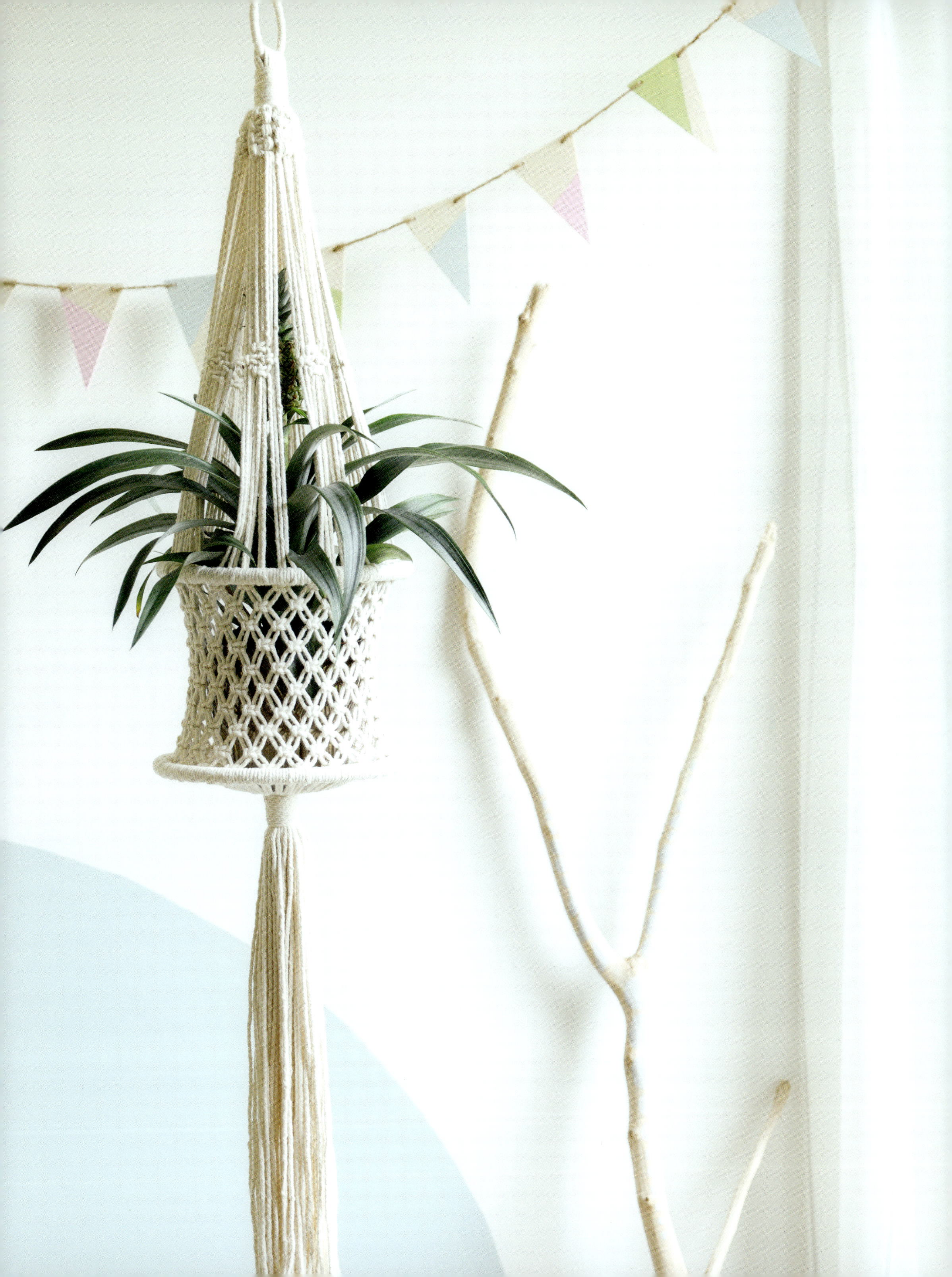

ANLEITUNG

1 Umwickeln Sie den 6 cm breiten Metallring mit einem der 2 m langen Fäden (siehe S. 21 unter „Einen Ring umwickeln“).

2 Befestigen Sie die vierzig 4 m langen Fäden am Ring, indem Sie diese doppelt legen und in den Ring einhängen. (Siehe S. 20 unter „Befestigungstechniken“)

3 Binden Sie mit einer der 2 m langen Schnüre alle Fäden direkt unterhalb des Rings mit einem 3,5 cm breiten Abbindeknoten zusammen (siehe S. 11 unter „Abbindeknoten“).

4 Unterteilen Sie direkt unterhalb des Abbindeknotens die Fäden in acht Gruppen zu je zehn Fäden. Jede Gruppe wird nun ein Platting (siehe S. 8 unter „Knotenterminologie“). Wiederholen Sie die Schritte 5–8 für jedes Platting.

5 Knüpfen Sie vier 10-fädige Kreuzknoten, für die Sie vier Füllerfäden und drei Knüpffäden auf jeder Seite verwenden (siehe S. 12 unter „Kreuzknoten“).

6 Gehen Sie 17 cm nach unten und knüpfen Sie mit den mittleren 6 Fäden einen 6-fädigen Kreuzknoten, für den Sie vier Füllerfäden und einen Knüpffaden auf jeder Seite verwenden.

7 Versetzen Sie direkt darunter die Fäden (siehe S. 8 unter „Knotenterminologie“) und knüpfen Sie zwei 5-fädige Kreuzknoten, für die Sie drei Füllerfäden und einen Knüpffaden auf jeder Seite verwenden.

8 Knüpfen Sie direkt darunter mit den mittleren sechs Fäden einen weiteren 6-fädigen Kreuzknoten, für den Sie vier Füllerfäden und einen Knüpffaden auf jeder Seite verwenden.

9 Gehen Sie 17 cm nach unten und platzieren Sie alle Fäden innerhalb des ersten Ihrer Rohrringe. Der waagerechte Rohrring dient nun als Leitfaden (siehe S. 8 unter „Knotenterminologie“). Knüpfen Sie mit jedem Faden dreifache halbe Schläge (siehe S. 9 unter „Halbe Schläge“) um den Rohrring.

10 Sichern Sie den ersten Rohrring, indem Sie eine Reihe mit zwanzig 4-fädigen Kreuzknoten direkt unterhalb des Rings knüpfen.

11 Gehen Sie 1,5 cm nach unten, versetzen Sie die Fäden und knüpfen Sie eine weitere Reihe mit zwanzig Kreuzknoten.

12 Machen Sie mit einem versetzten Kreuzknotenmuster über acht Reihen weiter (siehe S. 13 unter „Versetztes Kreuzknotenmuster“).

13 Platzieren Sie alle Fäden innerhalb des zweiten Rohrrings. Der waagerechte Rohrring dient nun als Leitfaden. Knüpfen Sie mit jedem Faden dreifache halbe Schläge um den Rohrring.

14 Fassen Sie die Schnur fest zusammen und führen Sie sie nach oben, bis sie mittig auf der Höhe des Rohres ist. Damit entsteht ein Boden für den hängenden Korb. Sichern Sie ihn mit einem doppelten Überhandknoten (siehe S. 8 unter „Überhandknoten“), für den Sie die 1 m lange Schnur verwenden.

15 Knüpfen Sie mit der verbleibenden 2 m langen Schnur einen 3,5 cm breiten Abbindeknoten über den doppelten Überhandknoten.

16 Kürzen Sie die Fäden auf die gewünschte Länge.

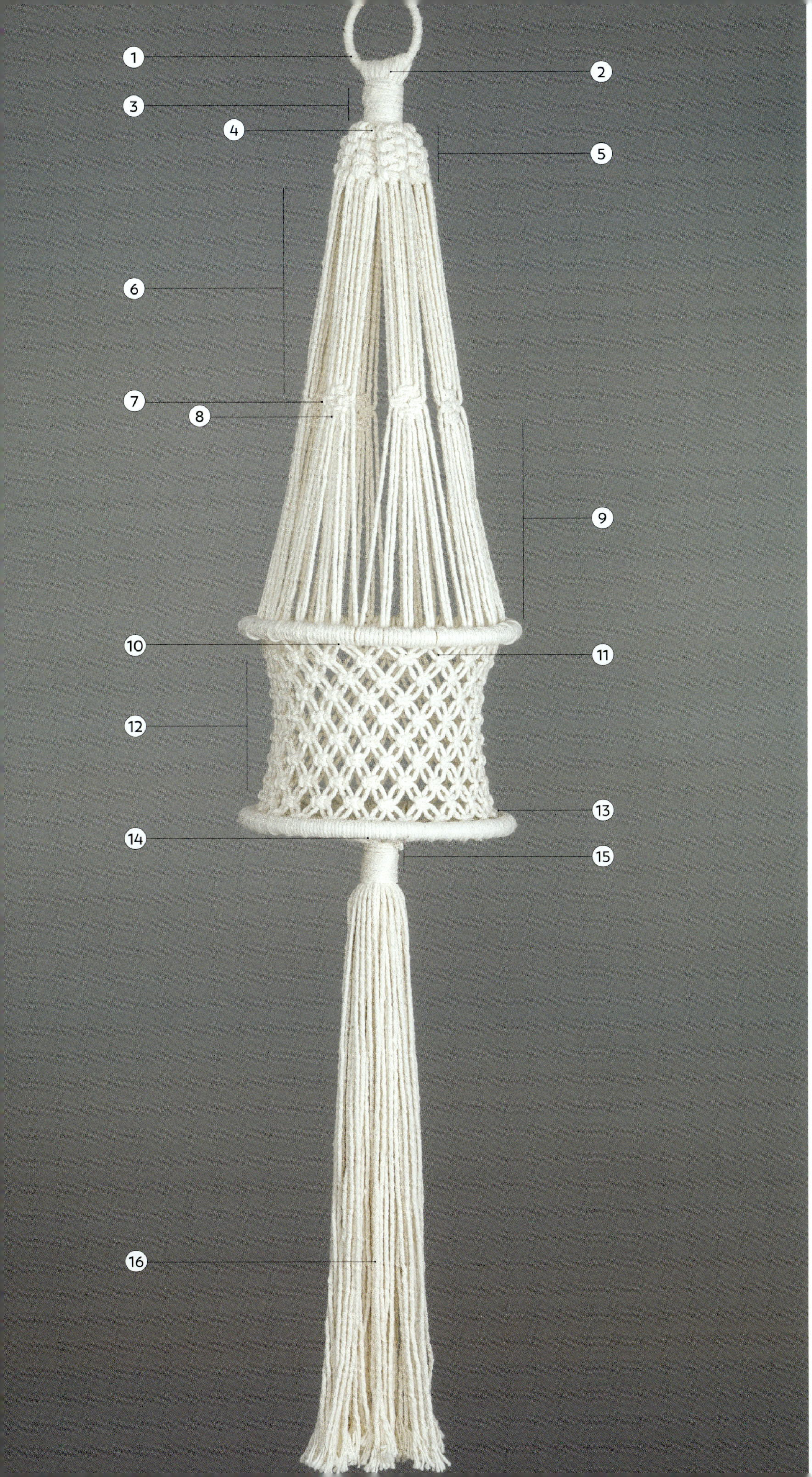
1
2
3
4
5
6
7
8
9
10
11
12
13
14
15
16

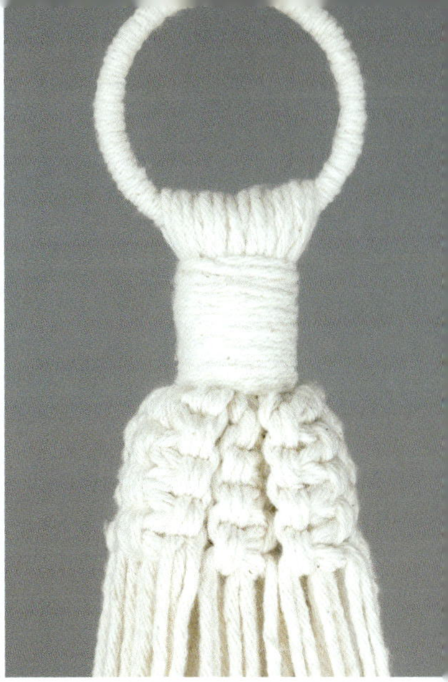

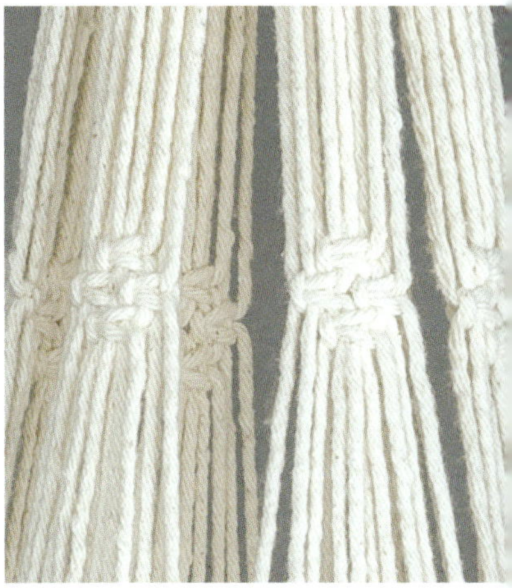

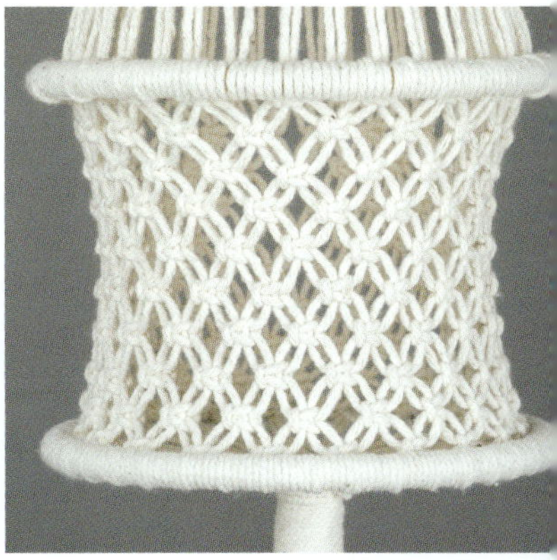

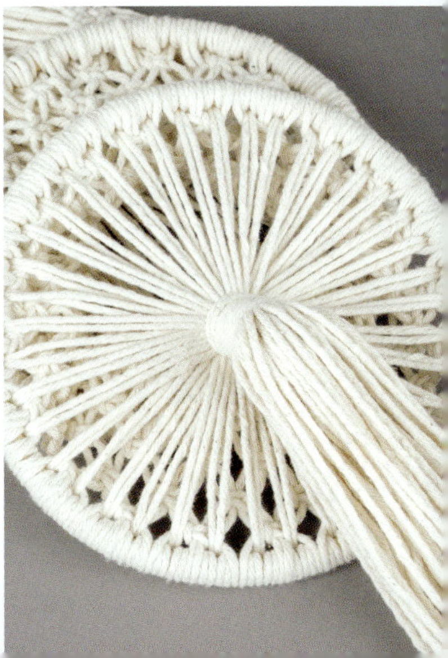

TISCHSET

MATERIALIEN:

- 82,1 m Schnur, 5 mm dick

KNOTEN & TECHNIKEN:

- Horizontaler doppelter halber Schlag
- Halber Knoten
- Überhandknoten
- Befestigungstechniken
- Ausfransen

Beim Frühstück im Familienkreis oder bei einem schicken Abendessen macht dieses Makramee-Tischset mit seiner schlichten Eleganz mit Sicherheit Eindruck. Legen Sie nur einen Läufer als Blickfang in die Mitte Ihres Esstischs oder fertigen Sie sich hübsche Platzsets. Das versetzte Halbknotenmuster erzeugt ein dichtes Gewebe, sodass Ihr Tisch geschont wird, und wenn die Sets mit Baumwollgarn geknotet werden, können sie von Hand gewaschen werden.

VORBEREITUNG:

- Schneiden Sie sechsunddreißig 2,25 m lange Fäden aus 5 mm dicker Schnur zu.
- Schneiden Sie zwei 55 cm lange Fäden aus 5 mm dicker Schnur zu.

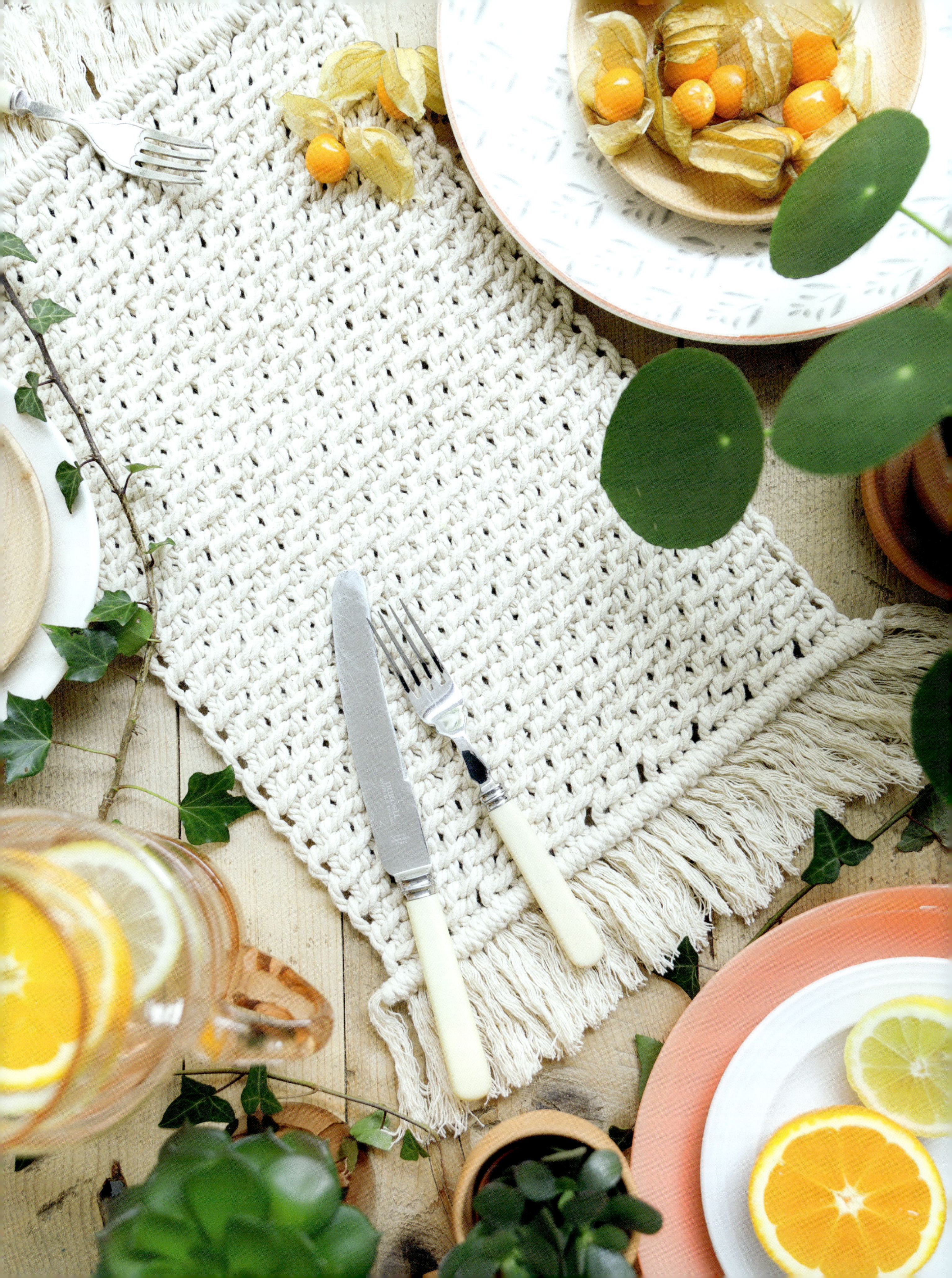

ANLEITUNG

1 Befestigen Sie einen der 55 cm langen Fäden mit T-Nadeln auf einem Knüpfbrett oder mit Klebestreifen auf einer glatten Unterlage (siehe S. 20 unter „Befestigungstechniken"). Er wird Ihr Leitfaden (siehe S. 8 unter „Knotenterminologie").

2 Befestigen Sie die sechsunddreißig 2,25 m langen Fäden an dem Leitfaden mit horizontalen doppelten halben Schlägen (siehe S. 9 unter „Halbe Schläge"). Lassen Sie oberhalb Ihres Leitfadens 10 cm Fadenenden überstehen, die die Fransen ergeben.

3 Knüpfen Sie direkt unter der Reihe doppelter halber Schläge eine Reihe mit neun halben Knoten (siehe S. 16 unter „Halber Knoten").

4 Versetzen Sie die Fäden (siehe S. 8 unter „Knotenterminologie") und knüpfen Sie noch eine Reihe mit acht halben Knoten.

5 Versetzen Sie die Fäden und knüpfen Sie eine Reihe mit neun halben Knoten.

6 Setzen Sie das versetzte Halbknotenmuster über weitere achtundvierzig Reihen fort.

7 Legen Sie direkt unter die letzte Reihe von Halbknoten und über alle Fäden den verbleibenden 55 cm langen Faden als zweiten Leitfaden. Befestigen Sie alle Fäden mit horizontalen doppelten Halbschlägen am zweiten Leitfaden.

8 Knüpfen Sie einen Überhandknoten (siehe S. 8 unter „Überhandknoten") an jedem Ende der beiden Leitfäden.

9 Kürzen Sie alle Fäden an jedem Ende des Tischsets auf eine Länge von 5 cm und fransen Sie sie aus (siehe S. 21 unter „Ausfransen").

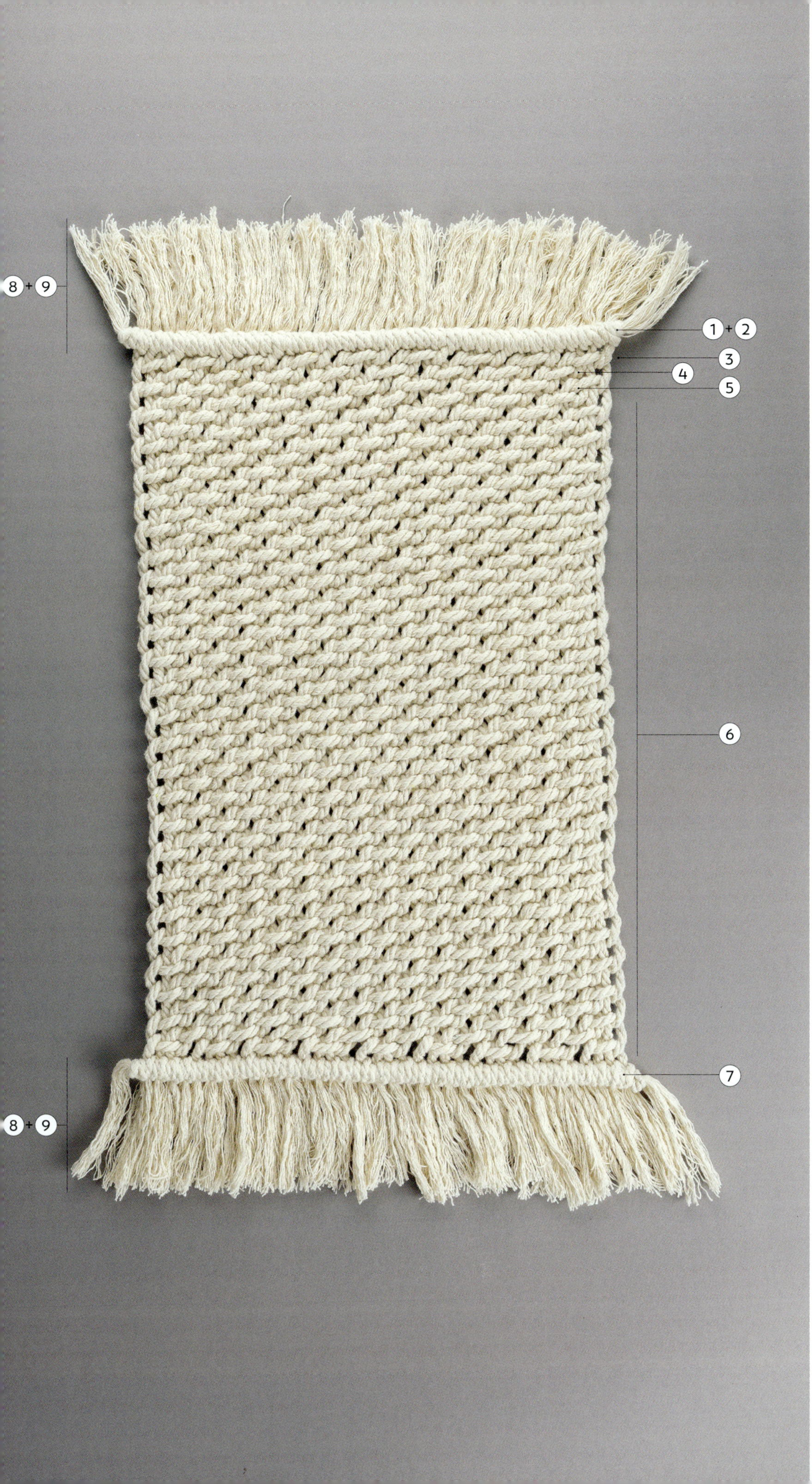
8 + 9
1 + 2
3
4
5
6
7
8 + 9
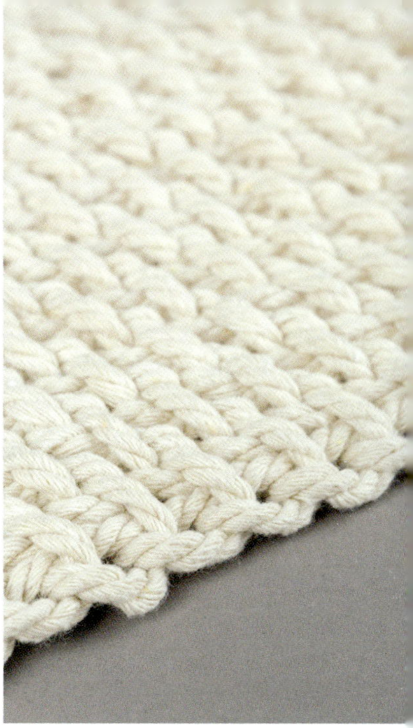
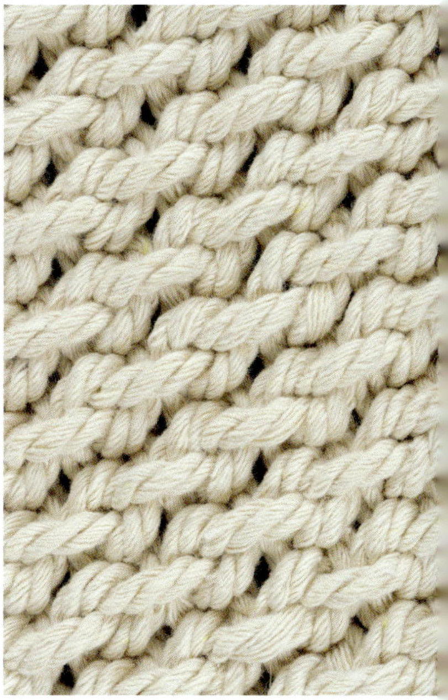
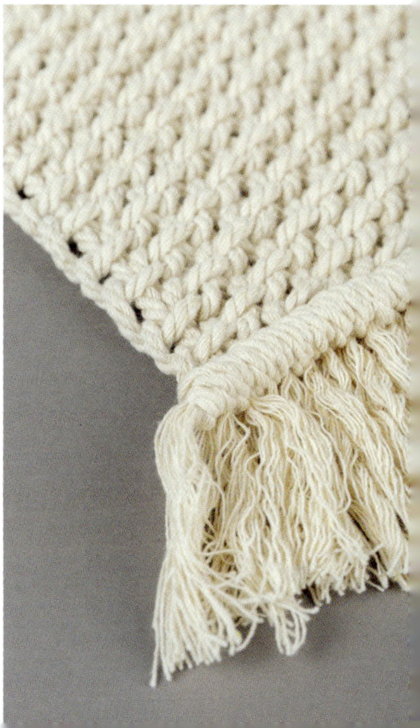

TISCHLÄUFER

MATERIALIEN:

- 143 m Schnur, 5 mm dick
- Holzstab, 50 cm lang, 2,5 cm dick

KNOTEN & TECHNIKEN:

- Umgekehrter Lerchenkopfknoten
- Kreuzknoten
- Halber Knoten
- Versetztes Kreuzknotenmuster
- Zunehmendes Kreuzknotenmuster
- Abnehmendes Kreuzknotenmuster
- Befestigungstechniken
- Fäden nummerieren

Ob beim allabendlichen Essen mit der Familie oder zu festlichen Anlässen, wie einer Hochzeit – dieser Tischläufer ist immer ein toller Hingucker auf Ihrem Tisch. Das Design mit einer Raute in der Mitte entsteht durch ein zu- und abnehmendes Kreuzknotenmuster und die Länge der Seitenteile kann leicht der Länge Ihres Tisches angepasst werden. Wenn Sie Baumwollgarn verwenden, kann der Läufer von Hand gewaschen werden.

VORBEREITUNG:

- Schneiden Sie sechsundzwanzig 5,5 m lange Fäden aus 5 mm dicker Schnur zu.

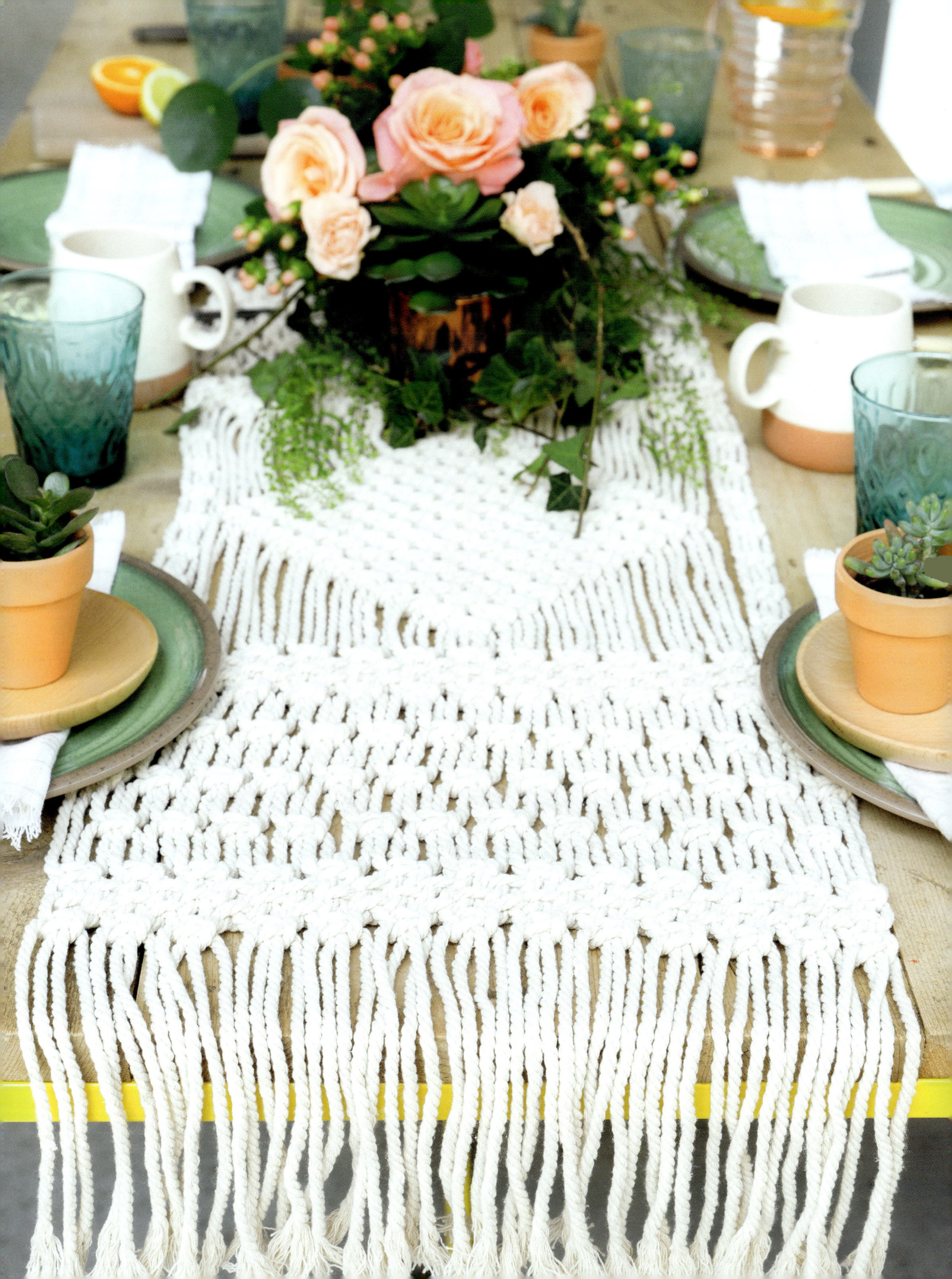

ANLEITUNG

1 Befestigen Sie alle sechsundzwanzig 5,5 m langen Fäden an dem Holzstab mit umgekehrten Lerchenkopfknoten (siehe S. 10 unter „Umgekehrter Lerchenkopfknoten") und achten Sie darauf, dass die Abstände zwischen den Fäden gleichmäßig sind. Die Breite der befestigten Schnüre sollte 36 cm betragen. (Siehe S. 20 unter „Befestigungstechniken")

2 Gehen Sie 20 cm nach unten und knüpfen Sie eine Reihe mit dreizehn Kreuzknoten (siehe S. 12 unter „Kreuzknoten").

3 Versetzen Sie direkt unter der Kreuzknotenreihe die Fäden (siehe S. 8 unter „Knotenterminologie") und knüpfen Sie eine Reihe mit zwölf halben Knoten (siehe S. 16 unter „Halber Knoten").

4 Versetzen Sie die Fäden und knüpfen Sie eine Reihe mit dreizehn halben Knoten.

5 Versetzen Sie die Fäden und knüpfen Sie eine Reihe mit zwölf halben Knoten.

6 Versetzen Sie die Fäden und knüpfen Sie eine Reihe mit dreizehn Kreuzknoten.

7 Versetzen Sie die Fäden, gehen Sie 3 cm nach unten und knüpfen Sie eine Reihe mit zwölf Kreuzknoten.

8 Machen Sie mit einem versetzten Kreuzknotenmuster (siehe S. 13 unter „Versetztes Kreuzknotenmuster") mit 3 cm Abständen für weitere drei Reihen weiter.

9 Wiederholen Sie die Schritte 3-6.

10 Nummerieren Sie die Fäden von 1 bis 52 (siehe S. 21 unter „Fäden nummerieren").

11 Arbeiten Sie mit den Fäden 1-4, gehen Sie 3 cm nach unten und knüpfen Sie einen Kreuzknoten. Diese Fäden werden nun ein Platting (siehe S. 8 unter „Knotenterminologie"). Knüpfen Sie weitere sechs Kreuzknoten und lassen Sie 3 cm breite Abstände zwischen ihnen.

12 Arbeiten Sie jetzt mit den Fäden 49-52 und wiederholen Sie Schritt 11.

13 Fassen Sie die Fäden 25-28 zusammen, gehen Sie 3 cm nach unten und knüpfen Sie einen Kreuzknoten.

14 Beginnen Sie nun, mit dem in Schritt 13 mit den Fäden 25-28 geknüpften Kreuzknoten ein zunehmendes Kreuzknotenmuster zu knüpfen (siehe S. 14 unter „Zunehmendes Kreuzknotenmuster") und knüpfen Sie die Reihen direkt untereinander. Machen Sie mit dem zunehmenden Kreuzknotenmuster weiter, bis Sie eine Reihe mit elf Kreuzknoten geknotet haben: Das ist die letzte Reihe des zunehmenden Kreuzknotenmusters.

15 Beginnen Sie direkt unterhalb der Reihe der elf Kreuzknoten mit einem abnehmenden Kreuzknotenmuster (siehe S. 15 unter „Abnehmendes Kreuzknotenmuster"), bis Sie die letzte Reihe mit nur einem Kreuzknoten beendet haben.

16 Gehen Sie 3 cm nach unten und knüpfen Sie aus allen Fäden eine Reihe mit dreizehn Kreuzknoten.

17 Wiederholen Sie die Schritte 3-8.

18 Wiederholen Sie die Schritte 3-6.

19 Schneiden Sie die Fadenenden 22 cm unter der letzten Kreuzknotenreihe ab.

20 Schieben Sie die aufgehängte Arbeit vorsichtig von dem Holzstab. Öffnen Sie die umgekehrten Lerchenkopfknoten, indem Sie die Fäden in der Schlaufe durchschneiden. Kürzen Sie die Fadenenden, falls erforderlich, auf die Länge der Fransen am anderen Ende des Läufers.

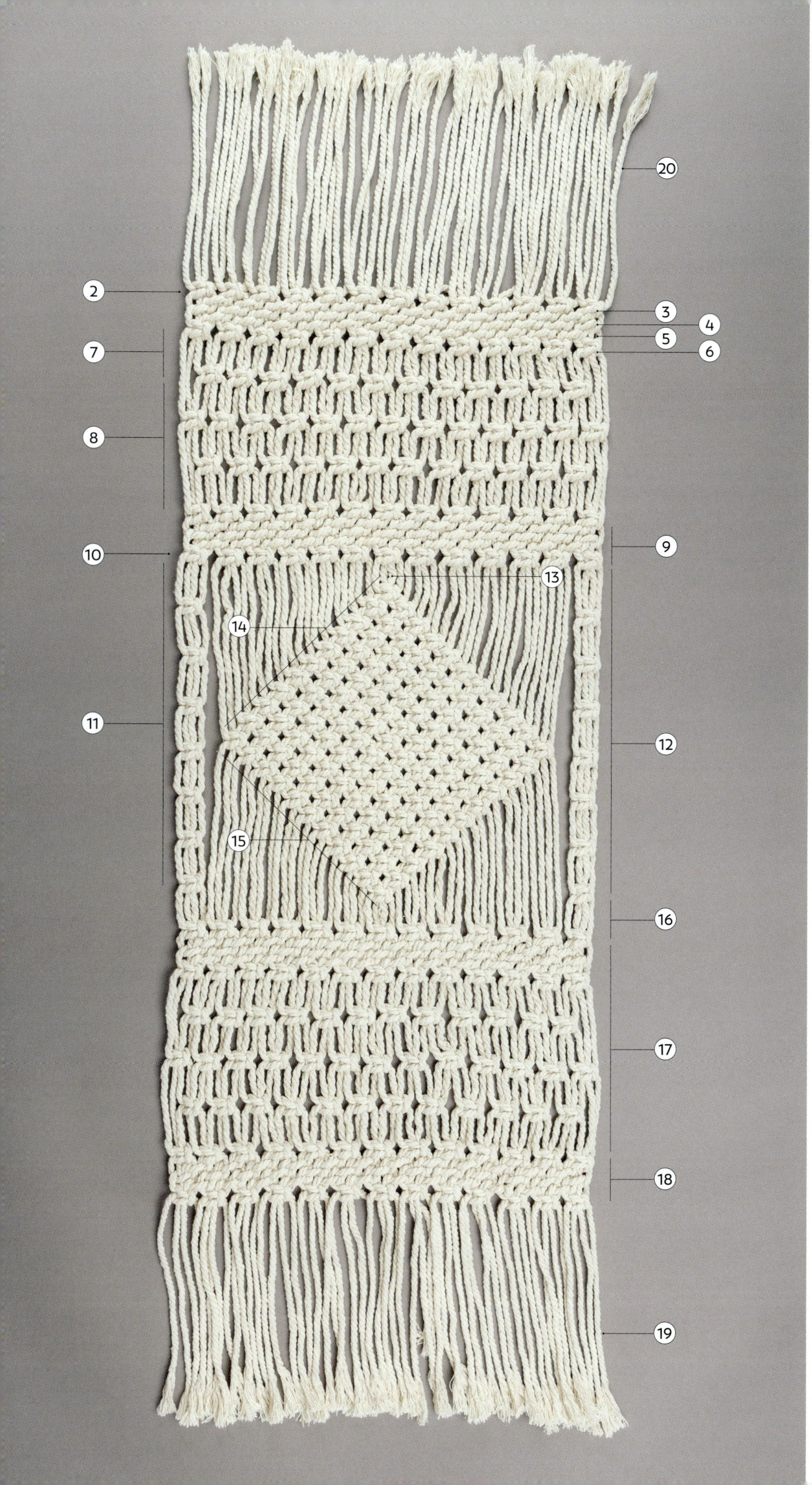
20
2
3
4
5
6
7
8
9
10
13
14
11
12
15
16
17
18
19

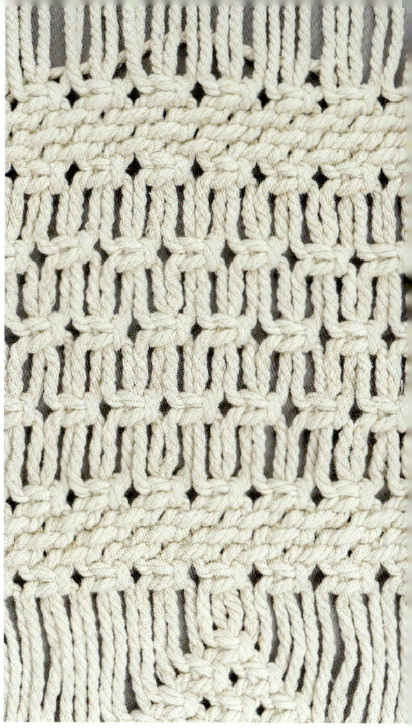

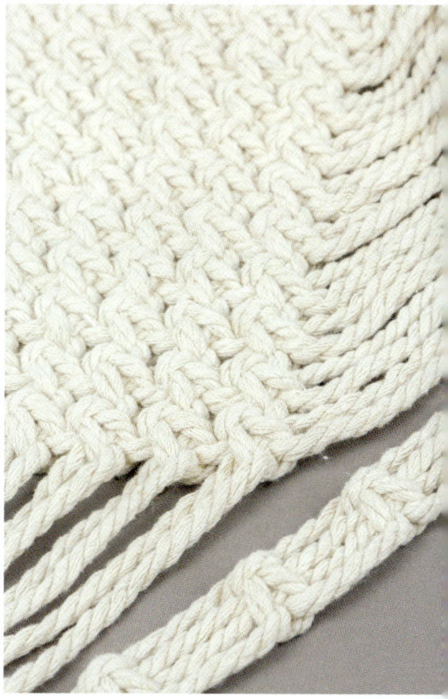

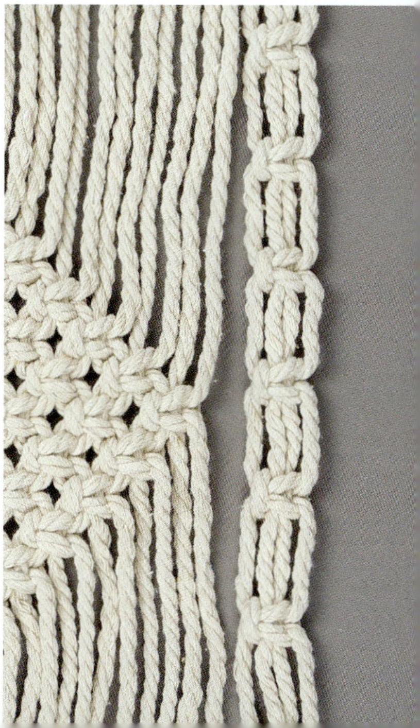

WANDBEHANG, EINFACH

Dieser einfache, dekorative Wandbehang aus naturfarbenem Baumwollgarn passt perfekt in jeden Raum einer modernen Wohnung. Wenn Sie gerade erst mit Makramee beginnen, ist dies ein ideales Anfängerprojekt, mit dem Sie den beliebten Kreuzknoten und das versetzte Kreuzknotenmuster üben können. Sie können den schlichten Holzstab gegen ein Stück Treibholz, das Sie vielleicht gefunden haben, tauschen, wenn Ihr Behang etwas natürlicher aussehen soll.

MATERIALIEN:

- 56 m Schnur, 5 mm dick
- Holzstab, 28 cm lang, 2,5 cm dick

KNOTEN & TECHNIKEN:

- Umgekehrter Lerchenkopfknoten
- Kreuzknoten
- Versetztes Kreuzknotenmuster
- Abnehmendes Kreuzknotenmuster
- Befestigungstechniken
- Ausfransen

VORBEREITUNG:

- Schneiden Sie sechzehn 3,5 m lange Fäden aus 5 mm dicker Schnur zu.

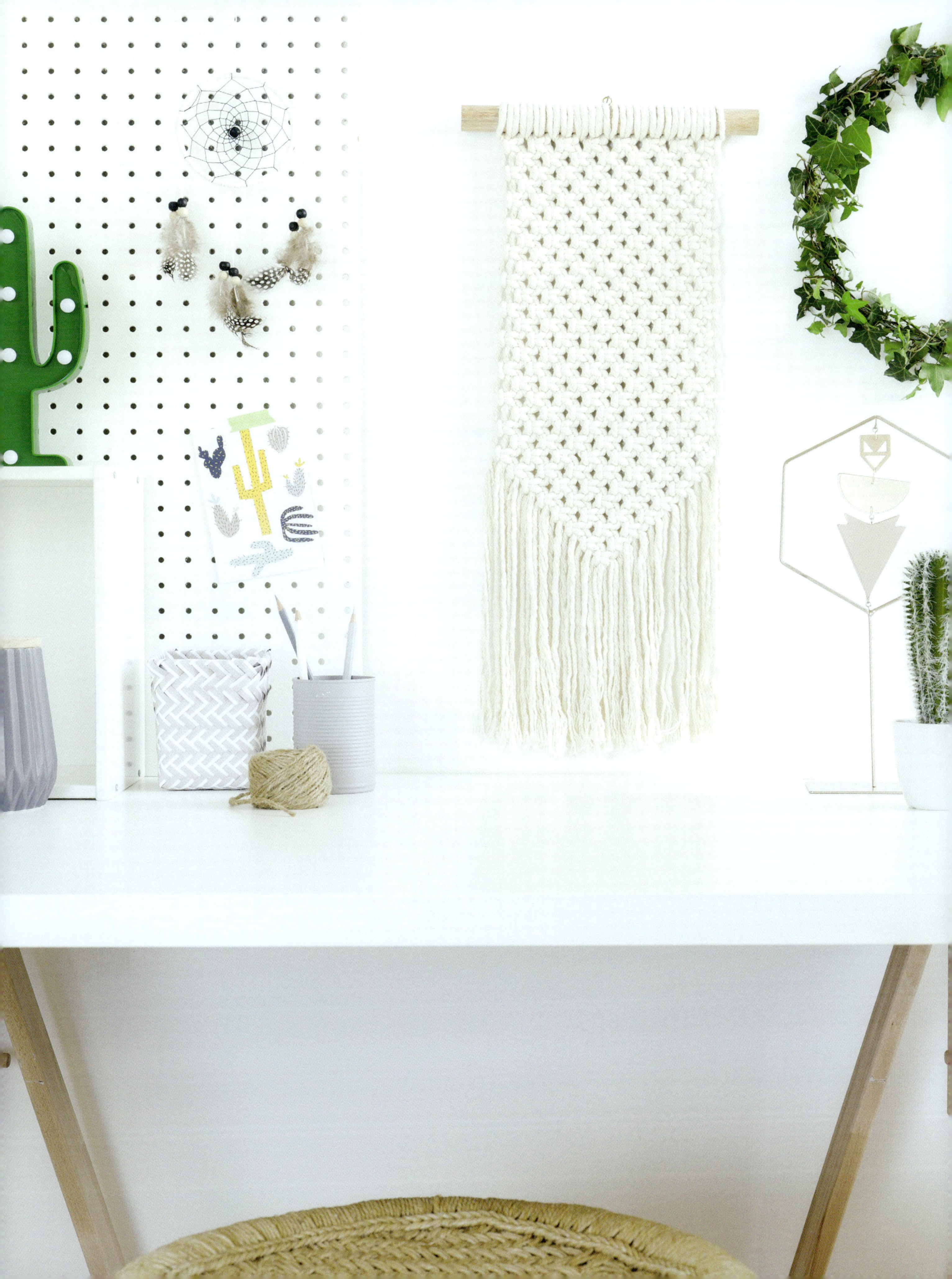

ANLEITUNG

1 Befestigen Sie die sechzehn 3,5 m langen Fäden mit umgekehrten Lerchenkopfknoten (siehe S. 10 unter „Umgekehrter Lerchenkopfknoten") am Holzstab. Die Schnüre werden über eine Breite von 22 cm befestigt, wobei an jedem Ende des Stabes 3 cm unbedeckt bleiben sollen. (Siehe S. 20 unter „Befestigungstechniken")

2 Knüpfen Sie direkt unter dem Holzstab eine Reihe mit acht Kreuzknoten (siehe S. 12 unter „Kreuzknoten").

3 Knüpfen Sie direkt unterhalb jeder Reihe zweiundzwanzig Reihen in einem versetzten Kreuzknotenmuster (siehe S. 13 unter „Versetztes Kreuzknotenmuster").

4 Beginnen Sie nun, Reihen in einem abnehmenden Kreuzknotenmuster zu knüpfen (siehe S. 15 unter „Abnehmendes Kreuzknotenmuster"), wobei Sie mit einer Reihe mit sieben Kreuzknoten beginnen und mit einem einzigen Kreuzknoten enden.

5 Kürzen Sie die Fäden auf eine Länge und fransen Sie sie aus, wenn Sie es wünschen (siehe S. 21 unter „Ausfransen").

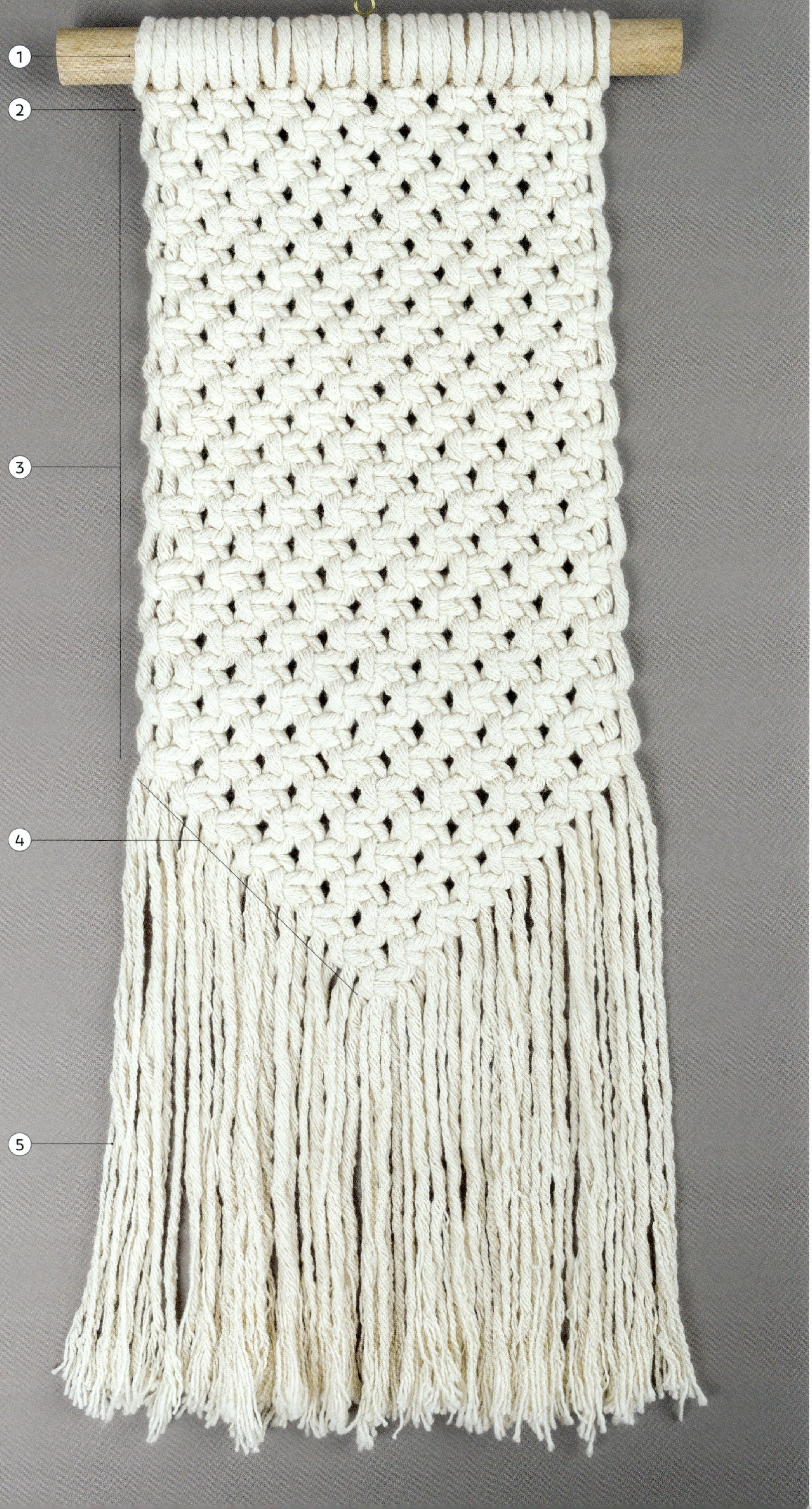
1
2
3
4
5

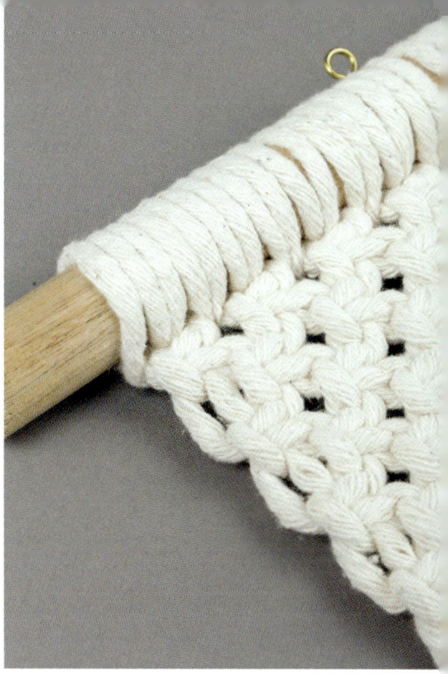

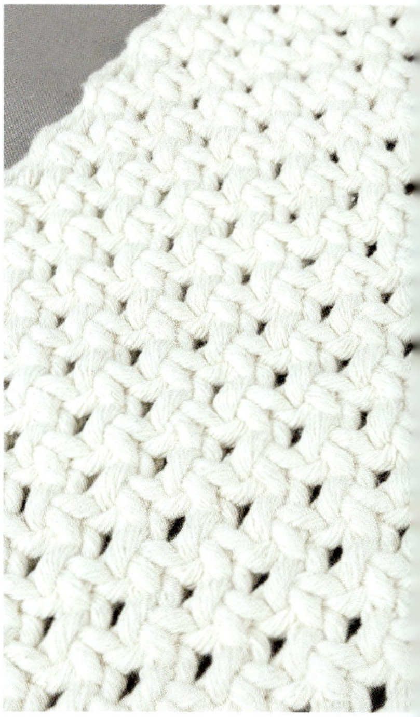

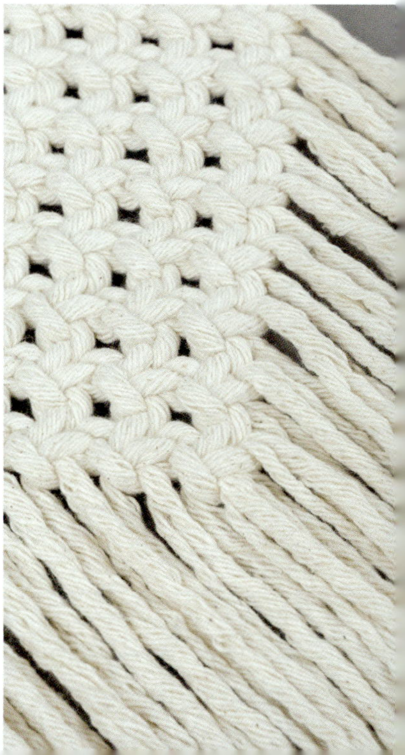

WANDBEHANG, ANSPRUCHSVOLL

Ein Wandbehang im geometrischen Retrolook, der mit Sicherheit Eindruck schinden wird, weil er zeigt, welche Fortschritte Sie machen. Er entspricht einem mittleren Schwierigkeitsgrad und zeigt, wie durch die Kombination von einigen Grundknoten des Makramee ein einzigartig schönes und raffiniert geknotetes Muster entstehen kann. Der obere und der untere Teil sind in einem versetzten Doppelkreuzknotenmuster gearbeitet und durch ein auffallend schönes Pfeildesign und einen Streifen Halbknotenspiralen verbunden.

MATERIALIEN:

- 136 m Schnur, 5 mm dick
- Holzstab, 46 cm lang, 1,8 cm dick

KNOTEN & TECHNIKEN:

- Umgekehrter Lerchenkopfknoten
- Kreuzknoten
- Versetztes Doppelkreuzknotenmuster
- Horizontaler doppelter halber Schlag
- Überhandknoten
- Diagonaler doppelter halber Schlag
- Halbknotenspirale
- Befestigungstechniken
- Ausfransen
- Fäden nummerieren

VORBEREITUNG:

- Schneiden Sie sechsundzwanzig 5 m lange Fäden aus 5 mm dicker Schnur zu.
- Schneiden Sie vier 1 m lange Fäden aus 5 mm dicker Schnur zu.
- Schneiden Sie einen 2 m langen Faden aus 5 mm dicker Schnur zu.

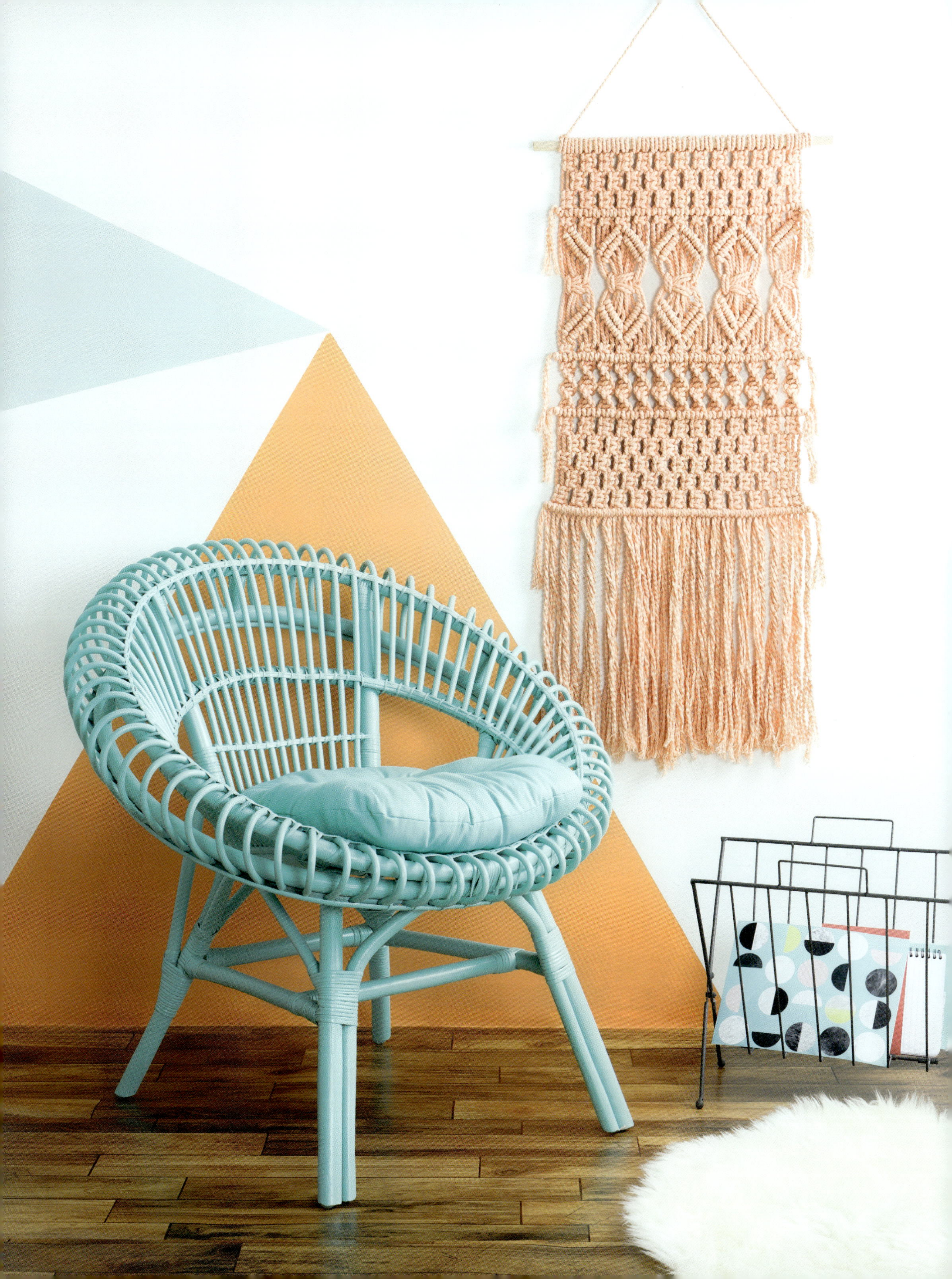

ANLEITUNG

1 Befestigen Sie alle sechsundzwanzig 5 m langen Fäden mit umgekehrten Lerchenkopfknoten (siehe S. 10 unter „Umgekehrter Lerchenkopfknoten") am Holzstab. Die Schnüre werden über eine Breite von 39 cm befestigt, wobei an jedem Ende des Stabes 3,5 cm unbedeckt bleiben sollen (siehe S. 20 unter „Befestigungstechniken").

2 Knüpfen Sie direkt unterhalb des Holzstabs eine Reihe mit dreizehn Kreuzknoten (siehe S. 12 unter „Kreuzknoten").

3 Knüpfen Sie noch eine Reihe mit dreizehn Kreuzknoten direkt unterhalb der vorhergehenden Reihe.

4 Versetzen Sie die Fäden (siehe S. 8 unter „Knotenterminologie") und knüpfen Sie eine Reihe mit zwölf Kreuzknoten.

5 Knüpfen Sie eine weitere Reihe mit zwölf Kreuzknoten direkt unterhalb der vorhergehenden Reihe.

6 Versetzen Sie die Fäden und knüpfen Sie eine Reihe mit dreizehn Kreuzknoten direkt unterhalb der vorhergehenden Reihe.

7 Wiederholen Sie Schritt 3, um den ersten Teil mit dem versetzten Doppelkreuzknotenmuster zu beenden (siehe S. 13 unter „Versetztes Kreuzknotenmuster").

8 Legen Sie ein 1 m langes Stück Schnur horizontal direkt unter die letzte Knotenreihe. Dies dient Ihnen nun als Leitfaden (siehe S. 8 unter „Knotenterminologie").

9 Knüpfen Sie horizontale doppelte halbe Schläge (siehe S. 9 unter „Halbe Schläge") mit allen Fäden auf dem Leitfaden.

10 Knüpfen Sie an jedem Ende des Leitfadens einen Überhandknoten (siehe S. 8 unter „Überhandknoten"), kürzen Sie die Enden auf eine Länge von 10 cm und fransen Sie sie aus (siehe S. 21 unter „Ausfransen").

11 Knüpfen Sie eine Reihe mit dreizehn Kreuzknoten.

12 Beginnen Sie nun mit dem Pfeildesign (Schritte 12–48). Nummerieren Sie als erstes die Fäden von 1 bis 52 (siehe S. 21 unter „Fäden nummerieren").

13 Machen Sie Faden 3 zum Leitfaden (siehe S. 8 unter „Knotenterminologie"); führen Sie ihn von links nach rechts unten und knüpfen Sie diagonale doppelte halbe Schläge (siehe S. 9 unter „Halbe Schläge") mit den Fäden 4–8.

14 Machen Sie Faden 14 zum Leitfaden; führen Sie ihn von rechts nach links unten und knüpfen Sie diagonale doppelte halbe Schläge mit den Fäden 9–13.

15 Machen Sie Faden 15 zum Leitfaden; führen Sie ihn von links nach rechts unten und knüpfen Sie diagonale doppelte halbe Schläge mit den Fäden 16–20.

16 Machen Sie Faden 26 zum Leitfaden; führen Sie ihn von rechts nach links unten und knüpfen Sie diagonale doppelte halbe Schläge mit den Fäden 21–25.

17 Machen Sie Faden 27 zum Leitfaden; führen Sie ihn von links nach rechts unten und knüpfen Sie diagonale doppelte halbe Schläge mit den Fäden 28–32.

18 Machen Sie Faden 38 zum Leitfaden; führen Sie ihn von rechts nach links unten und knüpfen Sie diagonale doppelte halbe Schläge mit den Fäden 33–37.

19 Machen Sie Faden 39 zum Leitfaden; führen Sie ihn von links nach rechts unten und knüpfen Sie diagonale doppelte halbe Schläge mit den Fäden 40–44.

20 Machen Sie Faden 50 zum Leitfaden; führen Sie ihn von rechts nach links unten und knüpfen Sie diagonale doppelte halbe Schläge mit den Fäden 45–49.

21 Nummerieren Sie die Fäden von 1 bis 52.

22 Machen Sie Faden 2 zum Leitfaden; führen Sie ihn von links nach rechts unten und knüpfen Sie diagonale doppelte halbe Schläge mit den Fäden 3–7.

23 Machen Sie Faden 14 zum Leitfaden; führen Sie ihn von rechts nach links unten und knüpfen Sie diagonale doppelte halbe Schläge mit den Fäden 10–13.

24 Machen Sie Faden 15 zum Leitfaden; führen Sie ihn von links nach rechts unten und knüpfen Sie diagonale doppelte halbe Schläge mit den Fäden 16–19.

25 Machen Sie Faden 26 zum Leitfaden; führen Sie ihn von rechts nach links unten und knüpfen Sie diagonale doppelte halbe Schläge mit den Fäden 22–25.

26 Machen Sie Faden 27 zum Leitfaden; führen Sie ihn von links nach rechts unten und knüpfen Sie diagonale doppelte halbe Schläge mit den Fäden 28–31.

27 Machen Sie Faden 38 zum Leitfaden; führen Sie ihn von rechts nach links unten und knüpfen Sie diagonale doppelte halbe Schläge mit den Fäden 34–37.

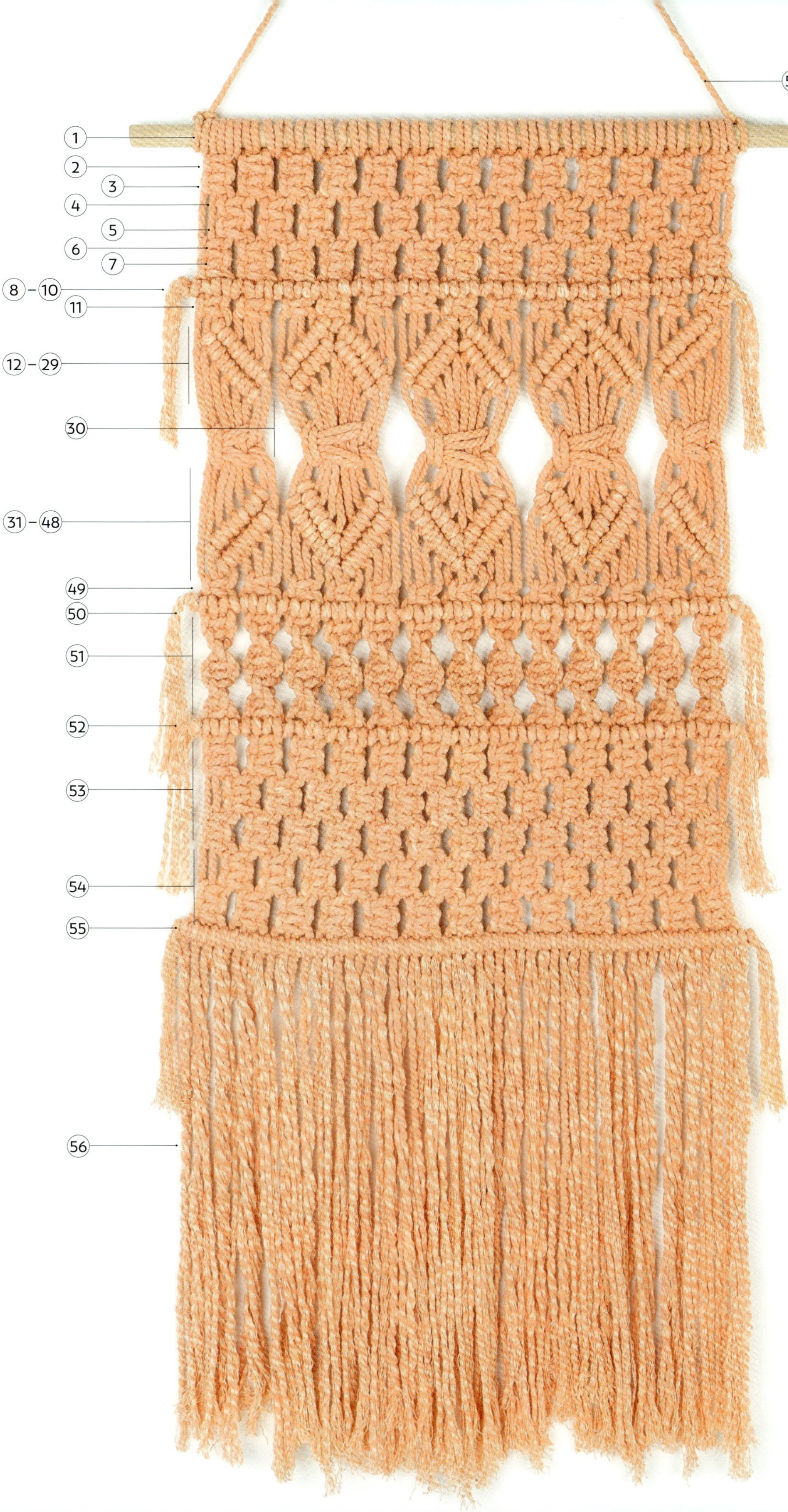
57
1
2
3
4
5
6
7
8 – 10
11
12 – 29
30
31 – 48
49
50
51
52
53
54
55
56

28 Machen Sie Faden 39 zum Leitfaden; führen Sie ihn von links nach rechts unten und knüpfen Sie diagonale doppelte halbe Schläge mit den Fäden 40–43.

29 Machen Sie Faden 51 zum Leitfaden; führen Sie ihn von rechts nach links unten und knüpfen Sie diagonale doppelte halbe Schläge mit den Fäden 46–50.

30 Gehen Sie 1 cm nach unten und knüpfen Sie eine Reihe mit fünf Kreuzknoten (siehe S. 12 unter „Kreuzknoten") wie folgt: Der erste Kreuzknoten besteht aus zwei Knüpffäden auf jeder Seite und vier Füllerfäden; der zweite, dritte und vierte Kreuzknoten besteht aus zwei Knüpffäden auf jeder Seite und acht Füllerfäden und der fünfte Kreuzknoten besteht aus zwei Knüpffäden auf jeder Seite und vier Füllerfäden.

31 Nummerieren Sie die Fäden von 1 bis 52.

32 Machen Sie Faden 7 zum Leitfaden; führen Sie ihn von rechts nach links unten und knüpfen Sie diagonale doppelte halbe Schläge mit den Fäden 2–6.

33 Machen Sie Faden 10 zum Leitfaden; führen Sie ihn von links nach rechts unten und knüpfen Sie diagonale doppelte halbe Schläge mit den Fäden 11–14.

34 Machen Sie Faden 19 zum Leitfaden; führen Sie ihn von rechts nach links unten und knüpfen Sie diagonale doppelte halbe Schläge mit den Fäden 15–18.

35 Machen Sie Faden 22 zum Leitfaden; führen Sie ihn von links nach rechts unten und knüpfen Sie diagonale doppelte halbe Schläge mit den Fäden 23–26.

36 Machen Sie Faden 31 zum Leitfaden; führen Sie ihn von rechts nach links unten und knüpfen Sie diagonale doppelte halbe Schläge mit den Fäden 27–30.

37 Machen Sie Faden 34 zum Leitfaden; führen Sie ihn von links nach rechts unten und knüpfen Sie diagonale doppelte halbe Schläge mit den Fäden 35–38.

38 Machen Sie Faden 43 zum Leitfaden; führen Sie ihn von rechts nach links unten und knüpfen Sie diagonale doppelte halbe Schläge mit den Fäden 39–42.

39 Machen Sie Faden 46 zum Leitfaden; führen Sie ihn von links nach rechts unten und knüpfen Sie diagonale doppelte halbe Schläge mit den Fäden 47–51.

40 Nummerieren Sie die Fäden 1 bis 52.

41 Machen Sie Faden 8 zum Leitfaden; führen Sie ihn von rechts nach links nach unten und knüpfen Sie diagonale doppelte halbe Schläge mit den Fäden 3–7.

42 Machen Sie Faden 9 zum Leitfaden; führen Sie ihn von links nach rechts unten und knüpfen Sie diagonale doppelte halbe Schläge mit den Fäden 10–14.

43 Machen Sie Faden 20 zum Leitfaden; führen Sie ihn von rechts nach links unten und knüpfen Sie diagonale doppelte halbe Schläge mit den Fäden 15–19.

44 Machen Sie Faden 21 zum Leitfaden; führen Sie ihn von links nach rechts unten und knüpfen Sie diagonale doppelte halbe Schläge mit den Fäden 22–26.

45 Machen Sie Faden 32 zum Leitfaden; führen Sie ihn von rechts nach links unten und knüpfen Sie diagonale doppelte halbe Schläge mit den Fäden 27–31.

46 Machen Sie Faden 33 zum Leitfaden; führen Sie ihn von links nach rechts unten und knüpfen Sie diagonale doppelte halbe Schläge mit den Fäden 34–38.

47 Machen Sie Faden 44 zum Leitfaden; führen Sie ihn von rechts nach links unten und knüpfen Sie diagonale doppelte halbe Schläge mit den Fäden 39–43.

48 Machen Sie Faden 45 zum Leitfaden; führen Sie ihn von links nach rechts unten und knüpfen Sie diagonale doppelte halbe Schläge mit den Fäden 46–50.

49 Knüpfen Sie eine Reihe mit dreizehn Kreuzknoten direkt darunter.

50 Wiederholen Sie die Schritte 8, 9 und 10 mit einer zweiten 1 m langen Schnur als Leitfaden.

51 Beginnen Sie direkt darunter eine Reihe mit dreizehn Halbknotenspiralen (siehe S. 17 unter „Halbknotenspirale"), für die Sie für jedes Platting (siehe S. 8 unter „Knotenterminologie") zehn Halbknoten knüpfen.

52 Wiederholen Sie die Schritte 8, 9 und 10 mit einer dritten 1 m langen Schnur als Leitfaden.

53 Wiederholen Sie die Schritte 2–7.

54 Setzen Sie das versetzte doppelte Kreuzknotenmuster über zwei weitere Reihen fort.

55 Wiederholen Sie die Schritte 8, 9 und 10 mit der vierten 1 m langen Schnur als Leitfaden.

56 Kürzen Sie die restlichen Fäden auf eine Länge von 35 cm.

57 Verwenden Sie die 2 m lange Schnur zum Aufhängen, indem Sie sie mit einem Überhandknoten (siehe S. 8 unter „Überhandknoten") an jedem Ende des Holzstabes befestigen.

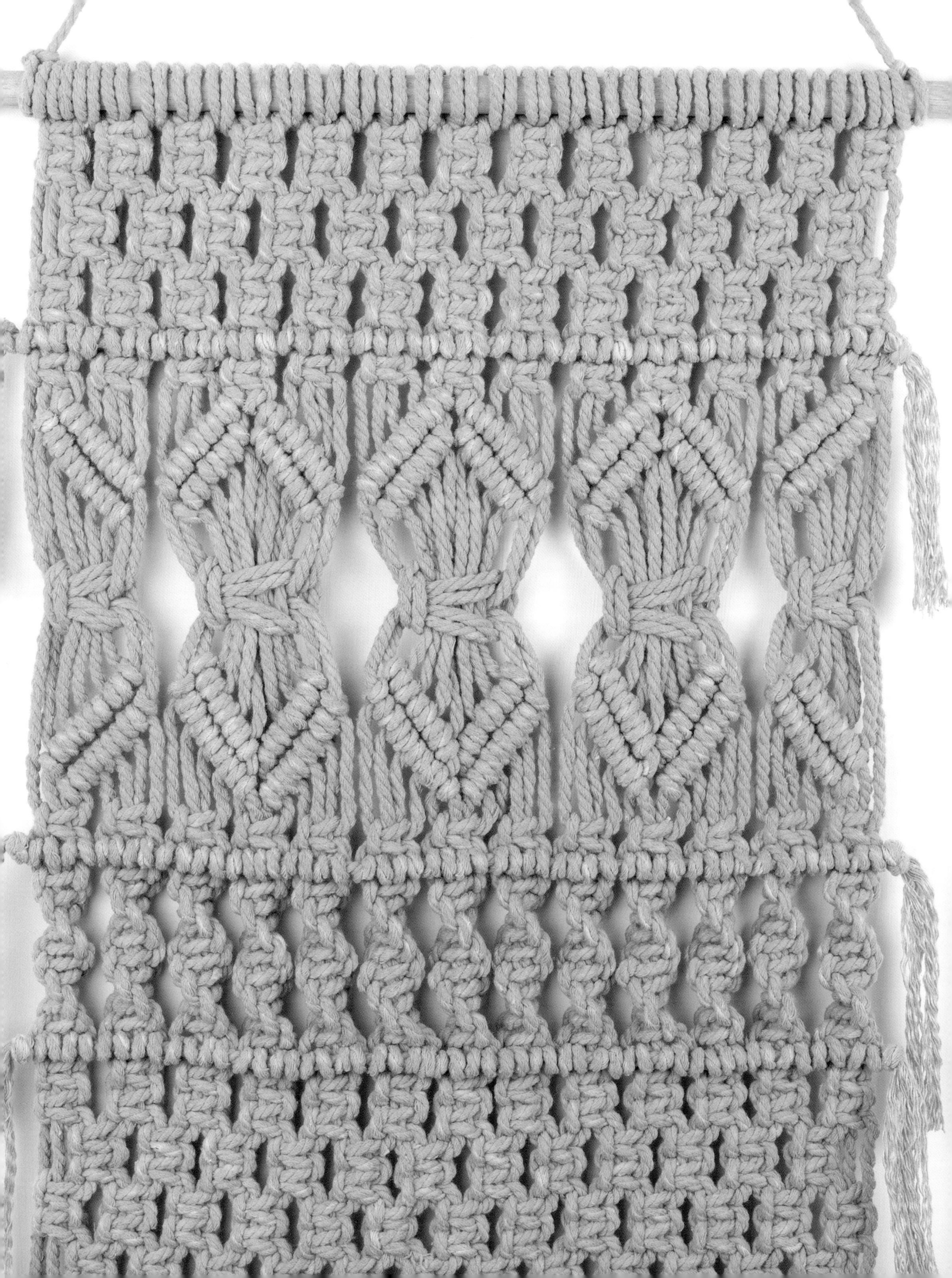

BLUMENAMPEL, EINFACH

Lässt sich eine schöne Pflanze in der Küche oder im Wohnbereich besser zur Geltung bringen als in einer Makramee-Blumenampel? Mit diesem einfachen Modell können Sie Ihren Topfpflanzen rasch ein praktisches Heim schaffen. Für eine andere Variante dieses zeitlosen Klassikers ersetzen Sie Ihre Blumentöpfe durch eine schöne Vase und füllen diese mit ein paar frisch gepflückten Blumen.

MATERIALIEN:

- 43 m Schnur, 5 mm dick
- Metallring, 4,5 cm Durchmesser
- Baumwollgarn, 30 cm lang, 2,5 mm dick

KNOTEN & TECHNIKEN:

- Abbindeknoten
- Kreuzknoten
- Halbknotenspirale
- Überhandknoten
- Einen Ring umwickeln
- Befestigungstechniken
- Ausfransen

VORBEREITUNG:

- Schneiden Sie acht 5 m lange Fäden aus 5 mm dicker Schnur zu.
- Schneiden Sie drei 1 m lange Fäden aus 5 mm dicker Schnur zu.

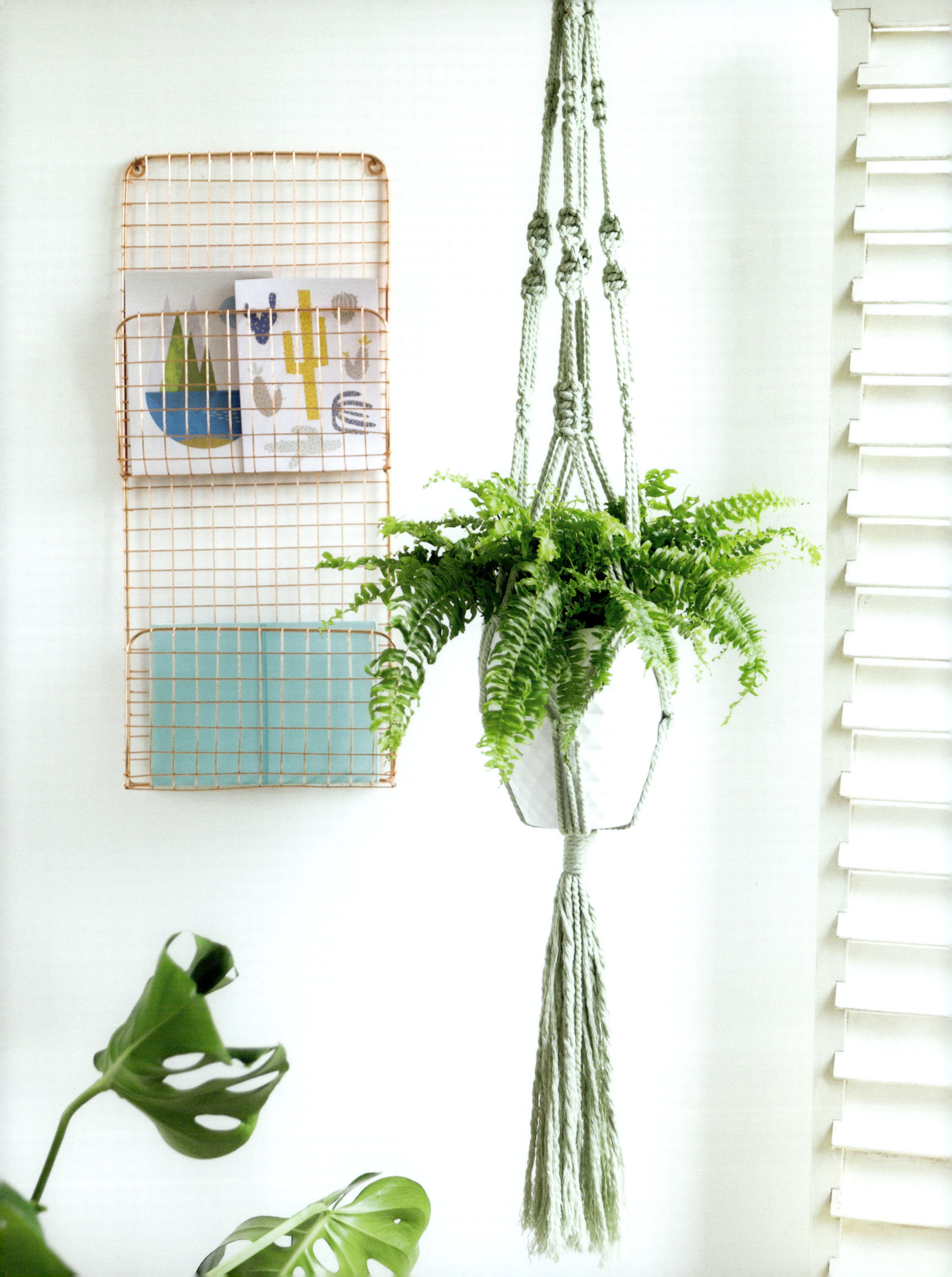

ANLEITUNG

1 Umwickeln Sie den 4,5 cm breiten Metallring mit einer 1 m langen Schnur (siehe S. 21 unter „Einen Ring umwickeln").

2 Befestigen Sie die acht 5 m langen Fäden am Ring, indem Sie diese doppelt legen und in den Ring einhängen. (Siehe S. 20 unter „Befestigungstechniken")

3 Binden Sie mit einem 1 m langen Stück Schnur alle Fäden direkt unterhalb des Rings mit einem 4 cm breiten Abbindeknoten zusammen (siehe S. 11 unter „Abbindeknoten").

4 Unterteilen Sie die Fäden direkt unterhalb des Abbindeknotens in vier Gruppen zu je vier Fäden. Jede Gruppe wird nun ein Platting (siehe S. 8 unter „Knotenterminologie"). Wiederholen Sie für jedes Platting die Schritte 5–8.

5 Knüpfen Sie drei Kreuzknoten (siehe S. 12 unter „Kreuzknoten").

6 Gehen Sie 5 cm nach unten und knüpfen Sie noch einmal drei Kreuzknoten.

7 Gehen Sie 7 cm nach unten und knüpfen Sie eine Halbknotenspirale mit zehn halben Knoten (siehe S. 17 unter „Halbknotenspirale").

8 Gehen Sie 7 cm nach unten und knüpfen Sie drei Kreuzknoten.

9 Gehen Sie 13 cm nach unten. Versetzen Sie die Fäden, indem Sie je zwei Fäden von jedem nebeneinanderliegenden Platting zusammennehmen und einen Kreuzknoten knüpfen.

10 Gehen Sie 9 cm nach unten. Versetzen Sie die Fäden, indem Sie je zwei Fäden von jedem nebeneinanderliegenden Platting zusammennehmen und einen Kreuzknoten knüpfen.

11 Gehen Sie 13 cm nach unten. Fassen Sie alle Fäden fest zusammen und knüpfen Sie einen Überhandknoten (siehe S. 8 unter „Überhandknoten") mit dem 30 cm langen Stück Baumwollgarn.

12 Nehmen Sie das verbleibende 1 m lange Stück Schnur und bedecken Sie das Baumwollgarn mit einem 4 cm breiten Abbindeknoten.

13 Kürzen Sie die Fäden auf 30 cm Länge und fransen Sie sie aus (siehe S. 21 unter „Ausfransen").

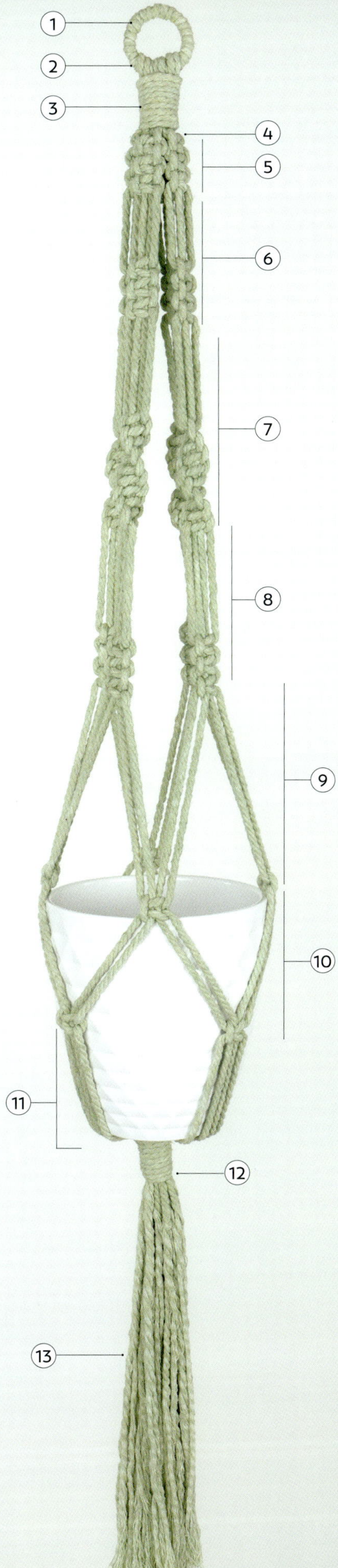
1
2
3
4
5
6
7
8
9
10
11
12
13

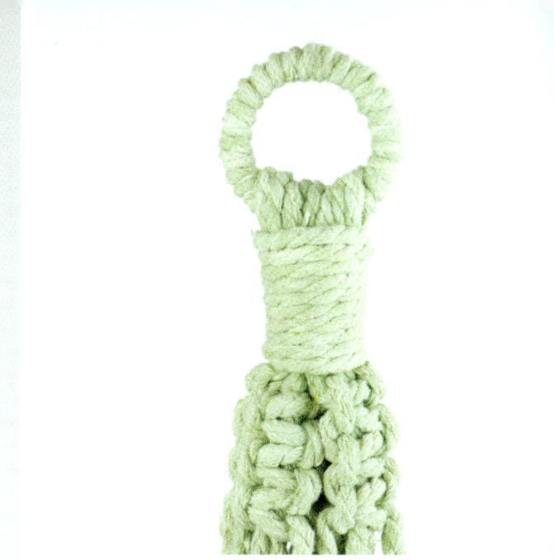

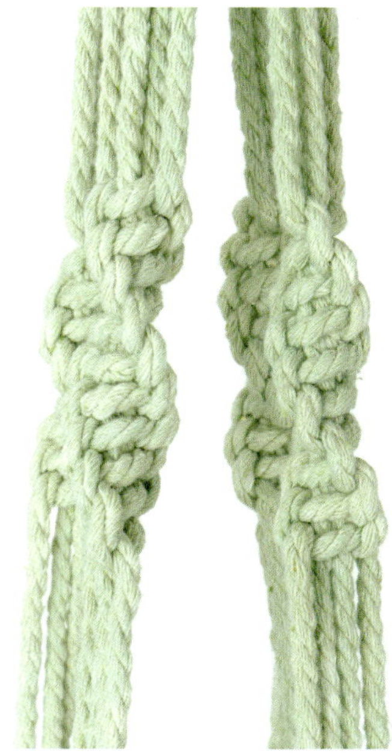

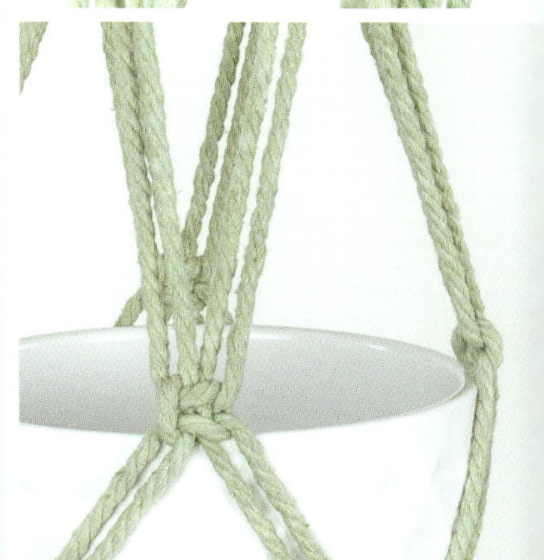

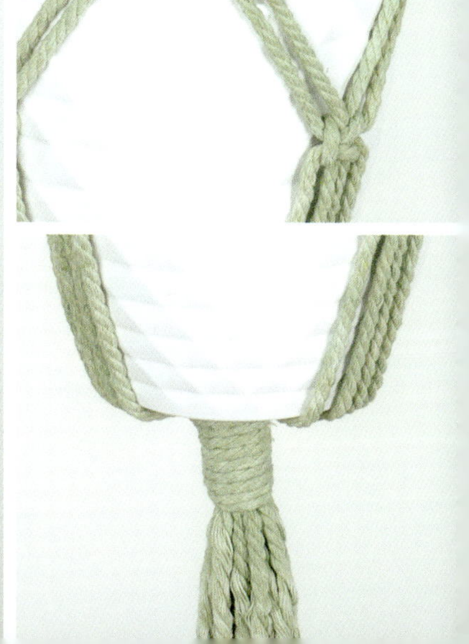

BLUMENAMPEL, ANSPRUCHSVOLL

Diese schöne, großformatige Blumenampel wird dank der Ringe zu einem korbartigen Behälter für Ihre Lieblingspflanze, kann aber zugleich für sich allein als stylisches Schmuckstück Ihre Wohnung zieren. Wir empfehlen, dass Sie sich für dieses Projekt für Fortgeschrittene fit machen, indem Sie zunächst die Blumenampel für Anfänger und den Hängekorb ausprobieren.

MATERIALIEN:

- 393 m Schnur, 4 mm dick
- Metallringe: einer 8 cm; zwei 13 cm und zwei 29 cm Durchmesser

KNOTEN & TECHNIKEN:

- Abbindeknoten
- Chinesischer Kronenknoten
- Doppelter halber Schlag
- Kreuzknoten
- Halber Knoten
- Umgekehrter Lerchenkopfknoten
- Versetztes Kreuzknotenmuster
- Überhandknoten
- Einen Ring umwickeln
- Befestigungstechniken

VORBEREITUNG:

- Schneiden Sie sechsundfünfzig 3,5 m lange Fäden aus 4 mm dicker Schnur zu.
- Schneiden Sie vierundzwanzig 8 m lange Fäden aus 4 mm dicker Schnur zu.
- Schneiden Sie zwei 1 m lange Fäden aus 4 mm dicker Schnur zu.
- Schneiden Sie zwei 1,5 m lange Fäden aus 4 mm dicker Schnur zu.

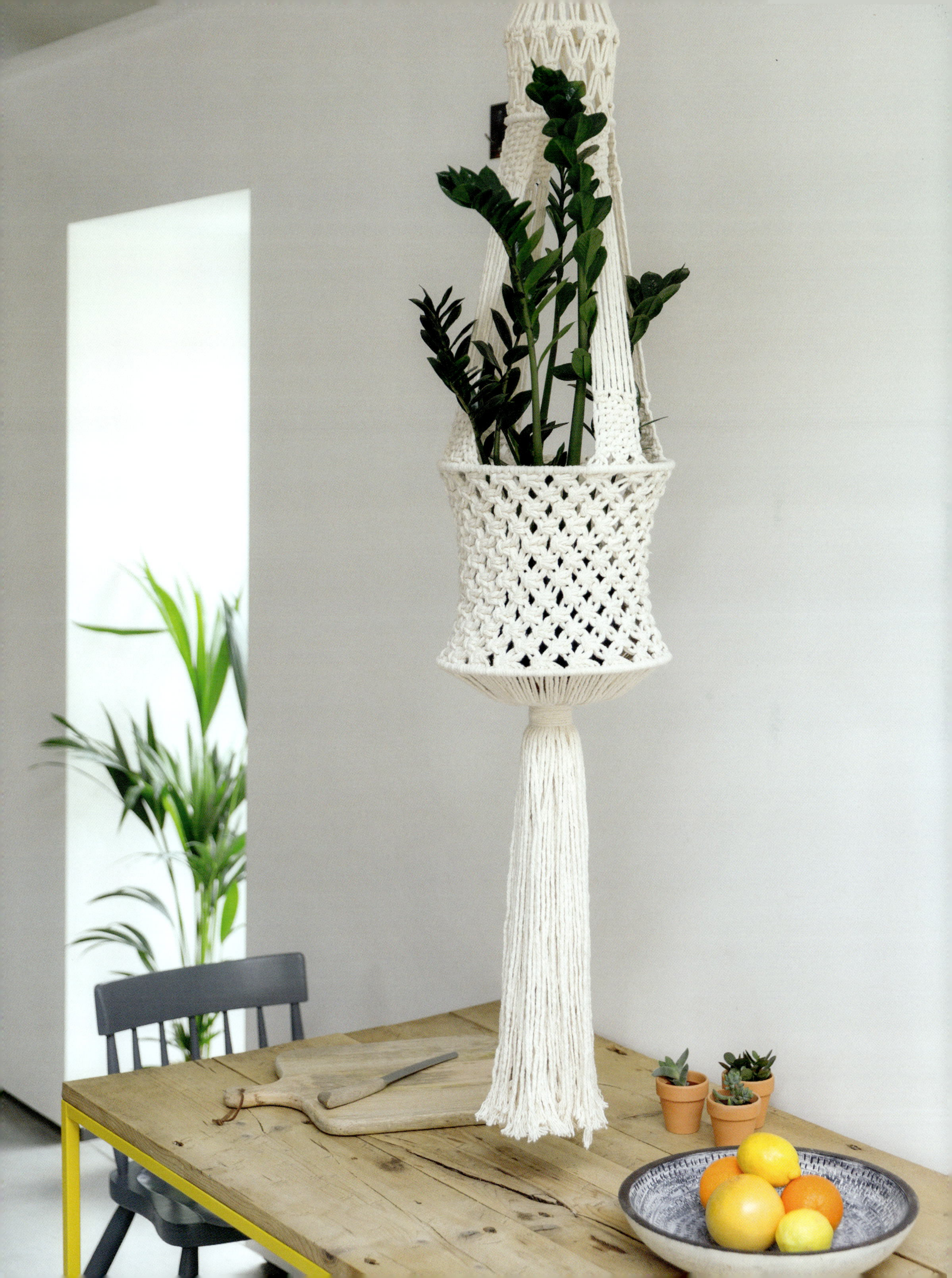

ANLEITUNG

1 Umwickeln Sie den 8 cm breiten Metallring mit einer 1 m langen Schnur (siehe S. 21 unter „Einen Ring umwickeln").

2 Befestigen Sie die vierundzwanzig 8 m langen Fäden am umwickelten Ring, indem Sie diese doppelt legen und in den Ring einhängen. (Siehe S. 20 unter „Befestigungstechniken")

3 Nehmen Sie ein 1,5 m langes Stück Schnur und fassen Sie alle Fäden direkt unter dem Ring mit einem 4 cm breiten Abbindeknoten zusammen (siehe S. 11 unter „Abbindeknoten").

4 Unterteilen Sie die Fäden in vier Gruppen zu je zwölf Fäden und knüpfen Sie acht chinesische Kronenknoten (siehe S. 18 unter „Chinesischer Kronenknoten").

5 Gehen Sie 10 cm nach unten und führen Sie alle Fäden in einen der 13 cm breiten Metallringe ein. Der horizontal liegende Metallring dient nun als Leitfaden (siehe S. 8 unter „Knotenterminologie"). Halten Sie den Ring gerade und knüpfen Sie doppelte halbe Schläge (siehe S. 9 unter „Halbe Schläge") mit allen Fäden rund um den Ring.

6 Befestigen Sie die Fäden am Ring, indem Sie eine Reihe mit zwölf Kreuzknoten (siehe S. 12 unter „Kreuzknoten") direkt unterhalb des Rings knüpfen.

7 Versetzen Sie die Fäden (siehe S. 8 unter „Knotenterminologie"), gehen Sie 3 cm nach unten und knüpfen Sie eine Reihe mit zwölf Kreuzknoten.

8 Versetzen Sie die Fäden, gehen Sie 3 cm nach unten und knüpfen Sie eine Reihe mit zwölf Kreuzknoten.

9 Führen Sie alle Fäden in den zweiten 13 cm breiten Metallring, der nun als Leitfaden dient. Halten Sie den Ring gerade und knüpfen Sie doppelte halbe Schläge mit allen Fäden rund um den Ring.

10 Unterteilen Sie die Fäden in vier Gruppen zu je zwölf Fäden. Jede Gruppe wird nun ein Platting (siehe S. 8 unter „Knotenterminologie"). Wiederholen Sie für jedes Platting die Schritte 11–17.

11 Knüpfen Sie eine Reihe mit drei halben Knoten (siehe S. 16 unter „Halber Knoten").

12 Versetzen Sie direkt darunter die Fäden und knüpfen Sie eine Reihe mit zwei halben Knoten.

13 Versetzen Sie direkt darunter die Fäden und knüpfen Sie eine Reihe mit drei halben Knoten.

14 Setzen Sie das versetzte Halbknotenmuster über weitere fünf Reihen fort.

15 Knüpfen Sie direkt darunter eine Reihe mit drei Kreuzknoten.

16 Gehen Sie 25 cm nach unten und knüpfen Sie eine Reihe mit drei Kreuzknoten.

17 Wiederholen Sie die Schritte 11–15.

18 Führen Sie alle Fäden in einen der 29 cm breiten Metallringe. Der horizontal liegende Metallring dient nun als Leitfaden. Während Sie den Ring stets gerade halten und jeweils an einem Platting arbeiten, knüpfen Sie doppelte halbe Schläge mit allen Fäden rund um den Ring, sodass die Plattings in vier gleichmäßig verteilten Gruppen am Ring sitzen.

19 Um den Ring in den Lücken zwischen den befestigten Plattings zu umknüpfen, benutzen Sie jeweils vierzehn 3,5 m lange Fäden und knüpfen Sie umgekehrte Lerchenkopfknoten (siehe S. 10 unter „Umgekehrter Lerchenkopfknoten"). Insgesamt sind es nun hundertsechzig Fäden am Ring.

20 Knüpfen Sie direkt unterhalb des Rings eine Reihe mit zwanzig 8-fädigen Kreuzknoten, für die Sie jeweils vier Füllerfäden und zwei Knüpffäden benutzen.

21 Gehen Sie 1 cm nach unten, versetzen Sie die Fäden und knüpfen Sie eine weitere Reihe mit zwanzig 8-fädigen Kreuzknoten.

22 Machen Sie mit dem versetzten Kreuzknotenmuster (siehe S. 13 unter „Versetztes Kreuzknotenmuster") über zehn weitere Reihen mit 1 cm Abstand zwischen den Reihen weiter.

23 Führen Sie alle Fäden in den zweiten 29 cm breiten Metallring. Der horizontal liegende Metallring dient nun als Leitfaden. Halten Sie den Ring gerade und knüpfen Sie doppelte halbe Schläge mit allen Fäden rund um den Ring.

24 Fassen Sie die Schnüre nun fest zusammen und gleiten Sie mittig nach oben bis auf die Höhe des zweiten 29 cm breiten Metallrings. So erhält die Blumenampel einen Boden. Sichern Sie alles mit einem doppelten Überhandknoten (siehe S. 8 unter „Überhandknoten"), für den Sie die verbleibende 1 m lange Schnur verwenden.

25 Knüpfen Sie mit der verbleibenden 1,5 m langen Schnur einen 3,5 cm breiten Abbindeknoten über dem doppelten Überhandknoten.

26 Kürzen Sie die Fäden auf die gewünschte Länge.

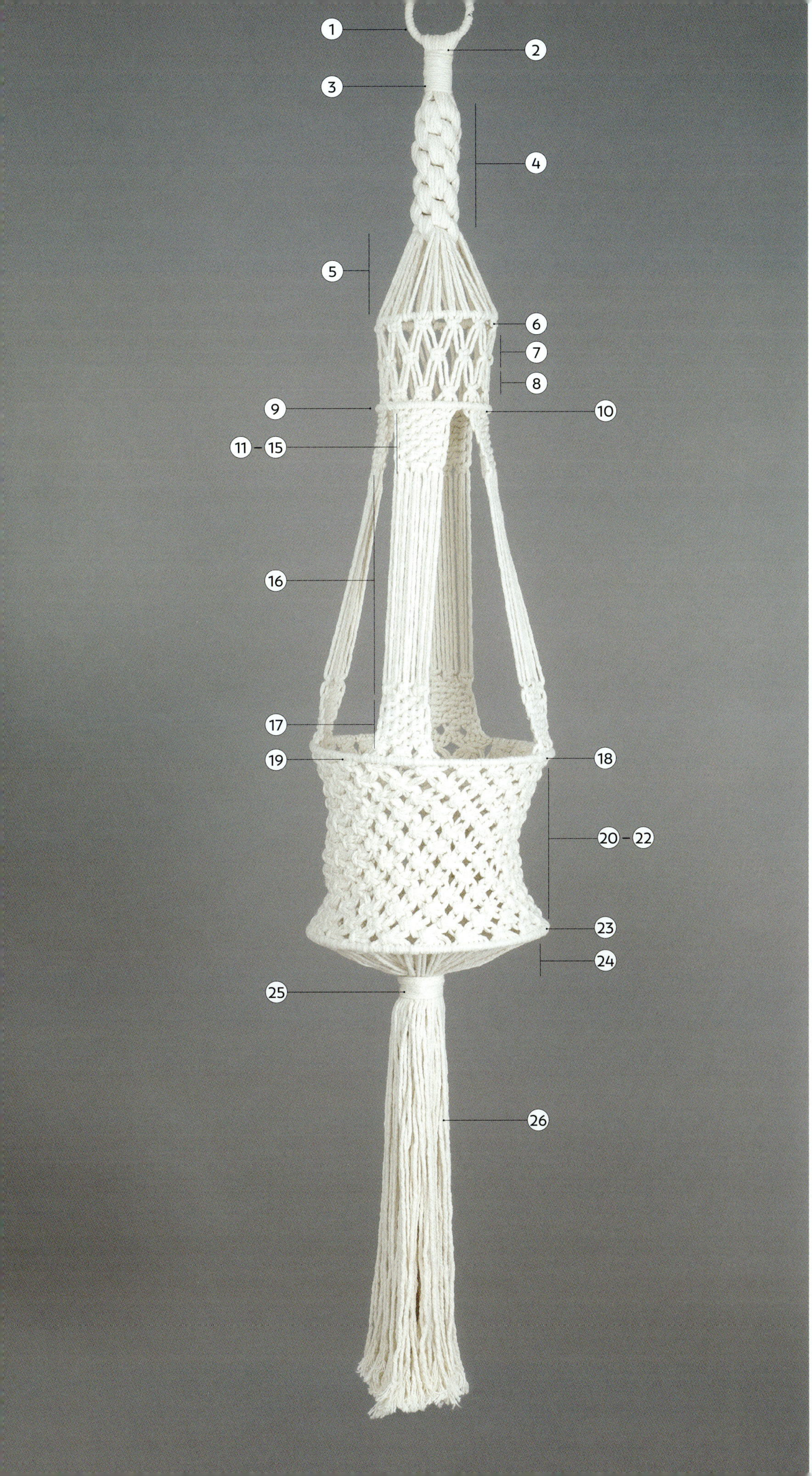
1
2
3
4
5
6
7
8
9
10
11 – 15
16
17
18
19
20 – 22
23
24
25
26

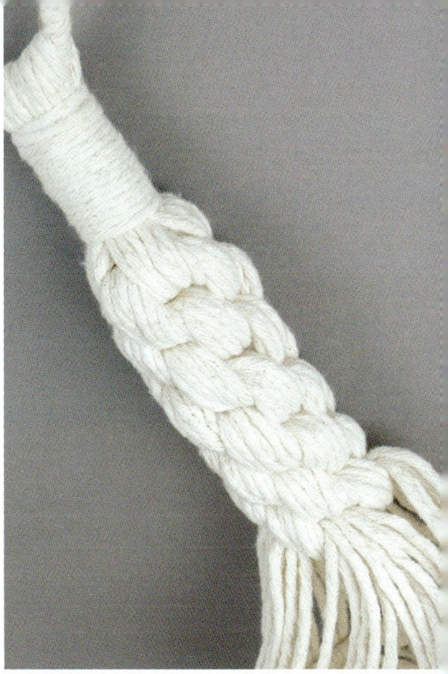

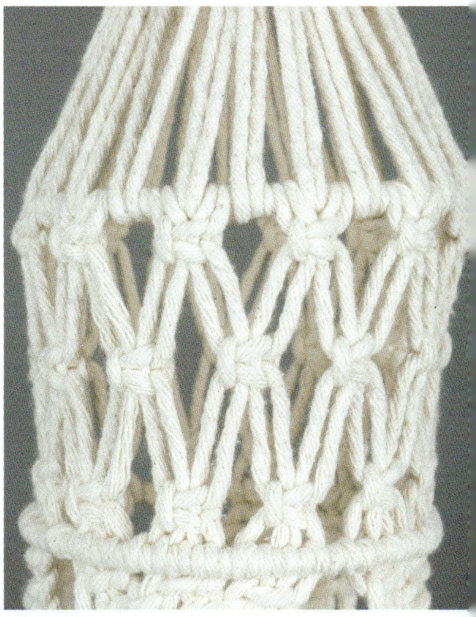

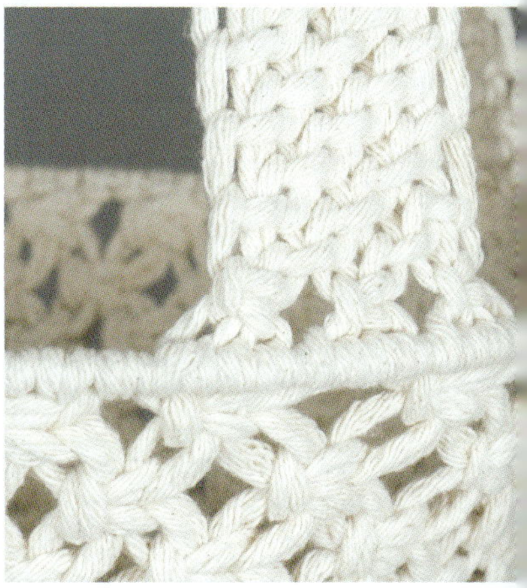

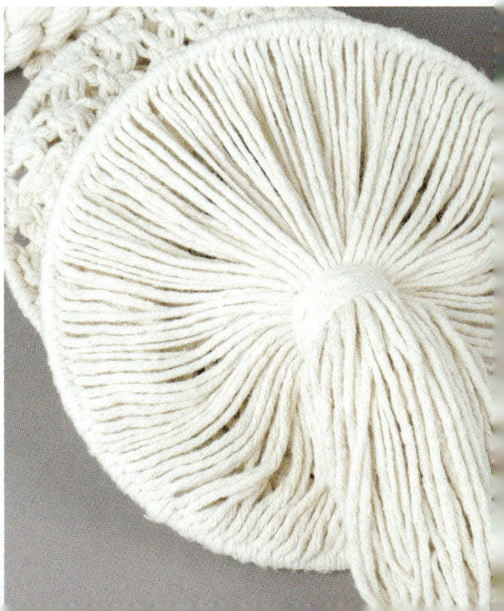

KISSEN-VERZIERUNG

MATERIALIEN:

- 54,7 m Schnur, 5 mm dick
- Drei Holzperlen, 2,5 cm lang, 2 cm breit mit einem 1 cm großen Loch
- Heißklebepistole
- Kissenbezug und Kissenfüllung, 40 × 40 cm groß

KNOTEN & TECHNIKEN:

- Umgekehrter Lerchenkopfknoten
- Kreuzknoten
- Versetztes Kreuzknotenmuster
- Halber Schlag
- Überhandknoten
- Fäden nummerieren

Verzieren Sie einen einfachen Kissenbezug mit einem schönen Makramee-Stück, geknüpft in einem versetzten Kreuzknotenmuster und aufgepeppt mit einer hübschen Perleneinlage. Das fertige Quadrat wird von Hand auf Ihr Kissen genäht. Wir sind sicher, dass Sie noch mehr Kissen in verschiedenen Größen und Formen anfertigen möchten, nachdem Sie das erste Kissen fertiggestellt haben. Für unser Kissen haben wir ein naturfarbenes Baumwollstoffgarn gewählt, das perfekt zum Ton des Baumwollbezugs passt. Wir empfehlen, das Kissen von Hand zu waschen.

VORBEREITUNG:

- Schneiden Sie achtzehn 3 m lange Fäden aus 5 mm dicker Schnur zu.
- Schneiden Sie zwei 35 cm lange Fäden aus 5 mm dicker Schnur zu.

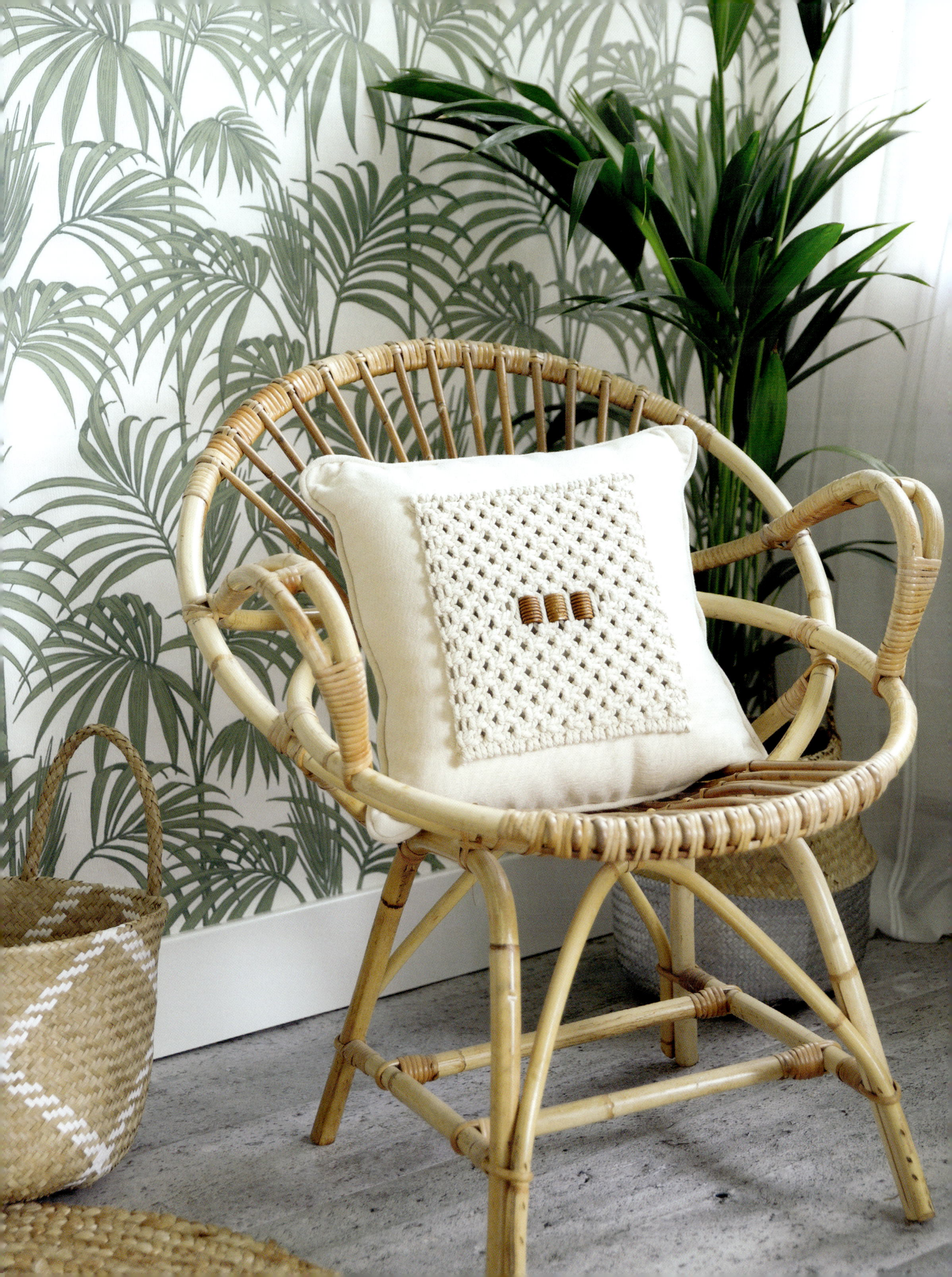

ANLEITUNG

1 Befestigen Sie einen der 35 cm langen Fäden mit T-Nadeln auf einem Knüpfbrett (oder auf einer glatten Unterlage mit Klebestreifen) und spannen Sie ihn stramm und gerade. Er wird Ihr Leitfaden (siehe S. 8 unter „Knotenterminologie").

2 Befestigen Sie die achtzehn 3 m langen Fäden mit umgekehrten Lerchenkopfknoten (siehe S. 10 unter „Umgekehrter Lerchenkopfknoten") an dem Leitfaden und zentrieren Sie die Fäden in der Mitte des Leitfadens, sodass an jedem Ende des Leitfadens etwa 6–7 cm unbedeckt sind. Die Schnüre werden über eine Breite von ungefähr 22 cm befestigt.

3 Knüpfen Sie direkt unterhalb der Reihe der umgekehrten Lerchenkopfknoten eine Reihe mit neun Kreuzknoten (siehe S. 12 unter „Kreuzknoten").

4 Dann versetzen Sie die Fäden (siehe S. 8 unter „Knotenterminologie") und knüpfen Sie eine Reihe mit acht Kreuzknoten.

5 Setzen Sie das versetzte Kreuzknotenmuster über weitere sieben Reihen fort (siehe S. 13 unter „Versetztes Kreuzknotenmuster").

6 Nummerieren Sie die Fäden mit 1 bis 36 (siehe S. 21 unter „Fäden nummerieren"). Knüpfen Sie direkt unterhalb der letzten Reihe mit Kreuzknoten einen Kreuzknoten mit den Fäden 3–6 und noch einen Kreuzknoten mit den Fäden 7–10.

7 Fädeln Sie eine Holzperle so auf die Fäden 14 und 15, dass sie direkt an dem Kreuzknoten über ihr sitzt.

8 Fädeln Sie eine Holzperle so auf die Fäden 18 und 19, dass sie direkt an dem Kreuzknoten über ihr sitzt.

9 Fädeln Sie eine Holzperle so auf die Fäden 22 und 23, dass sie direkt an dem Kreuzknoten über ihr sitzt.

10 Knüpfen Sie auf der Höhe der Reihe einen Kreuzknoten mit den Fäden 27–30 und noch einen Kreuzknoten mit den Fäden 31–34.

11 Nummerieren Sie die Fäden wieder von 1 bis 36. In einer neuen Reihe knüpfen Sie nun Kreuzknoten mit den Fäden 1–4, 5–8 und 9–12 und mit den Fäden 25–28, 29–32 und 33–36. Die unteren Seiten der Perlen sollten nun eine Linie mit dieser Kreuzknotenreihe bilden.

12 Versetzen Sie die Fäden (siehe S. 8 unter „Knotenterminologie") und knüpfen Sie direkt darunter eine Reihe mit acht Kreuzknoten.

13 Versetzen Sie die Fäden und setzen Sie das versetzte Kreuzknotenmuster über weitere sieben Reihen fort.

14 Nehmen Sie die verbleibende 35 cm lange Schnur und legen Sie sie so über alle Fäden, dass die Schnurenden an jeder Seite gleich lang sind. Sie dient nun als Leitfaden.

15 Knüpfen Sie alle Fäden mit halben Schlägen (siehe S. 9 unter „Halbe Schläge") an den Leitfaden und schneiden Sie sie dann auf 3 cm Länge ab.

16 Knüpfen Sie einen festen Überhandknoten (siehe S. 8 unter „Überhandknoten") an jedem Ende der Leitfäden und achten Sie darauf, dass die Knoten eng an den Seiten Ihrer Arbeit anliegen. Kürzen Sie die Enden der Leitfäden auf 4 cm Länge.

17 Drehen Sie das Makramee-Stück um und befestigen Sie alle Fadenenden mit der Heißklebepistole an der Rückseite des Modells.

18 Drehen Sie das Makramee-Stück wieder auf die rechte Seite und nähen Sie es von Hand auf Ihren Kissenbezug.

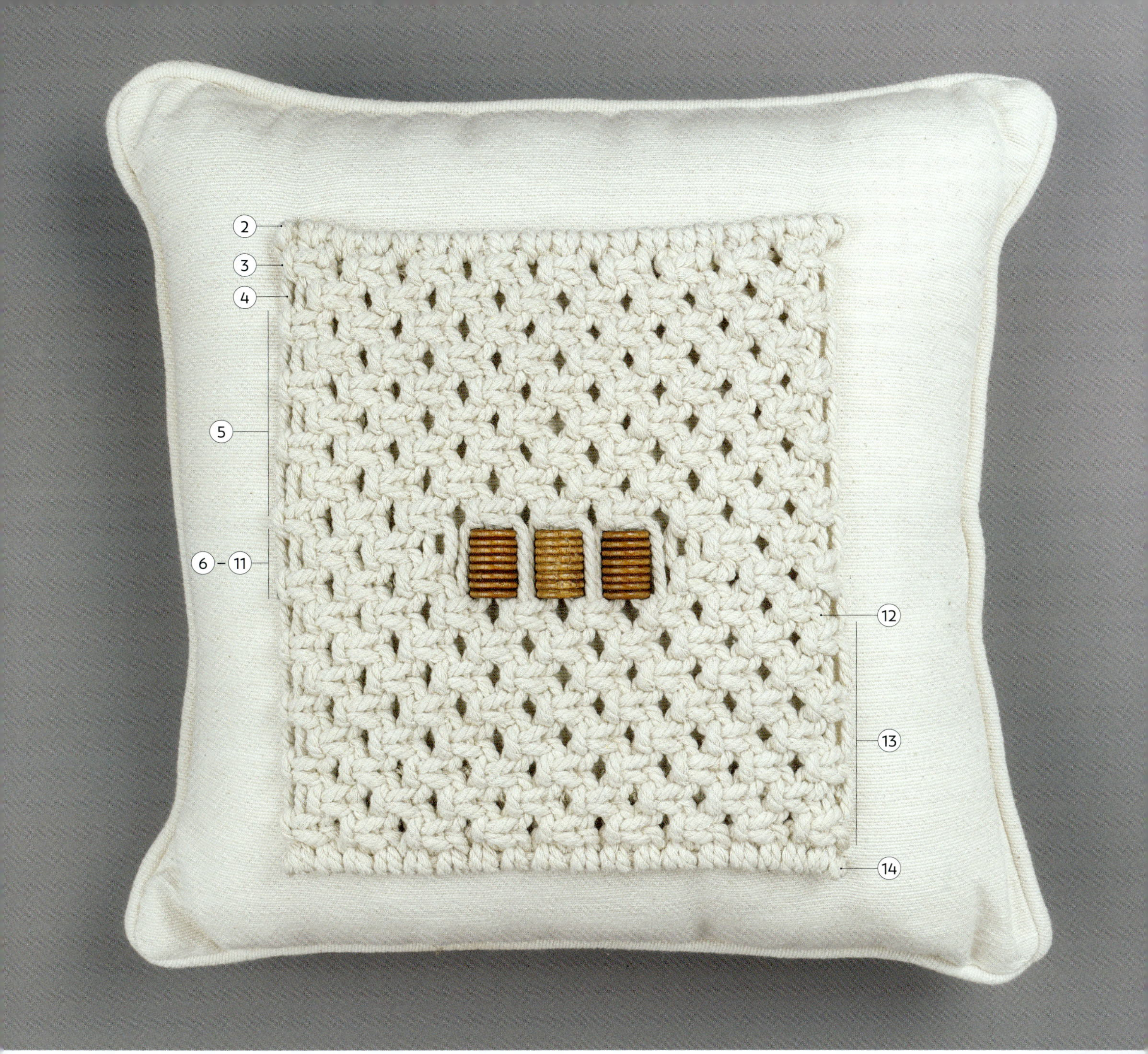
2
3
4
5
6 – 11
12
13
14
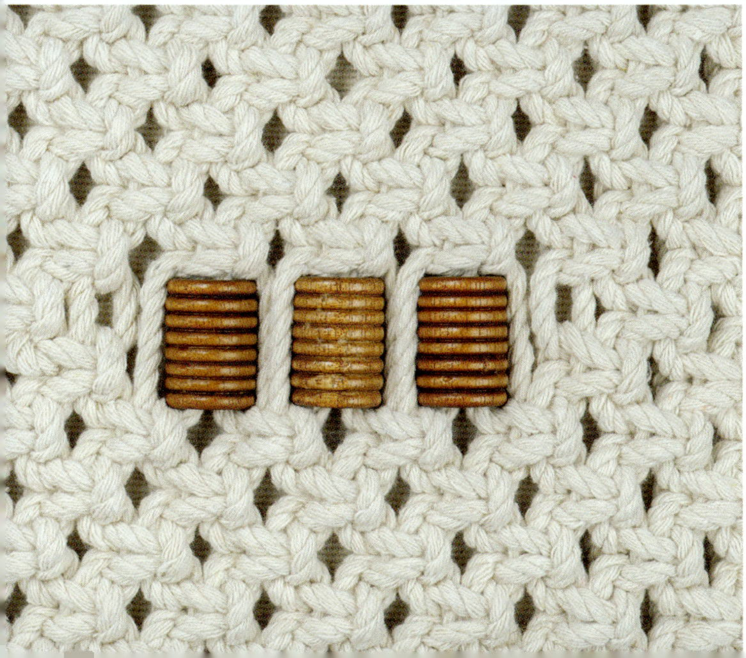
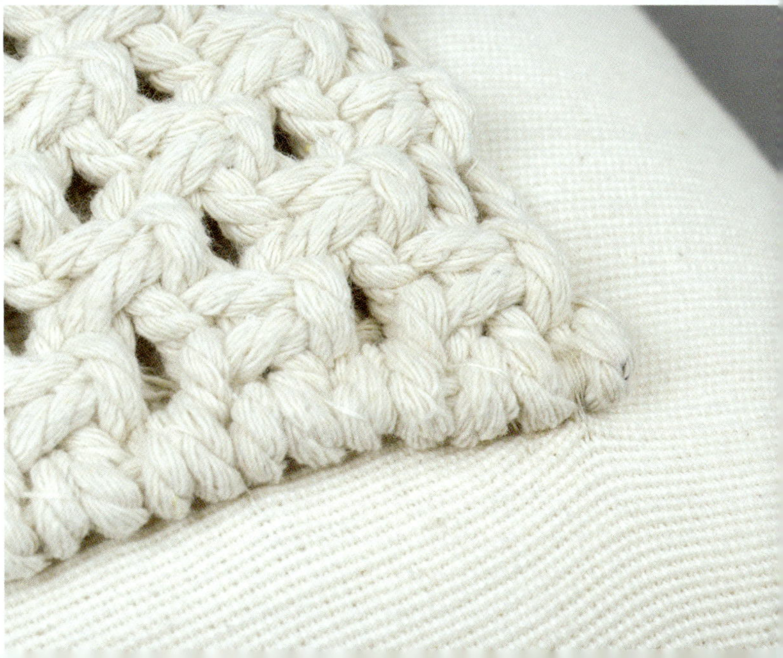

RUNDER WANDBEHANG

MATERIALIEN:

- 158,4 m Schnur, 8 mm dick
- Vier Metallringe: 6 cm; 29 cm; 55 cm; 65 cm Durchmesser

KNOTEN & TECHNIKEN:

- Umgekehrter Lerchenkopfknoten
- Kreuzknoten
- Doppelter halber Schlag
- Halbknotenspirale
- Ausfransen

Dieser vielseitig verwendbare, großformatige Wandbehang kann auch als kleiner Teppich dienen. Nur wenige Grundknoten kommen zum Einsatz, um die runde Form des Modells zu schaffen, und Sie können eine andere Garnfarbe wählen, falls sie besser zu Ihrer Einrichtung passt. Wenn Sie das Modell als Teppich verwenden wollen, ist Jute eine praktische Alternative zum Baumwollgarn.

VORBEREITUNG:

- Schneiden Sie achtundvierzig 3 m lange Fäden aus 8 mm dicker Schnur zu.
- Schneiden Sie vierundzwanzig 60 cm lange Fäden aus 8 mm dicker Schnur zu.

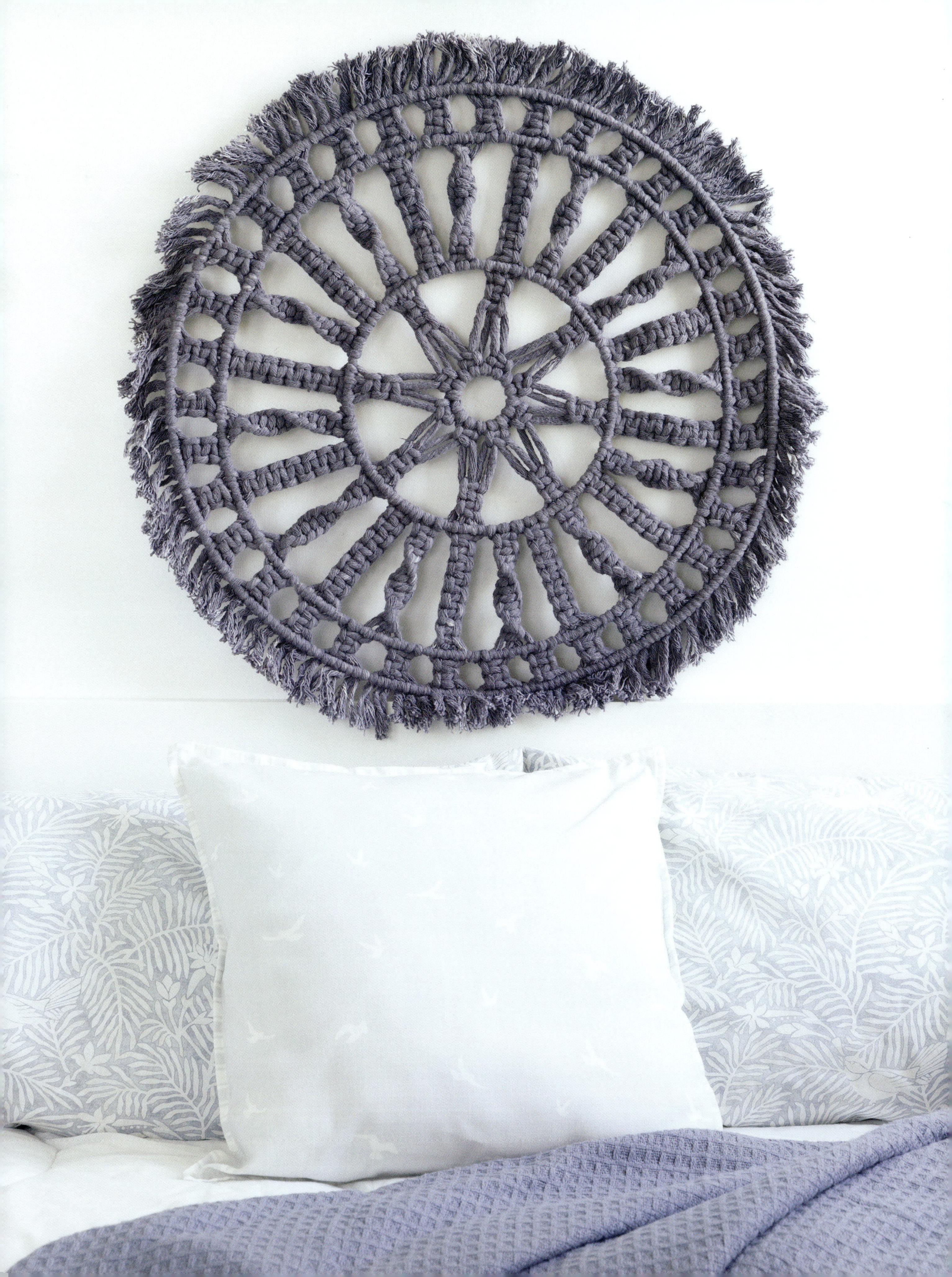

ANLEITUNG

1 Befestigen Sie sechzehn 3 m lange Fäden mit umgekehrten Lerchenkopfknoten (siehe S. 10 unter „Umgekehrter Lerchenkopfknoten“) so an dem 6 cm breiten Metallring, dass die Schnur den Ring bedeckt. Legen Sie den Ring so auf eine glatte Unterlage, dass die Fäden strahlenförmig vom Ring ausgehen.

2 Knüpfen Sie direkt unterhalb des Rings acht Kreuzknoten (siehe S. 12 unter „Kreuzknoten“) rund um den Ring.

3 Versetzen Sie die Fäden (siehe S. 8 unter „Knotenterminologie“), gehen Sie 4 cm nach unten und knüpfen Sie eine Reihe mit acht Kreuzknoten, wobei der Ring flach auf der Arbeitsfläche liegt und die Fäden strahlenförmig vom Ring ausgehen.

4 Knüpfen Sie direkt darunter acht weitere Kreuzknoten.

5 Legen Sie den 29 cm breiten Metallring auf die Fäden und achten Sie darauf, dass der Abstand zum ersten Ring rundherum gleichmäßig ist. Er dient nun als Leitfaden.

6 Knüpfen Sie die Fäden mit doppelten halben Schlägen (siehe S. 9 unter „Halbe Schläge) an den Ring und achten Sie darauf, dass der Abstand zwischen den Fadengruppen rund um den Ring gleichmäßig ist.

7 Verwenden Sie die übrig gebliebenen zweiunddreißig 3 m langen Fäden, um den Ring zwischen den Fadengruppen zu bedecken. Befestigen Sie jeweils vier 3 m lange Fäden mit umgekehrten Lerchenkopfknoten in jedem der acht Zwischenräume.

8 Knüpfen Sie direkt unterhalb des Rings vierundzwanzig Kreuzknoten rund um den Ring.

9 Nehmen Sie vier nebeneinanderliegende Fäden unter einem der in Schritt 8 gearbeiteten Kreuzknoten auf und arbeiten Sie sechs weitere Kreuzknoten, um ein Platting (siehe S. 8 unter „Knotenterminologie“) mit sieben Kreuzknoten ohne Zwischenräume zu schaffen.

10 Nehmen Sie die nächsten vier Fäden auf und knüpfen Sie ein Halbknotenspiralplatting, das aus zwölf Halbknoten (siehe S. 17 unter „Halbknotenspirale“) gearbeitet wird.

11 Wiederholen Sie die Schritte 9 und 10, um das Muster, das zwischen Kreuzknoten und Halbknotenspiralplattings wechselt, rund um den Ring fortzusetzen.

12 Legen Sie den 55 cm breiten Metallring auf die Fäden und achten Sie darauf, dass der Abstand zum zweiten Ring rundherum gleichmäßig ist. Er dient nun als Leitfaden. Knüpfen Sie die Fäden mit doppelten halben Schlägen an den Ring und achten Sie darauf, dass die Plattings gleichmäßig rund um den Ring verteilt sind.

13 Befestigen Sie die vierundzwanzig 60 cm langen Fäden am Ring, einen in jedem der Zwischenräume zwischen den Plattings, und benutzen Sie dazu umgekehrte Lerchenkopfknoten.

14 Knüpfen Sie direkt unterhalb des Rings sechsunddreißig Kreuzknoten rund um den Ring.

15 Knüpfen Sie noch eine Reihe mit sechsunddreißig Kreuzknoten direkt unterhalb der vorhergehenden Reihe.

16 Legen Sie den 65 cm breiten Metallring auf die Fäden und achten Sie darauf, dass der Abstand zum dritten Ring rundherum gleichmäßig ist. Er dient nun als Leitfaden. Knüpfen Sie die Fäden mit doppelten halben Schlägen an den Ring.

17 Kürzen Sie die Fäden auf 6 cm Länge und fransen Sie sie aus (siehe S. 21 unter „Ausfransen“).

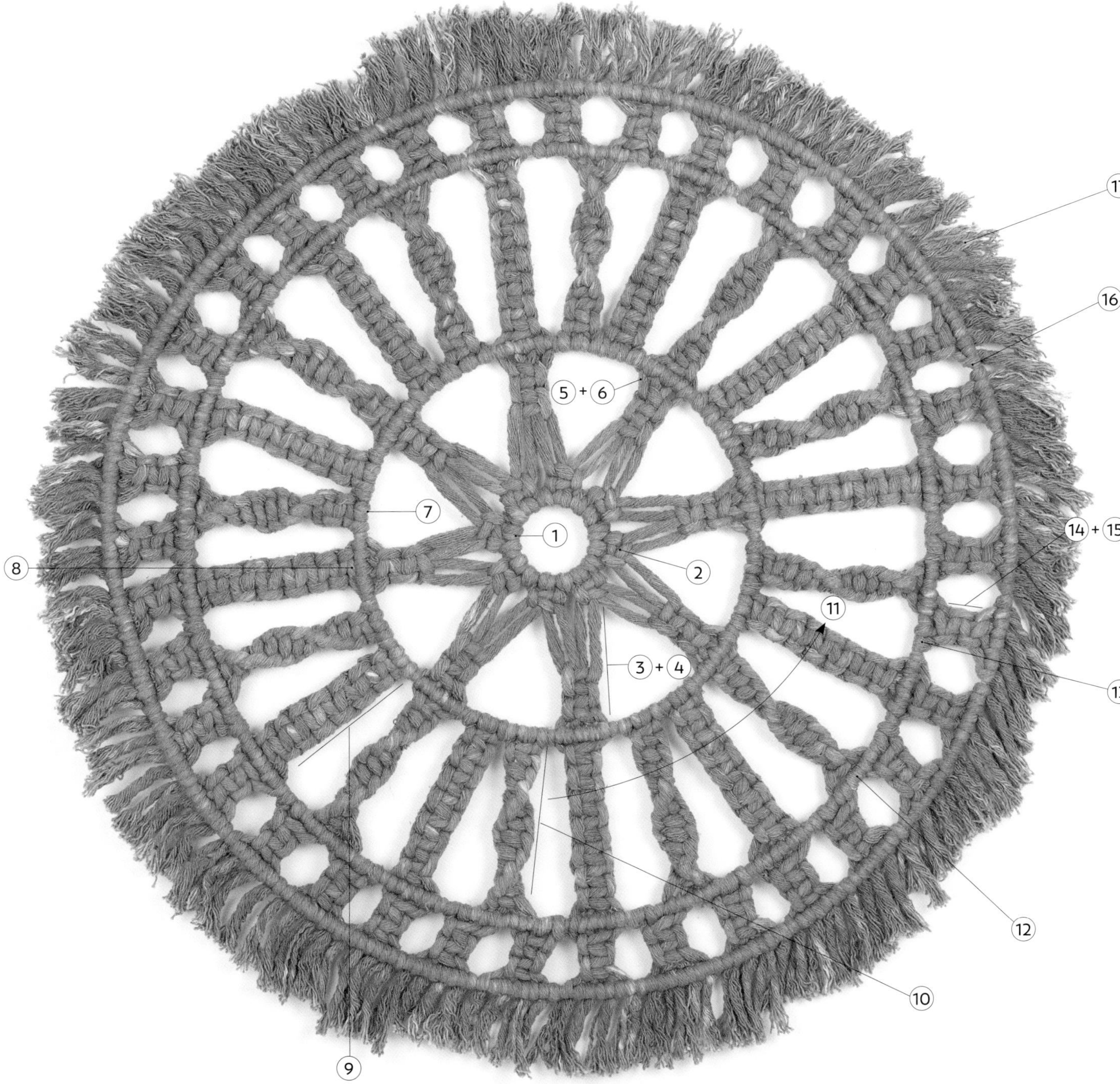
17
16
5 + 6
7
1
14 + 15
8
2
11
3 + 4
13
12
10
9

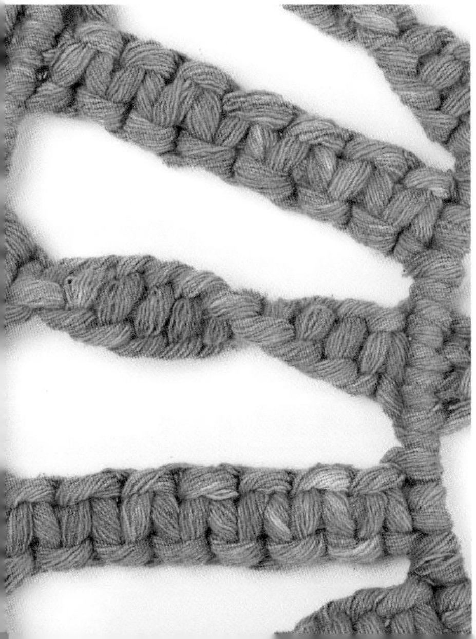

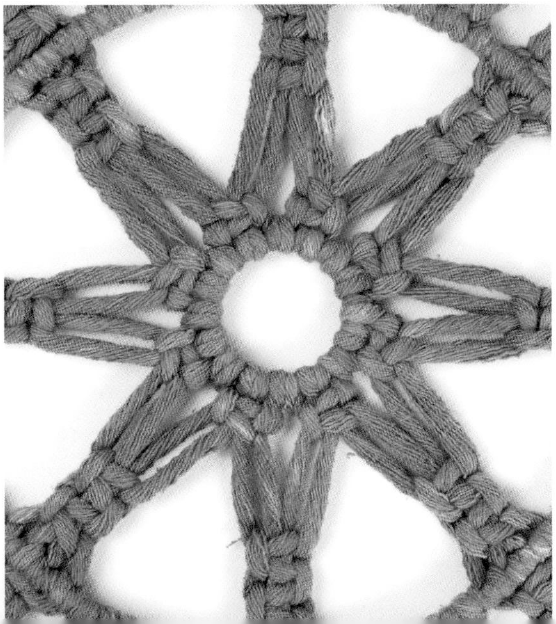

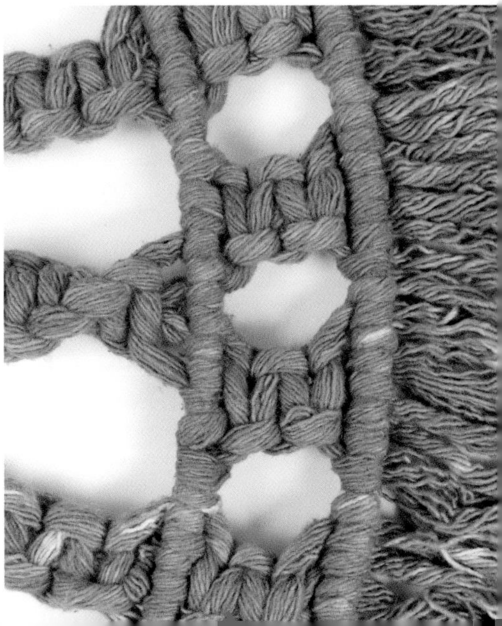

WIMPELKETTE, EINFACH

MATERIALIEN:

- 72,4 m Schnur, 5 mm dick

KNOTEN & TECHNIKEN:

- Überhandknoten
- Umgekehrter Lerchenkopfknoten
- Kreuzknoten
- Abnehmendes Kreuzknotenmuster
- Diagonaler doppelter halber Schlag
- Fäden nummerieren
- Ausfransen

Wimpelketten sind ein hübscher Zimmerschmuck und vielseitig verwendbar – als dekorativer Behang im Kinderzimmer, als Umrandung einer Babywanne oder auch zur Verzierung von Borden, Wänden und Fenstern in Ihrem Heim. Diese einfache Wimpelkette hat eine Länge von elf Wimpeln und bietet Ihnen reichlich Gelegenheit, das abnehmende Kreuzknotenmuster zu üben.

VORBEREITUNG:

- Schneiden Sie achtundachtzig 80 cm lange Fäden aus 5 mm dicker Schnur zu.
- Schneiden Sie einen 2 m langen Faden aus 5 mm dicker Schnur zu.

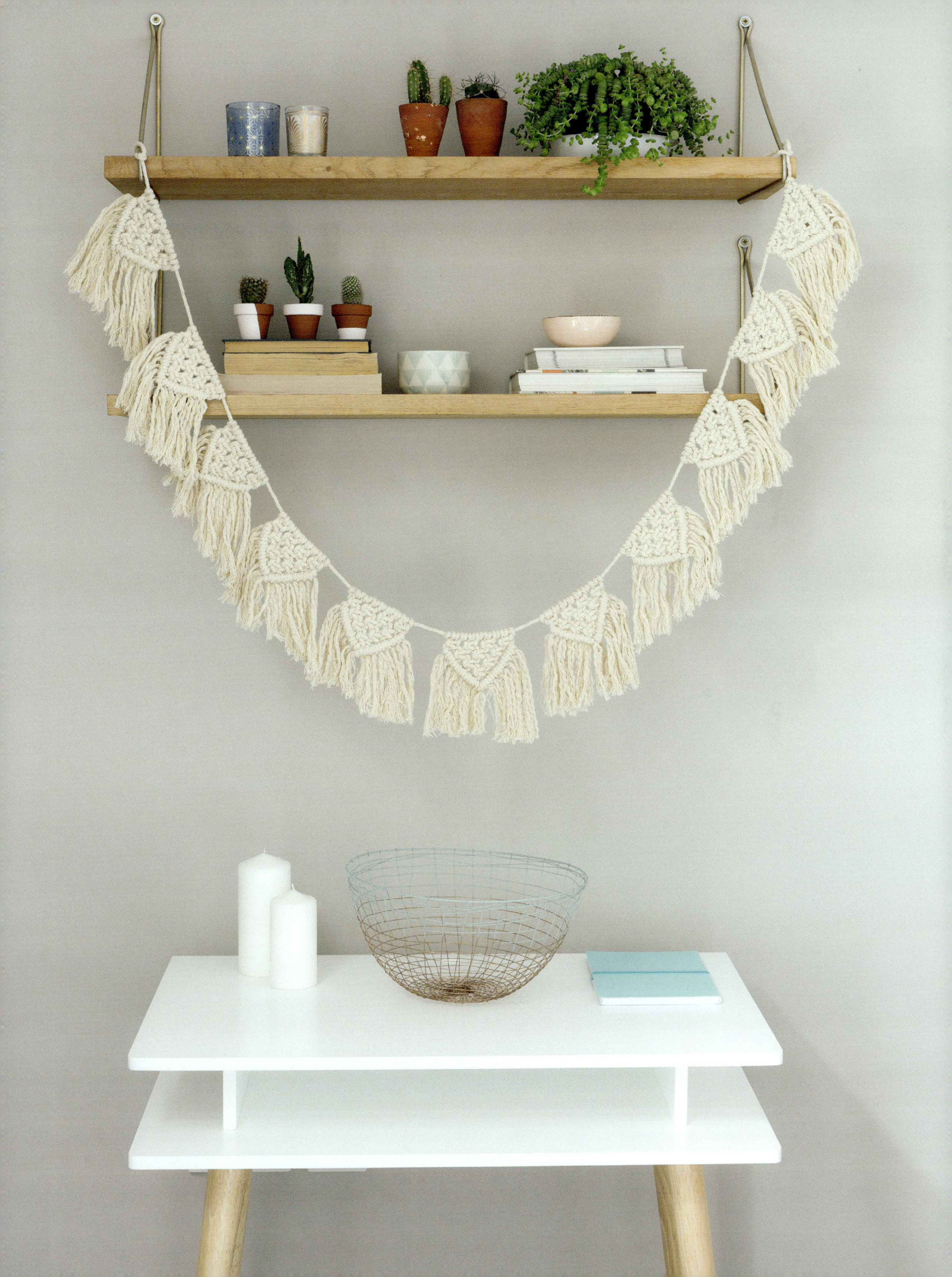

ANLEITUNG

1 Knüpfen Sie einen Überhandknoten (siehe S. 8 unter „Überhandknoten") an jedem Ende des 2 m langen Fadens, damit er nicht ausfranst. Er dient Ihnen als Leitfaden (siehe S. 8 unter „Knotenterminologie"). Wir haben festgestellt, dass man den Leitfaden vor Arbeitsbeginn am besten zwischen den Enden einer Kleiderstange befestigt und ihn stramm spannt. Man kann ihn aber auch auf einer festen Unterlage wie einer Wand oder einem Tisch mit starkem Klebeband befestigen.

2 Sie beginnen nun mit dem Knüpfen Ihres ersten Wimpels in der Mitte des Leitfadens: Legen Sie acht der 80 cm langen Fäden um den Leitfaden und knüpfen Sie umgekehrte Lerchenkopfknoten (siehe S. 10 unter „Umgekehrter Lerchenkopfknoten"). Der Wimpel wird über eine Breite von 10 cm geknüpft.

3 Knüpfen Sie eine Reihe von vier Kreuzknoten (siehe S. 12 unter „Kreuzknoten") direkt unterhalb des Leitfadens.

4 Knüpfen Sie weitere Reihen mit Kreuzknoten im abnehmenden Kreuzknotenmuster (siehe S. 15 unter „Abnehmendes Kreuzknotenmuster") und enden Sie mit einem einzigen Kreuzknoten in der letzten Reihe.

5 Nummerieren Sie die Fäden von 1 von 16 (siehe S. 21 unter „Fäden nummerieren"). Machen Sie aus Faden 1 einen schrägen Leitfaden: Führen Sie ihn diagonal von links nach rechts am Rand des abnehmenden Kreuzknotenmusters nach unten bis zur Mitte und knüpfen Sie diagonale doppelte halbe Schläge (siehe S. 9 unter „Halbe Schläge") mit den Fäden 2–8.

6 Machen Sie Faden 16 zum Leitfaden. Führen Sie ihn diagonal von rechts nach links am Rand des abnehmenden Kreuzknotenmusters entlang nach unten bis zur Mitte und knüpfen Sie diagonale doppelte halbe Schläge mit den Fäden 9–15.

7 Verknüpfen Sie die Fäden 1 und 16 mit einem doppelten Überhandknoten (siehe S. 8 unter „Überhandknoten"); ein Wimpel ist fertig.

8 Wiederholen Sie die Schritte 2–7 für zehn weitere Wimpel, fünf zu jeder Seite des ersten (mittleren) Wimpels, und lassen Sie dabei auf dem Leitfaden 4 cm Abstand zwischen jedem Wimpel.

9 Schneiden Sie die Fäden auf die gewünschte Länge und fransen Sie sie aus (siehe S. 21 unter „Ausfransen").

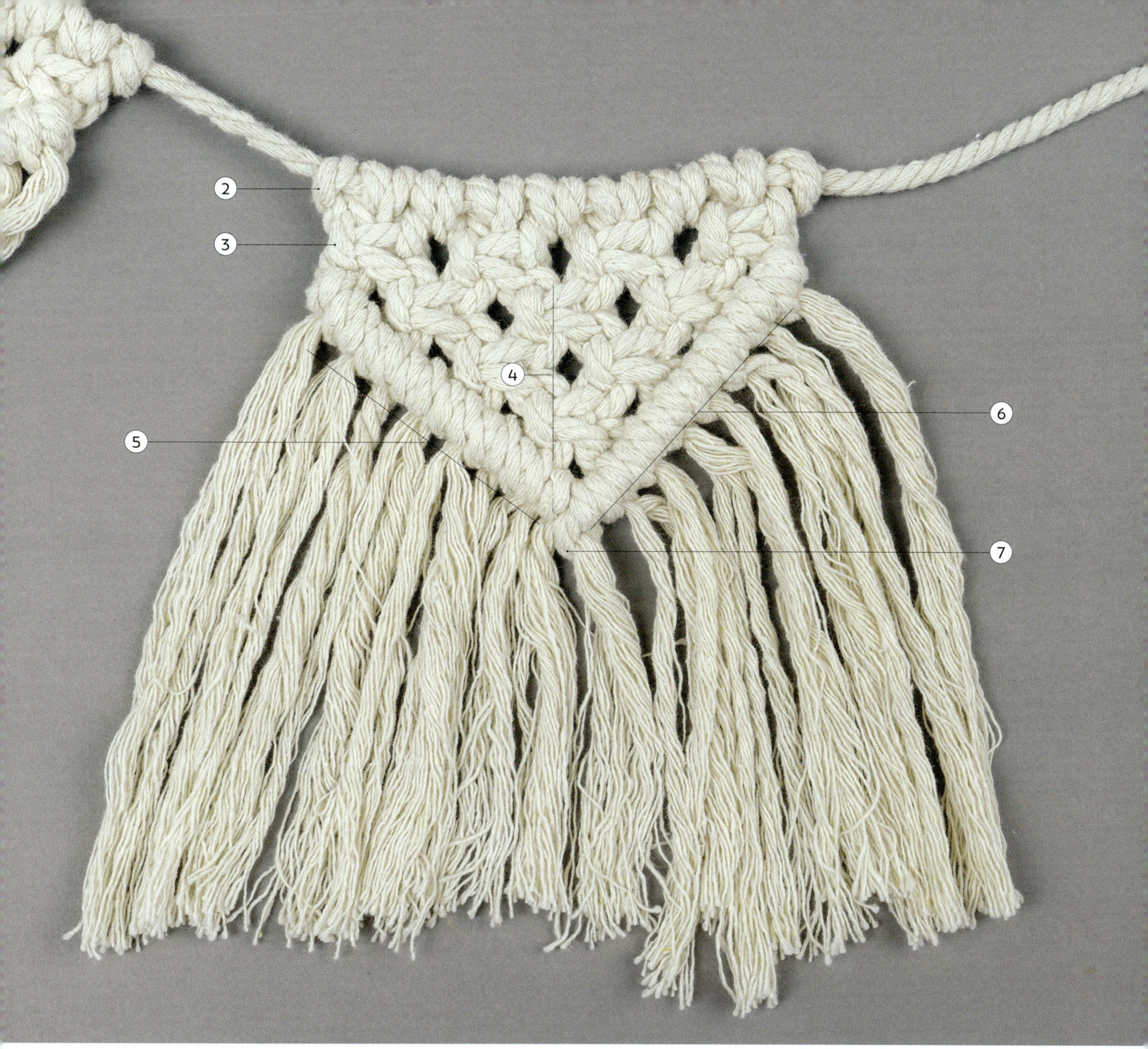

2
3
4
5
6
7

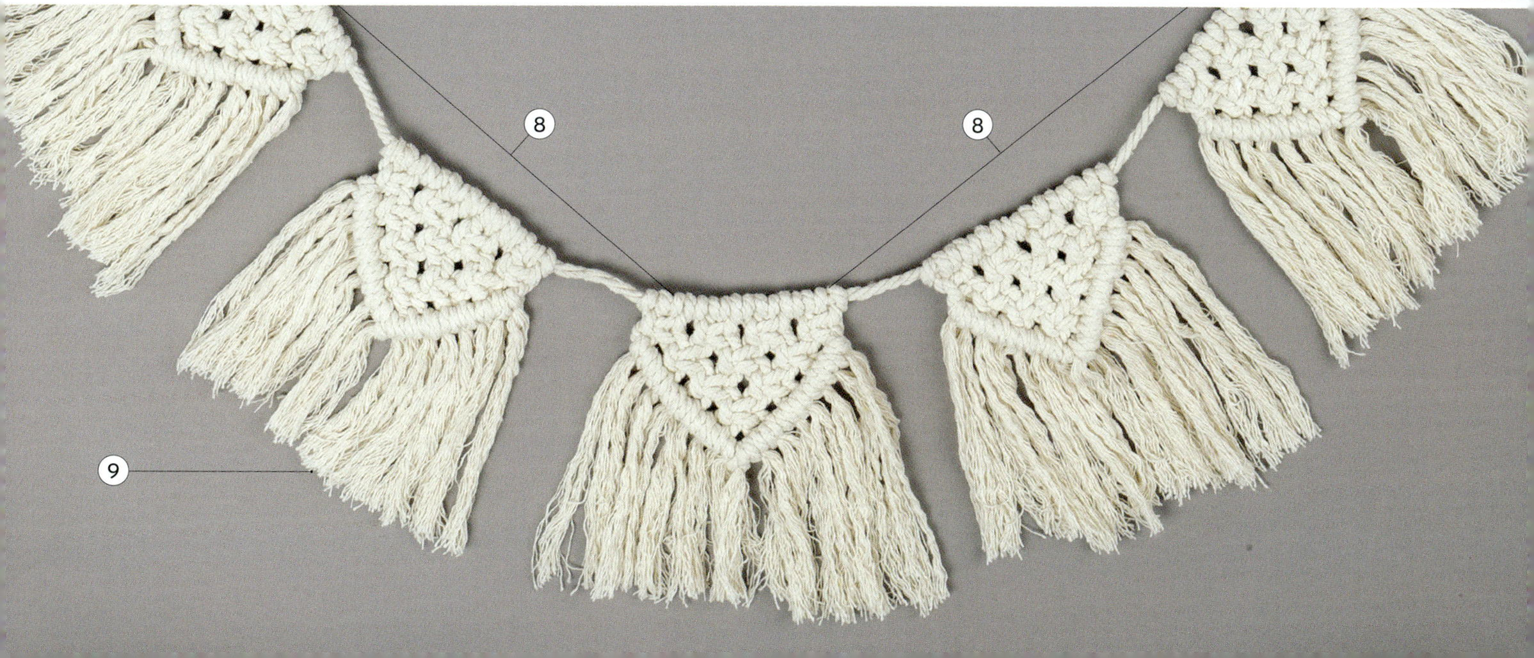

8
8
9

WIMPELKETTE, ANSPRUCHSVOLL

Dieses Wimpelmuster gibt Ihnen die Möglichkeit, ein raffinierteres Design mit niedlichen herzförmigen Wimpeln zu kreieren. Jeder Wimpel zeigt eine doppelte Herzform, bei der ein kleines Herz auf einem größeren sitzt. Verwenden Sie je nach Gelegenheit, für die die Wimpel gedacht sind, oder nach Interieur, in dem sie hängen sollen, verschiedene Farbkombinationen.

MATERIALIEN:

- 28,4 m Schnur, 5 mm dick, naturfarben
- 35,2 m Schnur, 5 mm dick, in Farben Ihrer Wahl

KNOTEN & TECHNIKEN:

- Überhandknoten
- Umgekehrter Lerchenkopfknoten
- Kreuzknoten
- Diagonaler doppelter halber Schlag
- Fäden nummerieren
- Ausfransen

VORBEREITUNG:

- Schneiden Sie einen 2 m langen Faden aus naturfarbener, 5 mm dicker Schnur zu.
- Schneiden Sie vierundzwanzig 110 cm lange Fäden aus naturfarbener, 5 mm dicker Schnur zu.
- Schneiden Sie zweiunddreißig 110 cm lange Fäden aus farbiger Schnur zu.

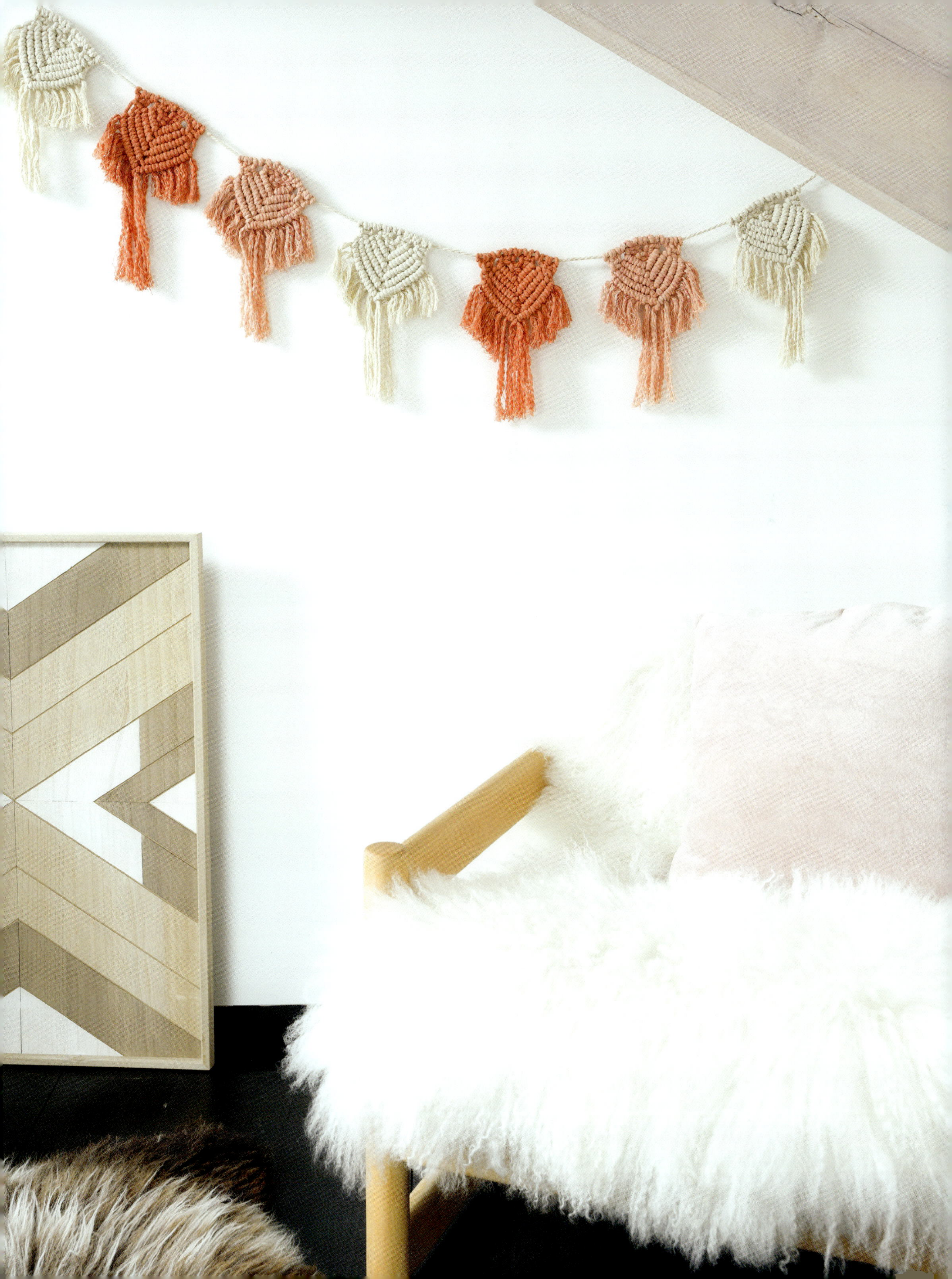

ANLEITUNG

1 Knüpfen Sie an jedem Ende des 2 m langen naturfarbenen Fadens einen Überhandknoten (siehe S. 8 unter „Überhandknoten"), damit er nicht ausfranst. Fixieren Sie den Faden auf einer festen Unterlage. Er dient nun als Leitfaden (siehe S. 8 unter „Knotenterminologie").

2 Sie beginnen nun mit dem Knüpfen Ihres ersten Wimpels in der Mitte des Leitfadens: Legen Sie acht der 110 cm langen naturfarbenen Fäden um den Leitfaden und knüpfen Sie umgekehrte Lerchenkopfknoten (siehe S. 10 unter „Umgekehrter Lerchenkopfknoten"). Die Breite des geknüpften Wimpels sollte 10 cm betragen.

3 Knüpfen Sie eine Reihe von vier Kreuzknoten direkt unterhalb des Leitfadens.

4 Nummerieren Sie die Fäden von 1 bis 16 (siehe S. 21 unter „Fäden nummerieren") und knüpfen Sie einen Kreuzknoten (siehe S. 12 unter „Kreuzknoten") mit den Fäden 7–10.

5 Nummerieren Sie die Fäden erneut von 1 bis 16. Machen Sie Faden 5 zum Leitfaden; führen Sie ihn in diagonaler Richtung von links nach rechts, sodass er direkt unterhalb der Mitte des in Schritt 4 geknüpften Kreuzknotens sitzt, und knüpfen Sie diagonale doppelte halbe Schläge (siehe S. 9 unter „Halbe Schläge") mit den Fäden 6-8.

6 Machen Sie Faden 12 zum Leitfaden: Führen Sie ihn in diagonaler Richtung von rechts nach links, sodass er direkt unterhalb der Mitte des in Schritt 4 geknüpften Kreuzknotens sitzt, und knüpfen Sie diagonale doppelte halbe Schläge mit den Fäden 11-9.

7 Legen Sie die Leitfäden (Faden 5 und 12) über Kreuz, sodass sie ihre Position tauschen, und nummerieren Sie die Fäden 1–16 neu.

8 Machen Sie Faden 4 zum Leitfaden: Führen Sie ihn in diagonaler Richtung von links nach rechts, sodass er direkt unterhalb des Kreuzungspunktes der vorherigen Leitfäden sitzt, und knüpfen Sie diagonale doppelte halbe Schläge mit den Fäden 5-8.

9 Machen Sie Faden 13 zum Leitfaden: Führen Sie ihn in diagonaler Richtung von rechts nach links, sodass er direkt unterhalb des Kreuzungspunktes der vorherigen Leitfäden sitzt, und knüpfen Sie diagonale doppelte halbe Schläge mit den Fäden 12-9.

10 Legen Sie die Leitfäden (Faden 4 und 13) über Kreuz, sodass sie ihre Position tauschen, und nummerieren Sie die Fäden 1–16 neu.

11 Machen Sie Faden 3 zum Leitfaden: Führen Sie ihn wie zuvor in diagonaler Richtung von links nach rechts und knüpfen Sie diagonale doppelte halbe Schläge mit den Fäden 4-8. Um eine saubere spitze Wimpelform zu erhalten, müssen Sie darauf achten, dass der erste diagonale doppelte halbe Schlag, den Sie knüpfen (Faden 4), direkt unterhalb des ersten diagonalen doppelten halben Schlags der vorhergehenden Reihe sitzt.

12 Machen Sie Faden 14 zum Leitfaden: Führen Sie ihn wie zuvor in diagonaler Richtung von rechts nach links und knüpfen Sie diagonale doppelte halbe Schläge mit den Fäden 13-9.

13 Legen Sie die Leitfäden (Faden 3 und 14) über Kreuz, sodass sie ihre Position tauschen, und nummerieren Sie die Fäden 1–16 neu.

14 Machen Sie Faden 2 zum Leitfaden: Führen Sie ihn wie zuvor in diagonaler Richtung von links nach rechts und knüpfen Sie diagonale doppelte halbe Schläge mit den Fäden 3-8.

15 Machen Sie Faden 15 zum Leitfaden: Führen Sie ihn wie zuvor in diagonaler Richtung von rechts nach links und knüpfen Sie diagonale doppelte halbe Schläge mit den Fäden 14-9.

16 Legen Sie die Leitfäden (Faden 2 und 15) über Kreuz, sodass sie ihre Position tauschen, und nummerieren Sie die Fäden 1–16 neu.

17 Machen Sie Faden 1 zum Leitfaden: Führen Sie ihn wie zuvor in diagonaler Richtung von links nach rechts und knüpfen Sie diagonale doppelte halbe Schläge mit den Fäden 2-8.

18 Machen Sie Faden 16 zum Leitfaden: Führen Sie ihn wie zuvor in diagonaler Richtung von rechts nach links und knüpfen Sie diagonale doppelte halbe Schläge mit den Fäden 15-9.

19 Binden Sie die Fäden 1 und 16 mit einem doppelten Überhandknoten (siehe S. 8 unter „Überhandknoten") zusammen: Ein Wimpel ist fertig.

20 Wiederholen Sie die Schritte 2–19 für sechs weitere Wimpel, drei zu jeder Seite des ersten Wimpels. Lassen Sie 6 cm Abstand zwischen den Wimpeln und schließen Sie mit einem Wimpel aus naturfarbener Schnur an jedem Ende der Wimpelkette ab.

21 Kürzen Sie die Fäden auf die gewünschte Länge und fransen Sie sie aus (siehe S. 21 unter „Ausfransen"). Wir haben die Fäden in der Mitte länger gelassen und die Fäden an den Seiten kürzer geschnitten, um die Aufmerksamkeit auf das herzförmige Design zu lenken.

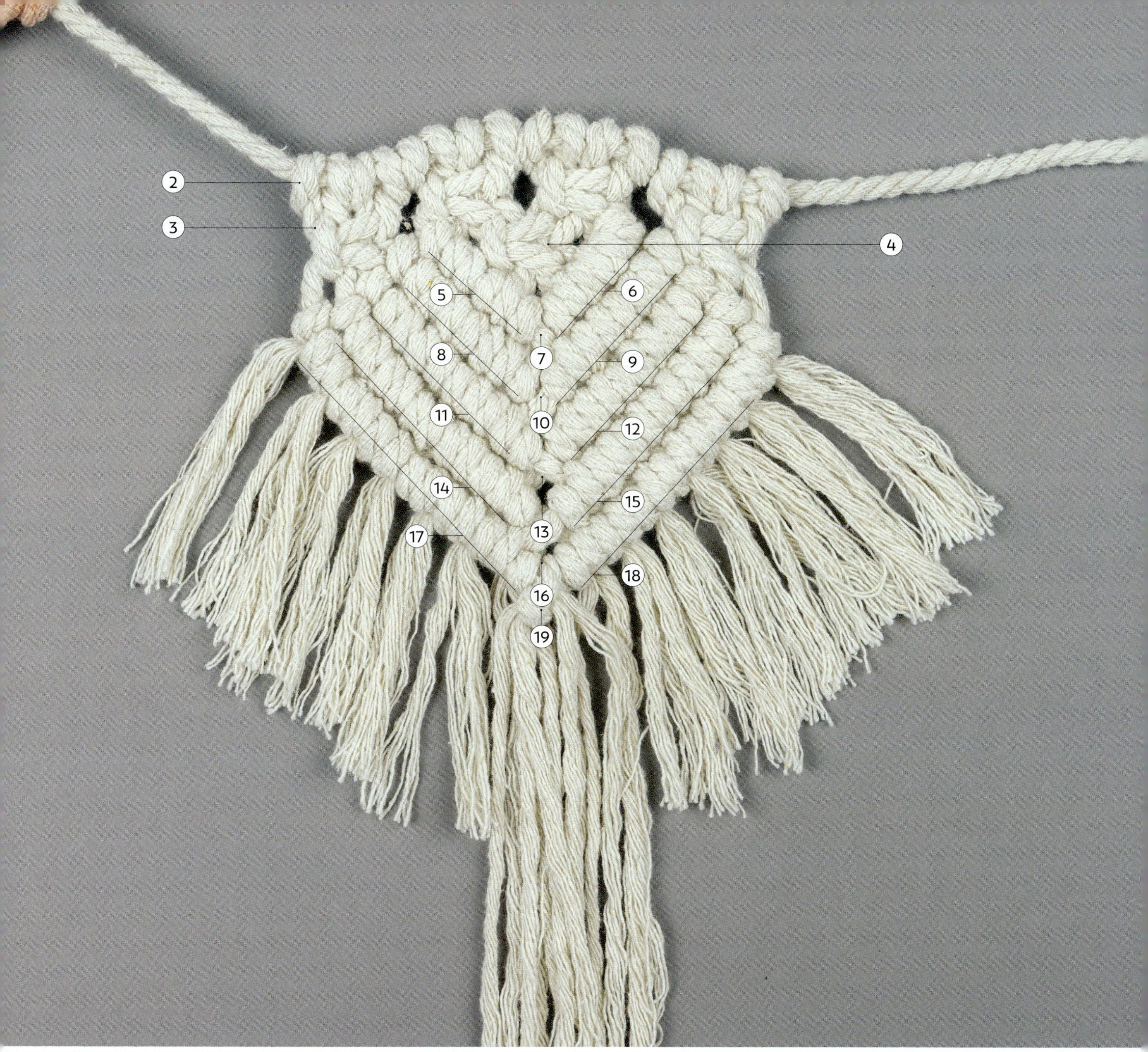
2
3
4
5
6
7
8
9
10
11
12
13
14
15
16
17
18
19

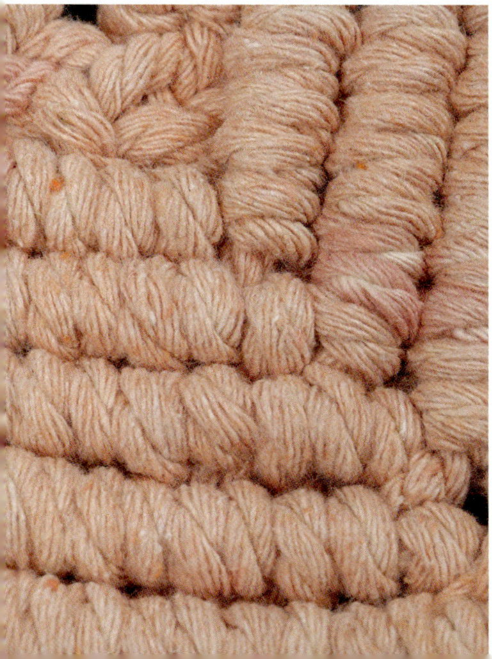

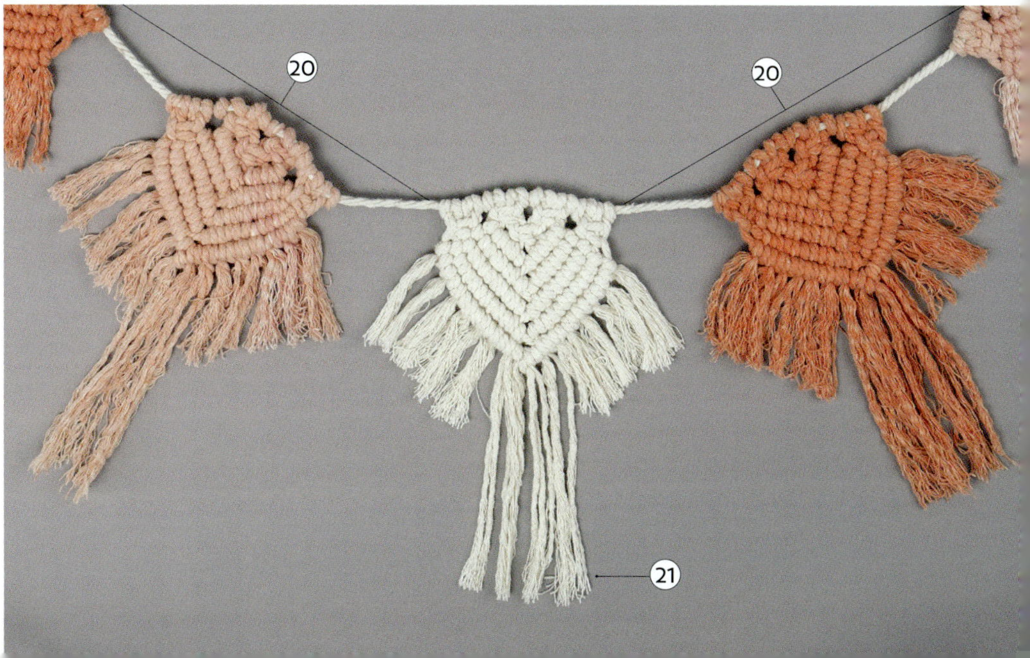
20
20
21

INDOORSCHAUKEL

Eine besonders schicke Indoorschaukel macht sich gut in Ihrem Heim und bietet zudem eine gemütliche zusätzliche Sitzgelegenheit. Die Griffe aus naturfarbenem Baumwollgarn werden mit Halbknotenspiralen gearbeitet, die sich im unteren Teil gabeln, sodass ein robuster Holzsitz befestigt werden kann. Durch diese hübsche Kombination passt das ungewöhnliche Möbelstück zu vielen Einrichtungsstilen.

MATERIALIEN:

- 258 m Schnur, 5 mm dick
- Zwei verzinkte Metallringe, 8 cm Durchmesser, hoch belastbar
- Zwei große verzinkte Karabinerhaken
- Ein Kiefernholzbrett, 48 cm lang × 18,5 cm breit × 3 cm hoch
- Holzbohrer, 15 mm Durchmesser
- 180er Schleifpapier (sehr fein)
- Holzbeize in gewünschter Farbe

KNOTEN & TECHNIKEN:

- Abbindeknoten
- Halbknotenspirale
- Überhandknoten
- Befestigungstechniken
- Ausfransen

VORBEREITUNG:

- Schneiden Sie sechzehn 16 m lange Fäden aus 5 mm dicker Schnur zu.
- Schneiden Sie zwei 1 m lange Fäden aus 5 mm dicker Schnur zu.
- Markieren Sie an jeder Ecke des Holzbrettes in 2 cm Abstand vom Rand die Position eines Loches und bohren Sie dann die Löcher.
- Schleifen Sie das Holz leicht ab, damit es glatt und eben ist, und beizen Sie es dann in der von Ihnen gewünschten Farbe.

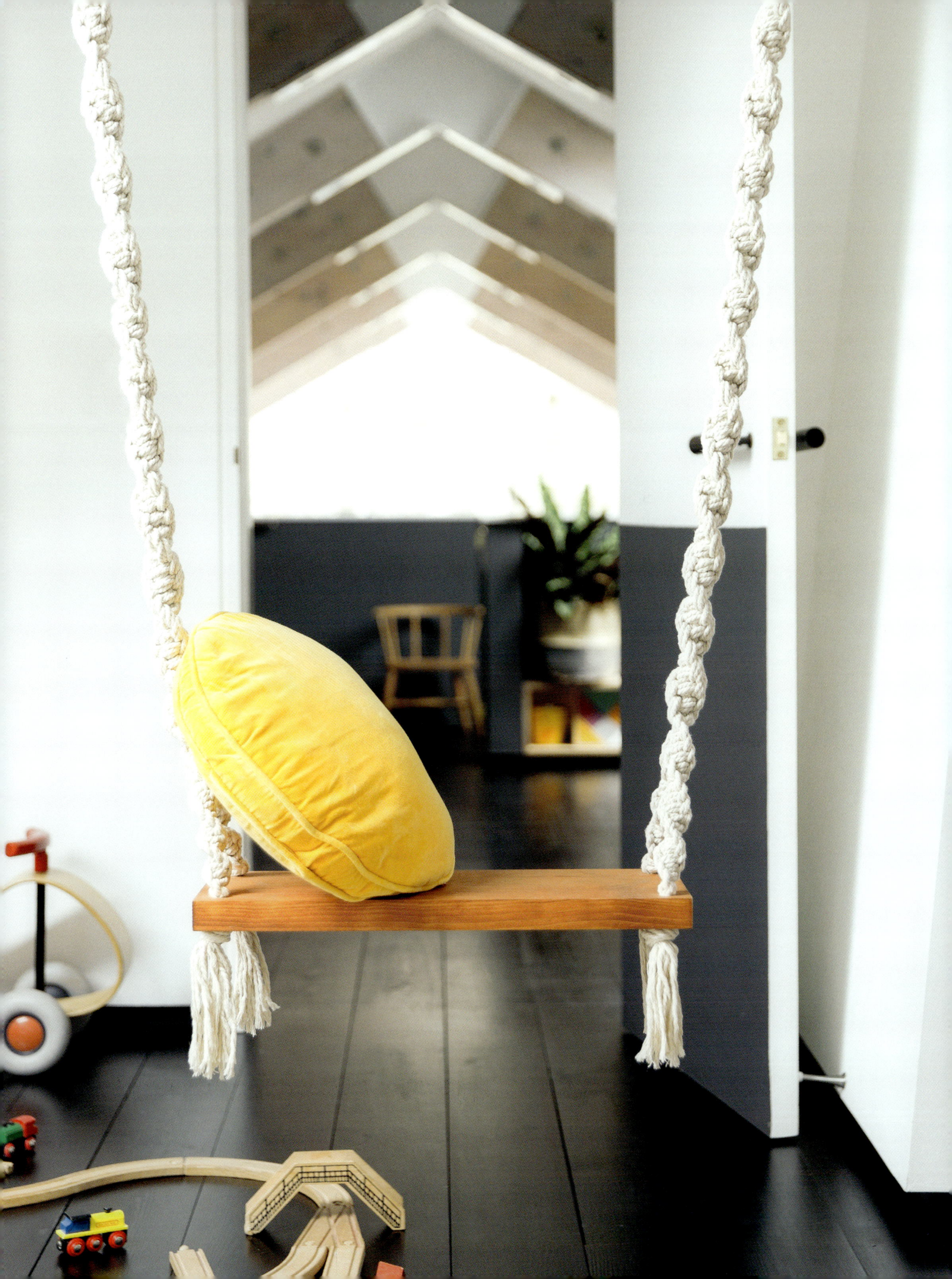

ANLEITUNG

1 Befestigen Sie acht 16 m lange Fäden an einem der Metallringe, indem Sie diese doppelt legen und in den Ring einhängen. (Siehe S. 20 unter „Befestigungstechniken")

2 Knüpfen Sie mit einem der 1 m langen Fäden einen 4 cm breiten Abbindeknoten (siehe S. 11 unter „Abbindeknoten") um alle Schnüre.

3 Trennen Sie die Fäden in drei Gruppen: Gruppe 1 - vier Fäden; Gruppe 2 - acht Fäden und Gruppe 3 - vier Fäden.

4 Verwenden Sie die Fäden der Gruppe 1 und Gruppe 3 als Knüpffäden und die der Gruppe 2 als Füllerfäden (siehe S. 8 unter „Knotenterminologie") und knüpfen Sie eine 16-fädige Halbknotenspirale mit 103 Halbknoten (siehe S. 17 unter „Halbknotenspirale").

5 Unterteilen Sie nun die Fäden in zwei Gruppen mit je acht Fäden.

6 Nehmen Sie die erste Gruppe von acht Fäden und trennen Sie die Fäden in drei Gruppen: Gruppe 1 - zwei Fäden; Gruppe 2 - vier Fäden und Gruppe 3 - zwei Fäden.

7 Verwenden Sie die Fäden der Gruppe 1 und Gruppe 3 als Knüpffäden und der Gruppe 2 als Füllerfäden und knüpfen Sie eine 8-fädige Halbknotenspirale mit achtzehn Halbknoten.

8 Wiederholen Sie die Schritte 6 und 7 mit der zweiten Gruppe von acht Fäden. Der erste Ihrer Schaukelgriffe ist nun fertig.

9 Wiederholen Sie die Schritte 1-8 und verwenden Sie die übrigen acht 16 m langen Fäden und den zweiten Metallring, um einen zweiten Schaukelgriff anzufertigen. Achten Sie darauf, dass die Halbknotenspiralendesigns an jedem der Schaukelgriffe gleich lang sind.

10 Legen Sie das Holzbrett waagerecht hin und fädeln Sie die Fäden der Halbknotenspiralen durch die in die Ecken gebohrten Löcher.

11 Drehen Sie den Sitz um und verknoten Sie jede Fadengruppe mit einem Überhandknoten (siehe S. 8 unter „Überhandknoten"), um den Sitz an jeder Ecke zu sichern. Drehen Sie den Sitz wieder nach oben und vergewissern Sie sich, dass er absolut gerade ist.

12 Kürzen Sie die Fäden auf die gewünschte Länge und fransen Sie sie aus (siehe S. 21 unter „Ausfransen").

13 Wenn Sie nun noch die Karabinerhaken an den Metallringen befestigen, kann die fertige Schaukel aufgehängt werden.

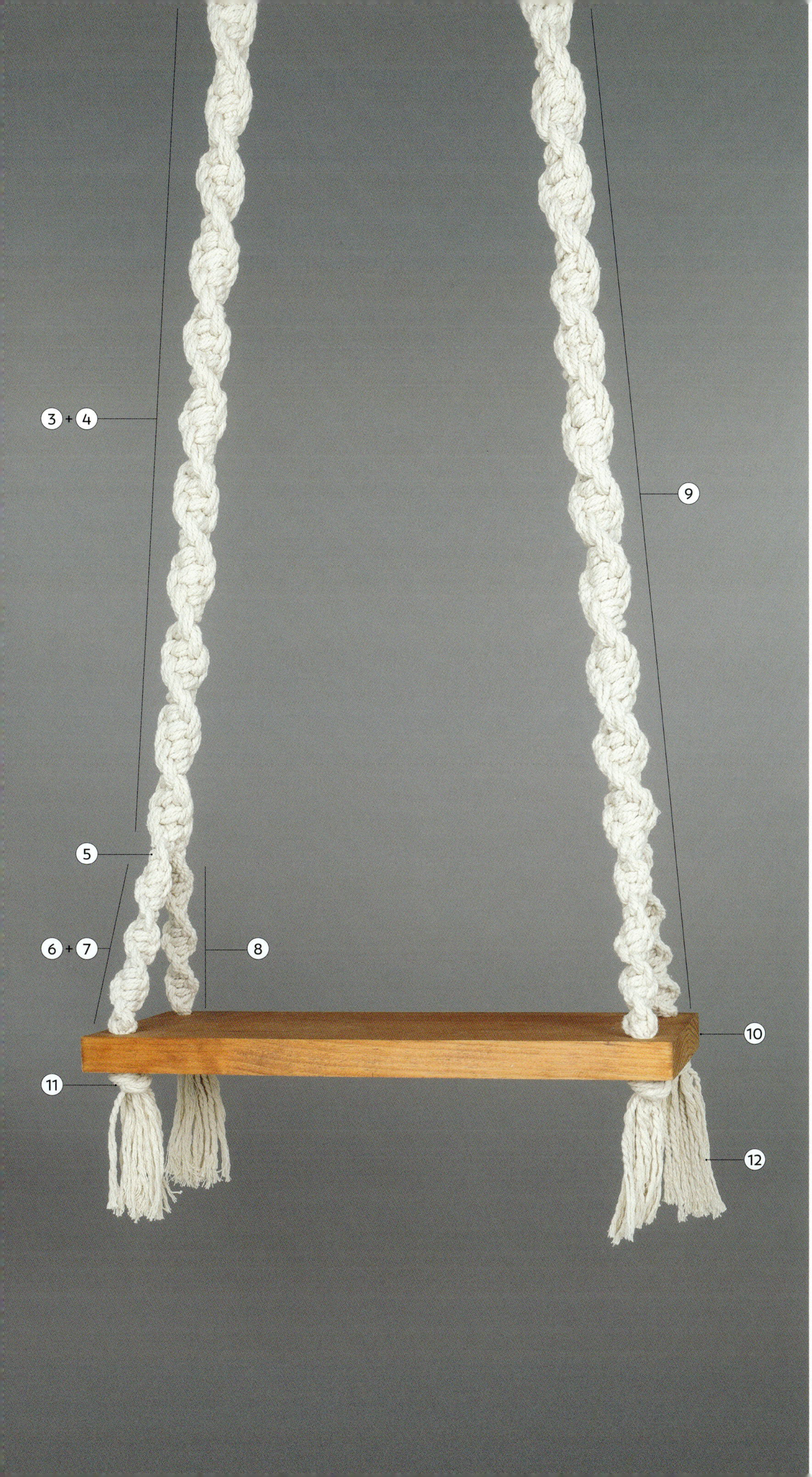
3 + 4
5
6 + 7
8
9
10
11
12

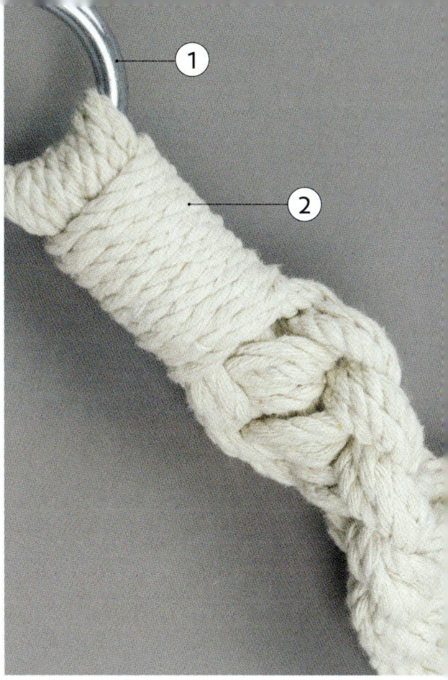
1
2

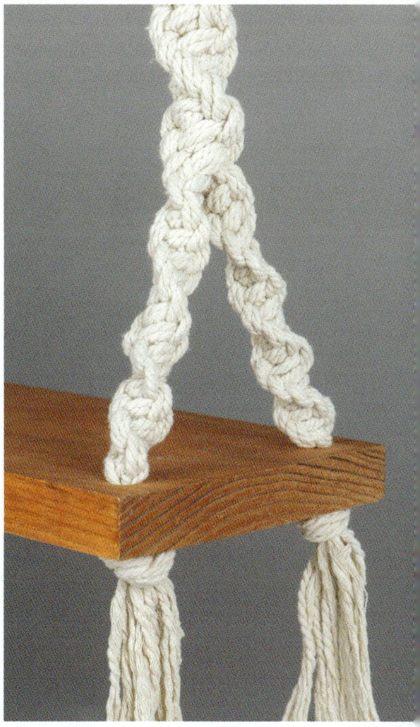

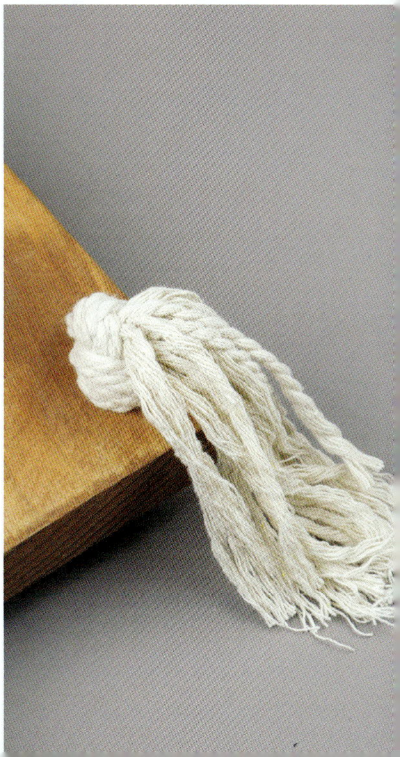

LIEGESTUHL

Machen Sie mit diesem Makramee-Design aus einem alltäglichen Liegestuhl ein ausgefallenes Möbelstück. Entfernen Sie einfach den Stoff vom Liegestuhlrahmen und fertigen Sie nach unserem Muster Ihr eigenes Meisterwerk. Wenn Ihr Liegestuhl von der Größe, die wir benutzt haben, abweicht, passen Sie die Länge und Breite des Makramee-Teils einfach an.

MATERIALIEN:

- 304 m Schnur, 5 mm dick
- Liegestuhlrahmen, 88 cm hoch × 97 cm breit × 67 cm tief
- Heißklebepistole

KNOTEN & TECHNIKEN:

- Umgekehrter Lerchenkopfknoten
- Kreuzknoten
- Versetztes Kreuzknotenmuster
- Doppelter halber Schlag
- Überhandknoten

VORBEREITUNG:

- Schneiden Sie achtunddreißig 8 m lange Fäden aus 5 mm dicker Schnur zu.
- Entfernen Sie den vorhandenen Stoff vorsichtig von dem Liegestuhlrahmen.

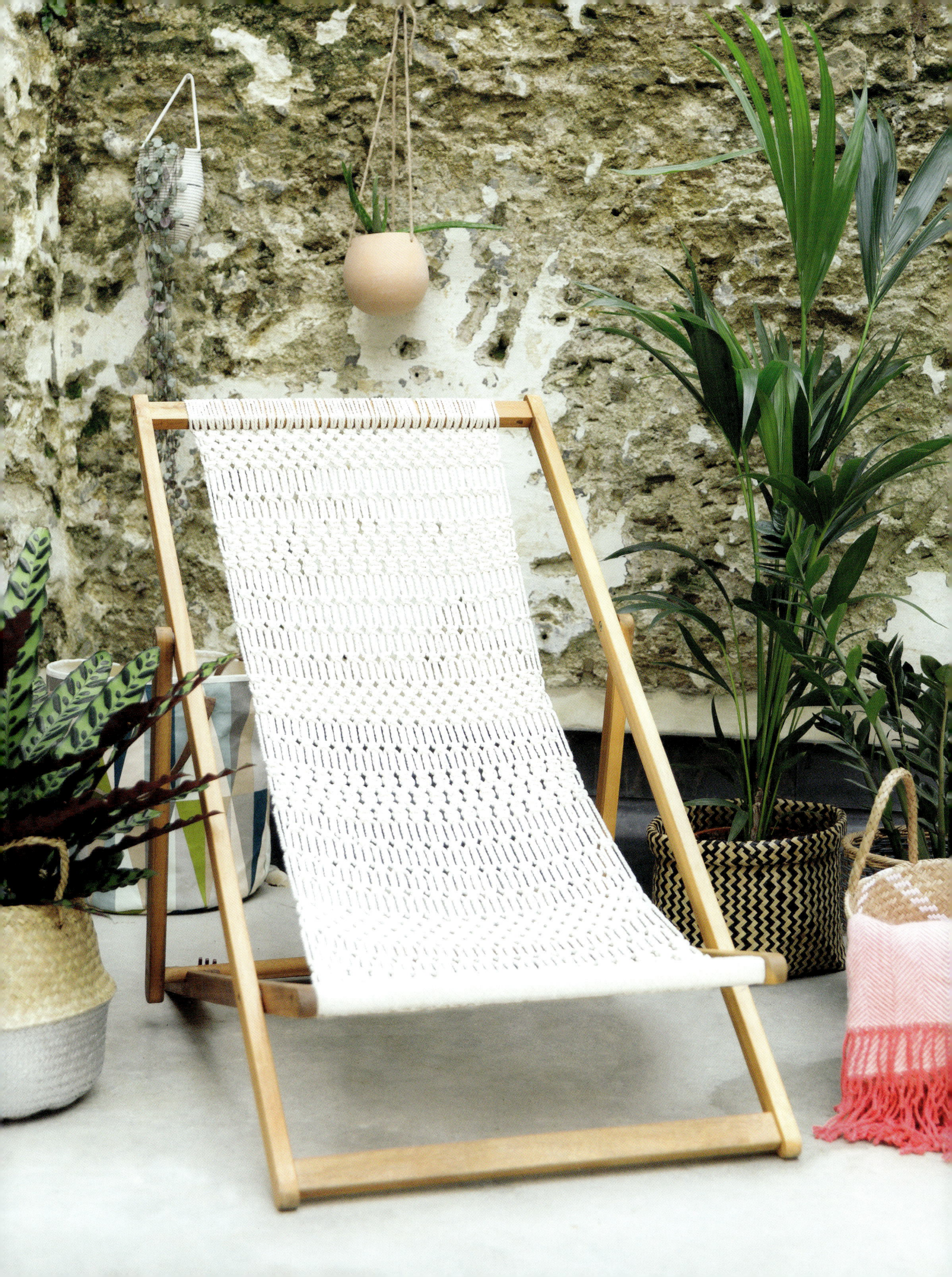

ANLEITUNG

1 Befestigen Sie alle achtunddreißig 8 m langen Fäden mit umgekehrten Lerchenkopfknoten (siehe S. 10 unter „Umgekehrter Lerchenkopfknoten") an der oberen Stange des Liegestuhlrahmens und achten Sie darauf, dass der Abstand zwischen den Fäden gleichmäßig ist. Die Schnüre werden auf einer Breite von ungefähr 47 cm (oder der Breite der ursprünglichen Stoffbespannung) befestigt.

2 Knüpfen Sie direkt darunter eine Reihe mit neunzehn Kreuzknoten (siehe S. 12 unter „Kreuzknoten"), um die Fäden zu fixieren.

3 Versetzen Sie direkt darunter die Fäden (siehe S. 8 unter „Knotenterminologie") und knüpfen Sie eine Reihe mit achtzehn Kreuzknoten.

4 Setzen Sie das versetzte Kreuzknotenmuster über drei Reihen (siehe S. 13 unter „Versetztes Kreuzknotenmuster") ohne Zwischenraum zwischen den Reihen fort.

5 Versetzen Sie die Fäden, gehen Sie 3,5 cm nach unten und knüpfen Sie eine Reihe mit achtzehn Kreuzknoten.

6 Versetzen Sie die Fäden, gehen Sie 3,5 cm nach unten und knüpfen Sie eine Reihe mit neunzehn Kreuzknoten.

7 Knüpfen Sie direkt darunter eine Reihe mit neunzehn Kreuzknoten.

8 Versetzen Sie die Fäden und knüpfen Sie eine Reihe mit achtzehn Kreuzknoten.

9 Knüpfen Sie direkt darunter eine Reihe mit achtzehn Kreuzknoten.

10 Versetzen Sie die Fäden und knüpfen Sie eine Reihe mit neunzehn Kreuzknoten.

11 Knüpfen Sie direkt darunter eine Reihe mit neunzehn Kreuzknoten.

12 Versetzen Sie die Fäden, gehen Sie 3,5 cm nach unten und knüpfen Sie eine Reihe mit achtzehn Kreuzknoten.

13 Versetzen Sie die Fäden, gehen Sie 3,5 cm nach unten und knüpfen Sie eine Reihe mit neunzehn Kreuzknoten.

14 Versetzen Sie direkt darunter die Fäden, gehen Sie 3,5 cm nach unten und knüpfen Sie eine Reihe mit achtzehn Kreuzknoten.

15 Versetzen Sie die Fäden, gehen Sie 3,5 cm nach unten und knüpfen Sie eine Reihe mit neunzehn Kreuzknoten.

16 Wiederholen Sie die Schritte 3–15.

17 Wiederholen Sie die Schritte 3–11.

18 Versetzen Sie die Fäden, gehen Sie 3 cm nach unten und knüpfen Sie eine Reihe mit achtzehn Kreuzknoten

19 Versetzen Sie die Fäden direkt darunter und knüpfen Sie eine Reihe mit neunzehn Kreuzknoten.

20 Befestigen Sie nun Ihr Makramee-Stück an der unteren Stange des Liegestuhls: Führen Sie alle Fäden unter die Stange und sichern Sie jeden Faden mit einem doppelten halben Schlag (siehe S. 9 unter „Halbe Schläge") am Liegestuhl. Ziehen Sie Ihre Makramee-Arbeit schön stramm, bevor Sie sie an der unteren Stange des Stuhls befestigen, damit sie sich bei Benutzung nicht zu sehr dehnt.

21 Wenn alle Fäden an der unteren Stange befestigt sind, ziehen Sie sie so weit Sie können unter den Stuhl und binden Sie sie in Paaren – 1 und 2, 3 und 4, 5 und 6, 7 und 8 usw. – mit sehr fest geknüpften doppelten Überhandknoten (siehe S. 8 unter „Überhandknoten") zusammen.

22 Kürzen Sie die Fadenenden auf etwa 5 mm Länge und kleben Sie sie mit der Heißklebepistole fest.

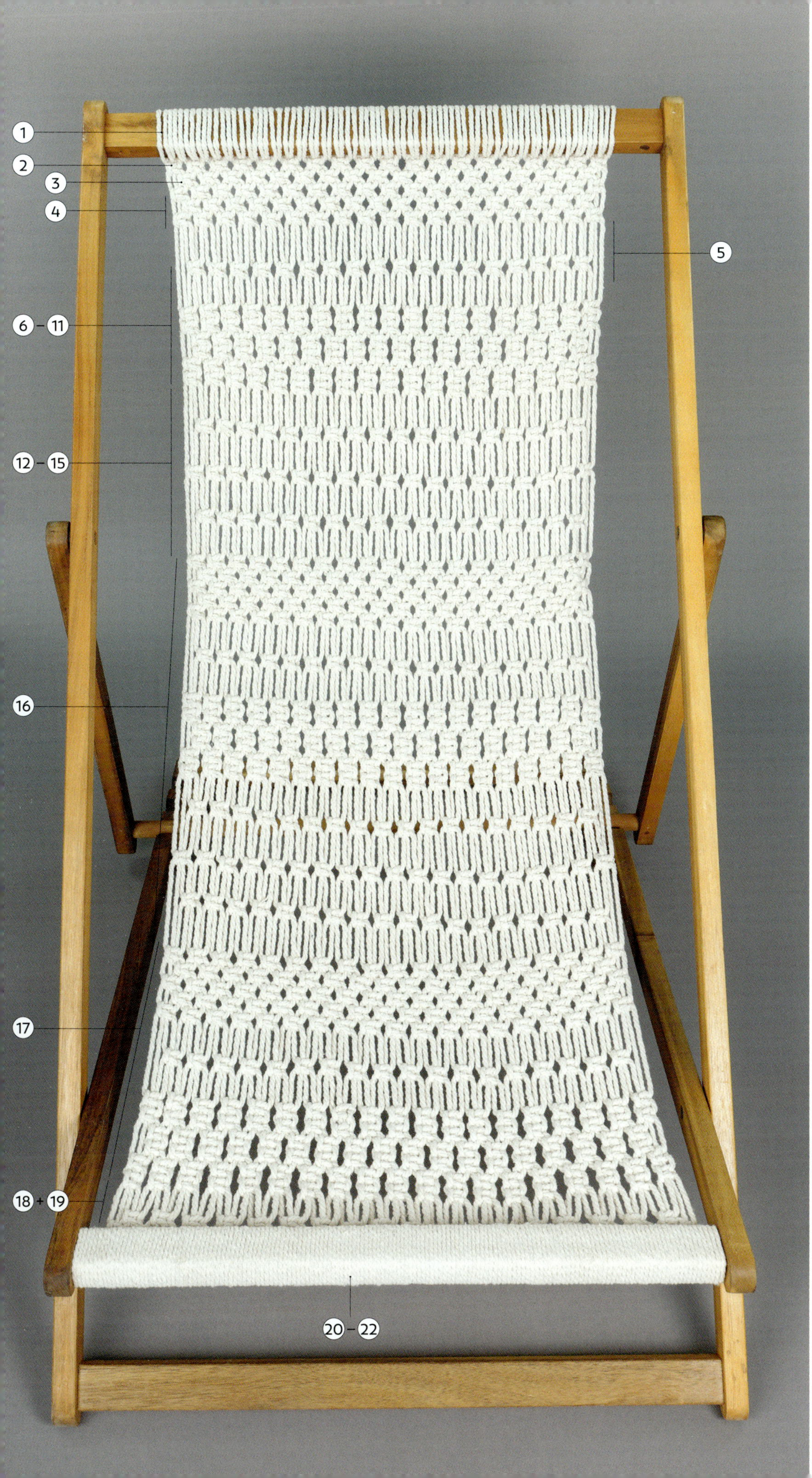
1
2
3
4
5
6 – 11
12 – 15
16
17
18 + 19
20 – 22

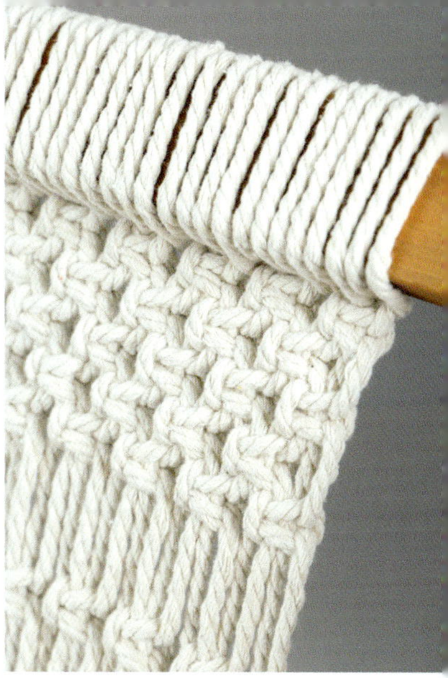

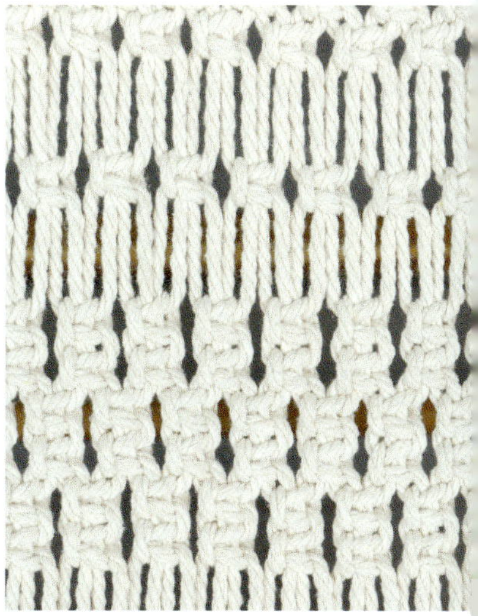

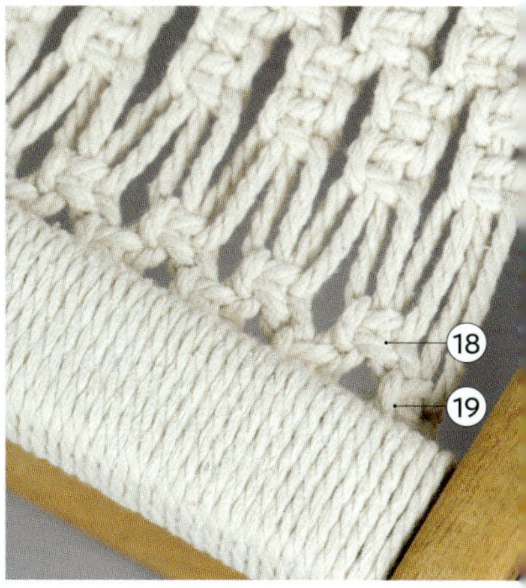
18
19

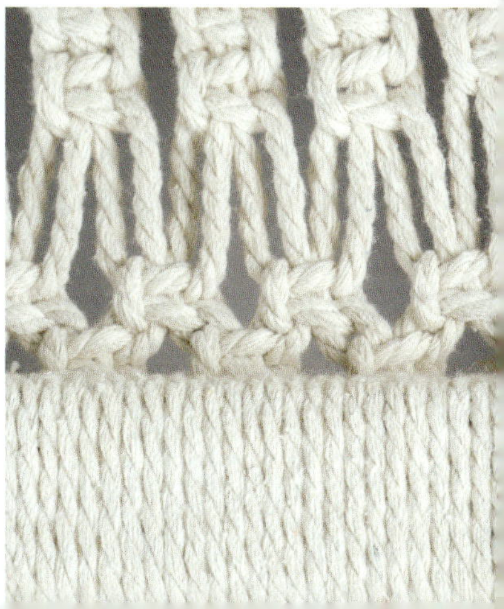

TÜRBEHANG

Diese moderne Version eines klassischen Perlenvorhangs schafft einen atemberaubenden Eingang zu jedem Raum und wird Ihr Heim in ein Boho-Paradies verwandeln. Das Muster ist für die Standardgröße eines Türrahmens berechnet, doch Sie können jederzeit die Breite oder Länge der Makramee-Arbeit verändern, sodass sie an Ihre Türen passt.

MATERIALIEN:

- 368 m Schnur, 5 mm dick
- Holzstab, 92 cm lang, 2,5 cm dick
- Sechs 30 cm lange Schnurstücke
- Zwölf Holzperlen, 2 cm lang × 2 cm breit mit einem 1 cm großen Loch

KNOTEN & TECHNIKEN:

- Umgekehrter Lerchenkopfknoten
- Kreuzknoten
- Abnehmendes Kreuzknotenmuster
- Diagonaler doppelter halber Schlag
- Zunehmendes Kreuzknotenmuster
- Versetztes Kreuzknotenmuster
- Überhandknoten
- Abbindeknoten
- Befestigungstechniken
- Fäden nummerieren
- Ausfransen

VORBEREITUNG:

- Schneiden Sie achtundzwanzig 8 m lange Fäden aus 5 mm dicker Schnur zu.
- Schneiden Sie sechs 6 m lange Fäden aus 5 mm dicker Schnur zu.
- Schneiden Sie zwölf 5 m lange Fäden aus 5 mm dicker Schnur zu.
- Schneiden Sie vierzehn 3 m lange Fäden aus 5 mm dicker Schnur zu.
- Schneiden Sie sechs 1 m lange Fäden aus 5 mm dicker Schnur zu.

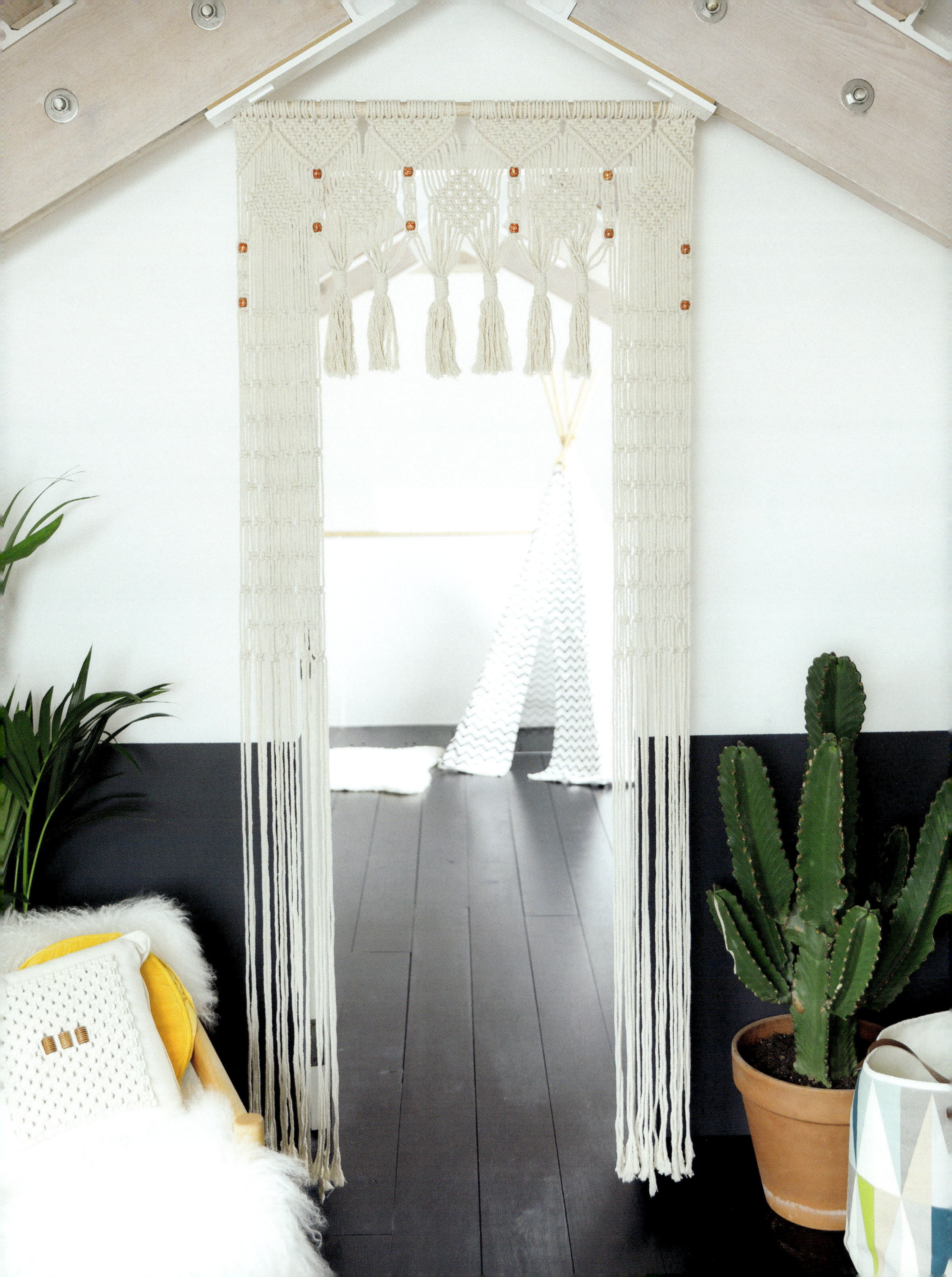

ANLEITUNG

1 Beginnen Sie in 4 cm Abstand zum linken Ende des Holzstabs und befestigen Sie mit umgekehrten Lerchenkopfknoten (siehe S. 10 unter „Umgekehrter Lerchenkopfknoten") alle bis auf die sechs 1 m langen Fäden in folgender Reihenfolge: vierzehn 8 m lange Fäden; drei 6 m lange Fäden; sechs 5 m lange Fäden; vierzehn 3 m lange Fäden; sechs 5 m lange Fäden; drei 6 m lange Fäden; vierzehn 8 m lange Fäden. Die Schnüre werden über eine Breite von 84 cm befestigt, sodass 4 cm des Holzstabs am rechten Ende unbedeckt bleiben. Verteilen Sie die Fäden gleichmäßig. (Siehe S. 20 unter „Befestigungstechniken")

2 Knüpfen Sie direkt unterhalb des Holzstabs eine Reihe mit dreißig Kreuzknoten (siehe S. 12 unter „Kreuzknoten").

3 Nummerieren Sie die Fäden von links nach rechts von 1 bis 120 (siehe S. 21 unter „Fäden nummerieren") und unterteilen Sie sie wie folgt in sechs Gruppen: Gruppe 1 - Fäden 1-12; Gruppe 2 - Fäden 13-36; Gruppe 3 - Fäden 37-60; Gruppe 4 - Fäden 61-84; Gruppe 5 - Fäden 85-108; Gruppe 6 - Fäden 109-120.

4 Beginnend mit Gruppe 1 (Fäden 1-12) und von links nach rechts arbeitend lassen Sie die ersten zwei Fäden aus und knüpfen zwei Kreuzknoten direkt unterhalb der bestehenden Kreuzknoten.

5 Knüpfen Sie für Gruppe 1 in der nächsten Reihe, von links nach rechts arbeitend, zwei Kreuzknoten.

6 Lassen Sie für Gruppe 1 in der nächsten Reihe, von links nach rechts arbeitend, die ersten beiden Fäden aus und knüpfen Sie einen Kreuzknoten.

7 Knüpfen Sie für Gruppe 1 in der nächsten Reihe, von links nach rechts arbeitend, einen Kreuzknoten.

8 Knüpfen Sie mit den Gruppen 2, 3, 4 und 5 jeweils unterhalb der bestehenden Kreuzknoten für jede Gruppe ein abnehmendes Kreuzknotenmuster (siehe S. 15 unter „Abnehmendes Kreuzknotenmuster"), das mit einem einzigen Kreuzknoten endet.

9 Lassen Sie für Gruppe 6 (Fäden 109-120), von links nach rechts arbeitend, die ersten beiden Fäden aus und knüpfen Sie zwei Kreuzknoten direkt unter den bestehenden Kreuzknoten.

10 Lassen Sie für Gruppe 6 in der nächsten Reihe, von links nach rechts arbeitend, vier Fäden aus und knüpfen Sie zwei Kreuzknoten.

11 Lassen Sie für Gruppe 6 in der nächsten Reihe, von links nach rechts arbeitend, sechs Fäden aus und knüpfen Sie einen Kreuzknoten.

12 Lassen Sie für Gruppe 6 in der nächsten Reihe, von links nach rechts arbeitend, acht Fäden aus und knüpfen Sie einen Kreuzknoten.

13 Wieder bei Gruppe 1 angelangt, machen Sie den äußeren Faden auf der rechten Seite zum Leitfaden: Führen Sie ihn diagonal von rechts nach links unten, sodass er auf den anderen elf Fäden und am Rand des diagonalen Kreuzknotenmusters entlang verläuft. Knüpfen Sie diagonale doppelte halbe Schläge (siehe S. 9 unter „Halbe Schläge") mit den verbleibenden elf Fäden der Gruppe.

14 Machen Sie für die Gruppen 2, 3, 4 und 5, jeweils an einer Gruppe arbeitend, den äußersten Faden auf der linken Seite zum Leitfaden: Führen Sie ihn diagonal von links nach rechts unten, sodass er auf den elf Fäden liegt und am Rand des abnehmenden Kreuzknotenmusters bis zum Mittelpunkt verläuft, und knüpfen Sie diagonale doppelte halbe Schläge mit den elf Fäden. Machen Sie nun den äußersten Faden auf der rechten Seite zum Leitfaden: Führen Sie ihn diagonal von rechts nach links unten, sodass er auf den verbleibenden elf Fäden in der Gruppe liegt und am Rand des abnehmenden Kreuzknotenmusters zum Mittelpunkt entlang verläuft, und knüpfen Sie diagonale doppelte halbe Schläge mit den verbleibenden elf Fäden.

15 Machen Sie für Gruppe 6 den äußersten Faden auf der linken Seite zum Leitfaden: Führen Sie ihn diagonal von links nach rechts unten, sodass er auf den anderen elf Fäden liegt und am Rand des diagonalen Kreuzknotenmusters entlang verläuft. Knüpfen Sie diagonale doppelte halbe Schläge mit den verbleibenden elf Fäden in der Gruppe.

16 Nummerieren Sie die Fäden wieder von 1 bis 120. Fädeln Sie je eine Perle auf die Fäden 24 und 25, die Fäden 48 und 49, die Fäden 72 und 73 und die Fäden 96 und 97.

17 Knüpfen Sie mit den Fäden 11-14 einen Kreuzknoten auf der Höhe der Perlenreihe.

18 Machen Sie mit einem zunehmenden Kreuzknotenmuster (siehe S. 14 unter „Zunehmendes Kreuzknotenmuster") direkt unterhalb des zuletzt geknüpften Kreuzknotens weiter, bis Sie eine Reihe von fünf Kreuzknoten haben. Beginnen Sie dann mit einem abnehmenden Kreuzknotenmuster, bis Sie eine Reihe mit nur einem Kreuzknoten gearbeitet haben und die Rautenform des Kreuzknotenmusters vollständig ist.

19 Knüpfen Sie einen Kreuzknoten mit den Fäden 35-38 auf der Höhe der Perlenreihe und wiederholen Sie Schritt 18.

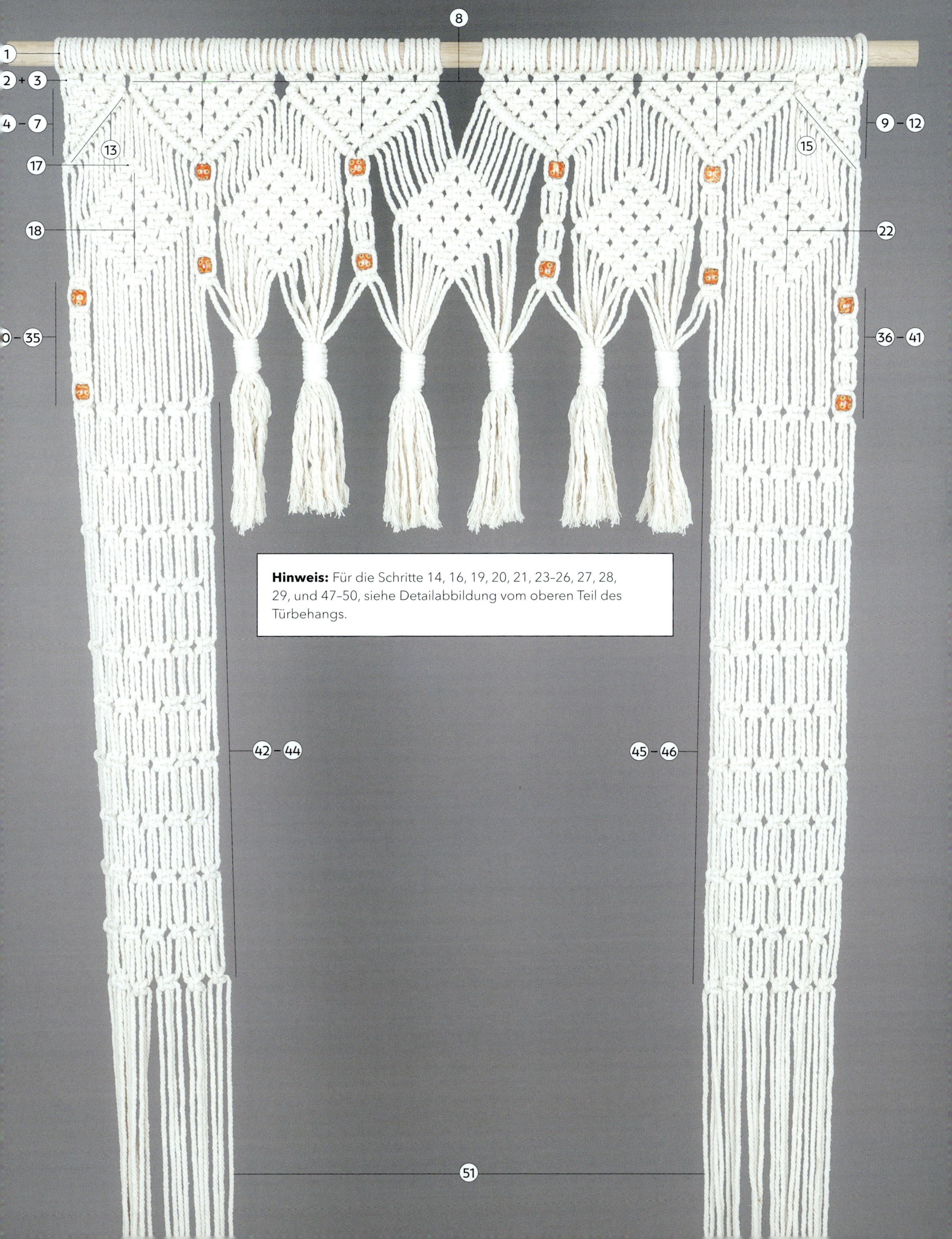

Hinweis: Für die Schritte 14, 16, 19, 20, 21, 23–26, 27, 28, 29, und 47–50, siehe Detailabbildung vom oberen Teil des Türbehangs.

20 Knüpfen Sie einen Kreuzknoten mit den Fäden 59-62 auf der Höhe der Perlenreihe und wiederholen Sie Schritt 18.

21 Knüpfen Sie einen Kreuzknoten mit den Fäden 83-86 auf der Höhe der Perlenreihe und wiederholen Sie Schritt 18.

22 Knüpfen Sie einen Kreuzknoten mit den Fäden 107-110 auf der Höhe der Perlenreihe und wiederholen Sie Schritt 18.

23 Knüpfen Sie unter den Fäden 24 und 25, dort, wo die erste Perle platziert wurde, einen Kreuzknoten mit den Fäden 23-26.

24 Gehen Sie 2,5 cm nach unten und knüpfen Sie einen Kreuzknoten.

25 Gehen Sie 2,5 cm nach unten und knüpfen Sie einen Kreuzknoten.

26 Befestigen Sie eine Perle an den beiden Füllerfäden (siehe S. 8 unter „Knotenterminologie") des zuvor geknüpften Kreuzknotens und sichern Sie die Perle, indem Sie direkt unter ihr einen Kreuzknoten knüpfen.

27 Knüpfen Sie unterhalb der Fäden 48 und 49, dort, wo die zweite Perle platziert wurde, einen Kreuzknoten mit den Fäden 47-50. Wiederholen Sie die Schritte 24-26.

28 Knüpfen Sie unterhalb der Fäden 72 und 73, dort, wo die dritte Perle platziert wurde, einen Kreuzknoten mit den Fäden 71-74. Wiederholen Sie die Schritte 24-26.

29 Knüpfen Sie unterhalb der Fäden 96 und 97, dort, wo die vierte Perle platziert wurde, einen Kreuzknoten mit den Fäden 95-98. Wiederholen Sie die Schritte 24-26.

30 Nehmen Sie die Fäden 1-4 und knüpfen Sie einen Kreuzknoten auf der Höhe des letzten Kreuzknotens unten an der Rautenform.

31 Befestigen Sie eine Perle an den zwei Füllerfäden direkt unterhalb des zuvor geknüpften Kreuzknotens.

32 Knüpfen Sie einen Kreuzknoten direkt unterhalb der Perle mit den Fäden 1-4.

33 Gehen Sie 2,5 cm nach unten und knüpfen Sie einen Kreuzknoten.

34 Gehen Sie 2,5 cm nach unten und knüpfen Sie einen Kreuzknoten.

35 Wiederholen Sie die Schritte 31 und 32.

36 Nehmen Sie die Fäden 117-120 und knüpfen Sie einen Kreuzknoten auf der Höhe des letzten Kreuzknotens unten an der Rautenform.

37 Befestigen Sie eine Perle an den Füllerfäden direkt unterhalb des zuvor geknüpften Kreuzknotens.

38 Knüpfen Sie einen Kreuzknoten direkt unterhalb der Perle mit den Fäden 117-120.

39 Wiederholen Sie die Schritte 33 und 34.

40 Befestigen Sie eine Perle an den Füllerfäden direkt unterhalb des zuvor geknüpften Kreuzknotens.

41 Knüpfen Sie einen Kreuzknoten direkt unterhalb der Perle mit den Fäden 117-120.

42 Nehmen Sie die Fäden 5-8 auf und knüpfen Sie einen Kreuzknoten auf der Höhe des letzten, mit den Fäden 1-4 geknüpften Kreuzknotens. Knüpfen Sie mit den Fäden 9-12, 13-16, 17-20, 21-24 Kreuzknoten in einer Reihe.

43 Versetzen Sie die Fäden (siehe S. 8 unter „Knotenterminologie"), gehen Sie 5 cm nach unten und knüpfen Sie eine Reihe mit fünf Kreuzknoten.

44 Setzen Sie das versetzte Kreuzknotenmuster (siehe S. 13 unter „Versetztes Kreuzknotenmuster") über neun Reihen fort und lassen Sie 5 cm zwischen jeder Reihe frei.

45 Nehmen Sie die Fäden 113-116 auf und knüpfen Sie einen Kreuzknoten auf der Höhe des letzten, mit den Fäden 117-120 geknüpften Kreuzknotens. Knüpfen Sie mit den Fäden 109-112, 105-108, 101-104, 97-100 Kreuzknoten in einer Reihe.

46 Wiederholen Sie die Schritte 43 und 44. Sie haben jetzt die zwei langen (äußeren) Seiten des Wandbehangs fertiggestellt.

47 Um den oberen Rand des Wandbehangs fertigzustellen, beginnen Sie damit, die mittleren Fäden in sechs Gruppen zu jeweils 12 Fäden einzuteilen: Gruppe 1 - Fäden 25-36; Gruppe 2 - Fäden 37-48; Gruppe 3 - Fäden 49-60; Gruppe 4 - Fäden 61-72; Gruppe 5 - Fäden 73-84; Gruppe 6 - Fäden 85-96.

48 Nehmen Sie die 30 cm langen Baumwollfäden und sichern Sie jede Fadengruppe ungefähr 31 cm vom unteren Rand des Holzstabs oder ungefähr 7 cm von der unteren Spitze der Rauten entfernt fest mit einem doppelten Überhandknoten (siehe S. 8 unter „Überhandknoten").

49 Nehmen Sie die verbleibenden 1 m langen Fäden und knüpfen Sie damit jeweils einen 4 cm breiten Abbindeknoten (siehe S. 11 unter „Abbindeknoten") über dem doppelten Überhandknoten.

50 Kürzen Sie die Fadenenden unter dem Abbindeknoten auf eine Länge von 15 cm und fransen Sie sie aus (siehe S. 21 unter „Ausfransen").

51 Kürzen Sie die Fadenenden an den langen (äußeren) Seiten auf 2 m Länge unter dem Holzstab oder passend zu Ihrem Türrahmen.

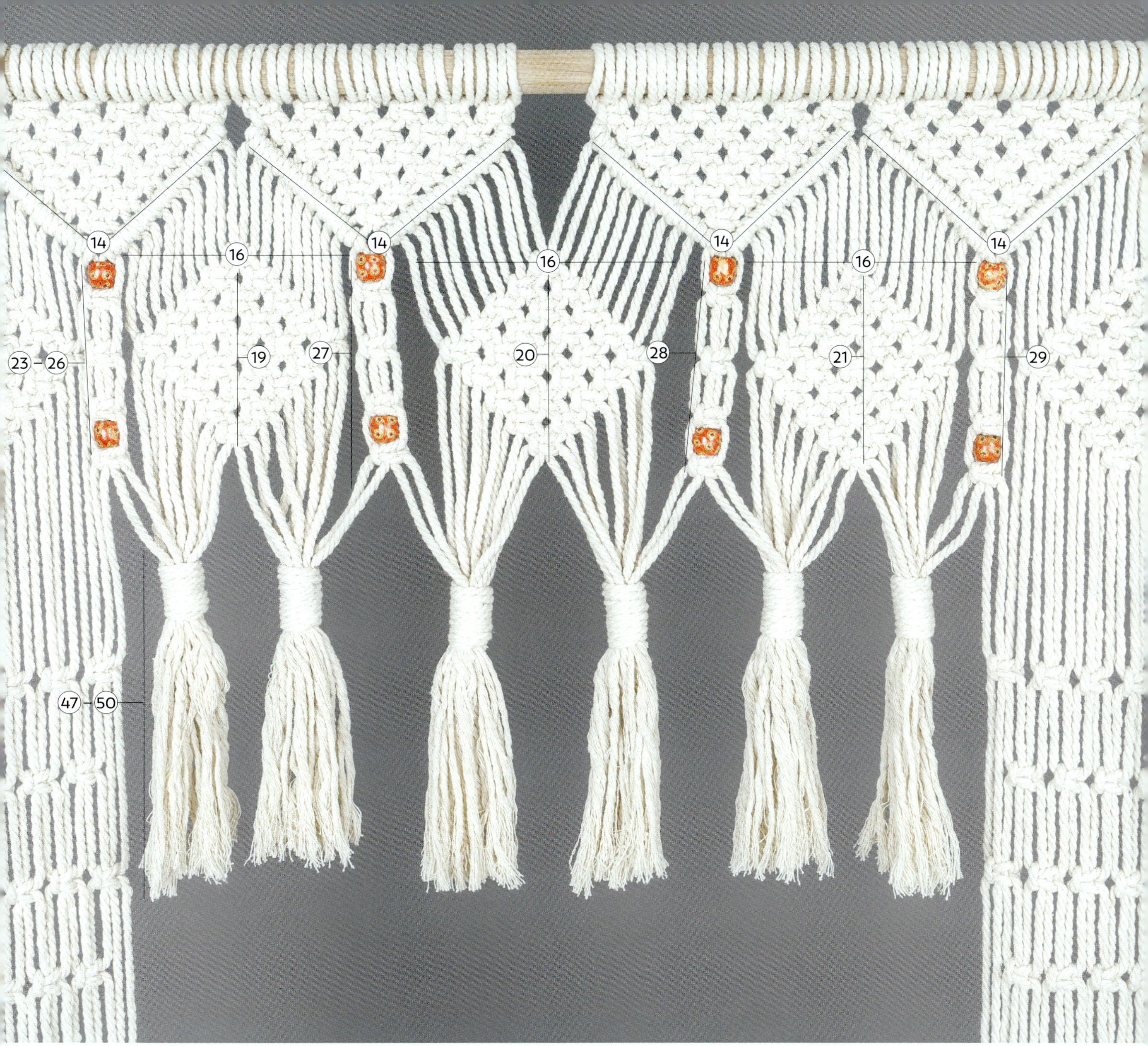
14
14
14
14
16
16
16
23–26
19
27
20
28
21
29
47–50

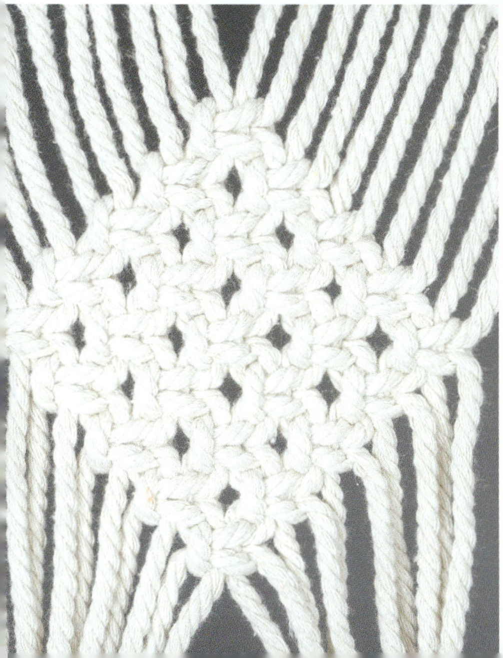

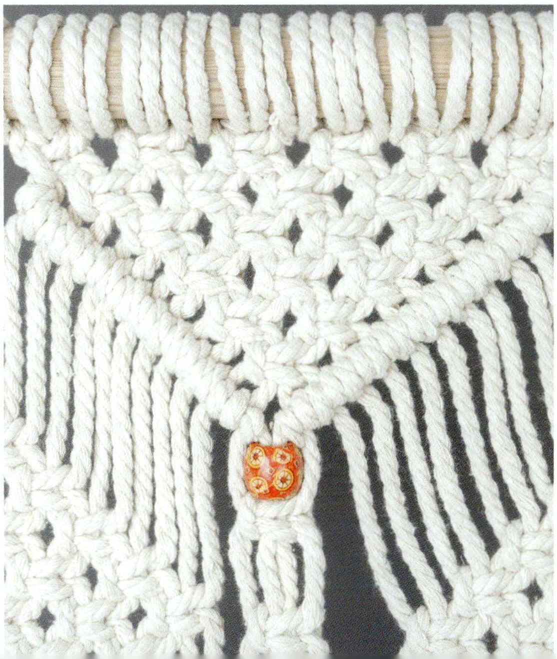

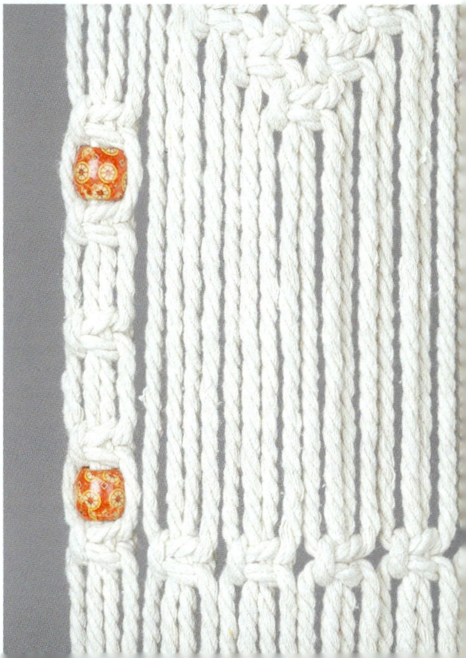

FESTBOGEN

Der Festbogen, eine größere Version eines Türbehangs, bietet eine elegante Kulisse für besondere Ereignisse und kann entweder an einem hölzernen Gartenbogen oder einer Wand aufgehängt werden. Auf Hochzeiten wird er mit ein paar Blumengestecken zu einem luxuriösen Blickfang. Sie können ihn aber genauso gut als prächtigen Wandbehang in Ihrer Wohnung benutzen.

MATERIALIEN:

- 456 m lange Schnur, 8 mm dick
- Holzstab, 1,8 m lang, 1,9 cm dick

KNOTEN & TECHNIKEN:

- Umgekehrter Lerchenkopfknoten
- Kreuzknoten
- Zunehmendes Kreuzknotenmuster
- Abnehmendes Kreuzknotenmuster
- Versetztes Kreuzknotenmuster
- Doppelter halber Schlag
- Diagonaler doppelter halber Schlag
- Befestigungstechniken
- Fäden nummerieren
- Ausfransen

VORBEREITUNG:

- Schneiden Sie sechzehn 7 m lange Fäden aus 8 mm dicker Schnur zu.
- Schneiden Sie sechzehn 6 m lange Fäden aus 8 mm dicker Schnur zu.
- Schneiden Sie sechzehn 5 m lange Fäden aus 8 mm dicker Schnur zu.
- Schneiden Sie vierundzwanzig 4 m lange Fäden aus 8 mm dicker Schnur zu.
- Schneiden Sie vierundzwanzig 3 m lange Fäden aus 8 mm dicker Schnur zu.

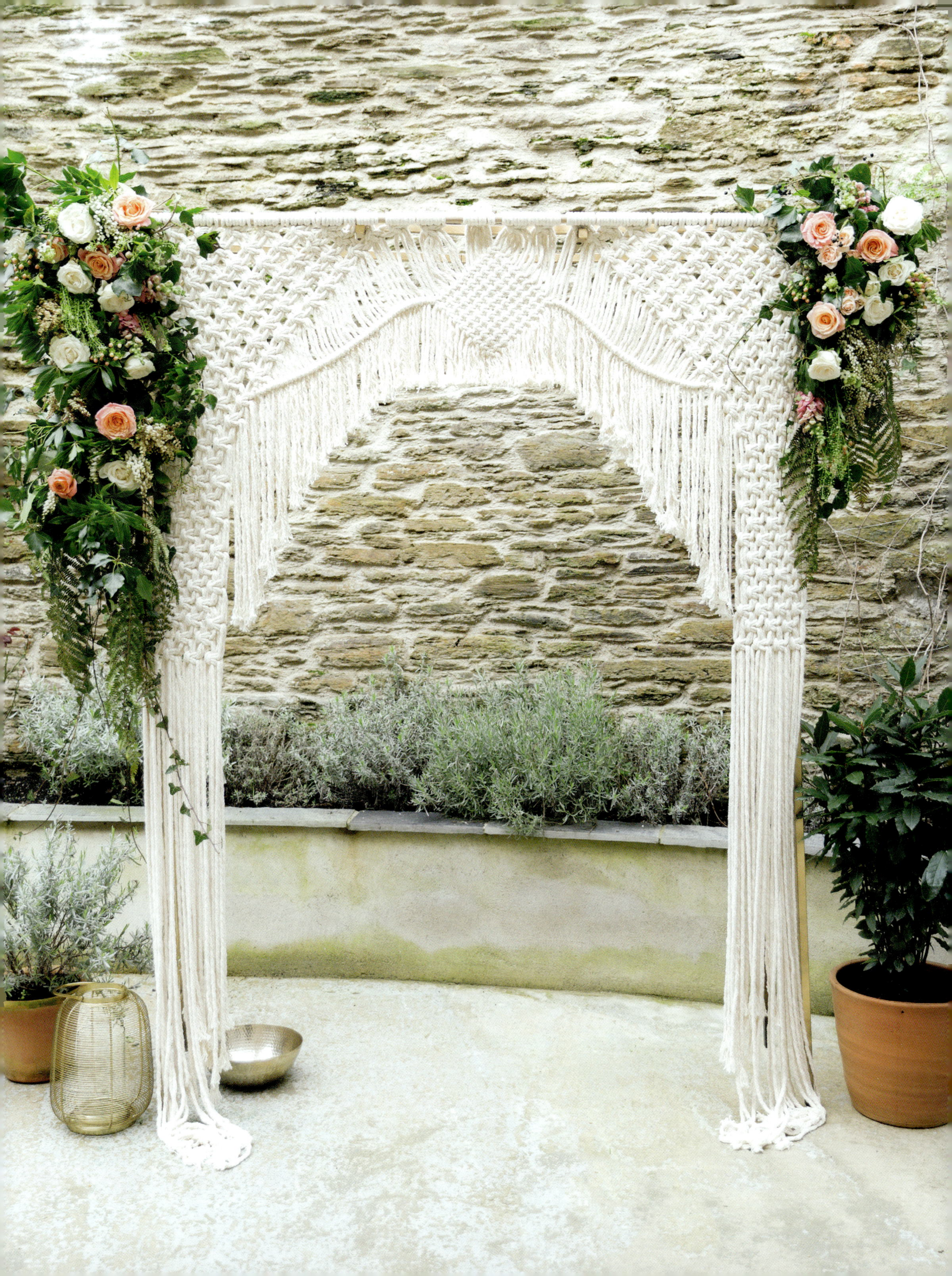

ANLEITUNG

1 Beginnend 8 cm vom linken Ende des Holzstabs entfernt und von links nach rechts arbeitend befestigen Sie mit umgekehrten Lerchenkopfknoten (siehe S. 10 unter „Umgekehrter Lerchenkopfknoten") die Fäden in folgender Reihenfolge am Holzstab: acht 7 m lange Fäden; acht 6 m lange Fäden; acht 5 m lange Fäden; zwölf 4 m lange Fäden; vierundzwanzig 3 m lange Fäden; zwölf 4 m lange Fäden; acht 5 m lange Fäden; acht 6 m lange Fäden; acht 7 m lange Fäden. Lassen Sie 8 cm des Holzstabs am rechten Ende unbedeckt und schieben Sie die Fäden so zurecht, dass der Abstand zwischen ihnen gleichmäßig ist. (Siehe S. 20 unter „Befestigungstechniken")

2 Knüpfen Sie direkt unterhalb des Holzstabs eine Reihe mit vierundzwanzig 8-fädigen Kreuzknoten (siehe S. 12 unter „Kreuzknoten"), für die Sie vier Füllerfäden und zwei Knüpffäden auf jeder Seite benutzen (siehe S. 8 unter „Knotenterminologie").

3 Nummerieren Sie die Fäden von 1 bis 192 (siehe S. 21 unter „Fäden nummerieren").

4 Gehen Sie 6 cm nach unten und knüpfen Sie einen Kreuzknoten mit den Fäden 95–98.

5 Beginnend mit dem Kreuzknoten aus den Fäden 95–98 arbeiten Sie ein zunehmendes Kreuzknotenmuster (siehe S. 14 unter „Zunehmendes Kreuzknotenmuster"), bei dem Sie die Reihen jeweils direkt untereinander knüpfen und enden, wenn Sie eine Reihe mit neun Kreuzknoten fertiggestellt haben.

6 Beginnen Sie direkt unterhalb der Reihe mit den neun Kreuzknoten ein abnehmendes Kreuzknotenmuster (siehe S. 15 unter „Abnehmendes Kreuzknotenmuster"), bis Sie eine Reihe mit nur einem Kreuzknoten gefertigt und die Rautenform vervollständigt haben.

7 Sie haben zwei Fadengruppen nicht für die Rautenform benutzt: Gruppe 1 – Fäden 1–78; und Gruppe 2 – Fäden 115–192. Gehen Sie für die Gruppe 1 für 1,5 cm nach unten, versetzen Sie, von links nach rechts arbeitend, die Fäden (siehe S. 8 unter „Knotenterminologie") und knüpfen Sie eine Reihe mit neun 8-fädigen Kreuzknoten.

8 Machen Sie mit Gruppe 1 weiter, gehen Sie 1,5 cm nach unten, versetzen Sie, von links nach rechts arbeitend, die Fäden und knüpfen Sie eine Reihe mit neun 8-fädigen Kreuzknoten.

9 Machen Sie mit Gruppe 1 weiter, gehen Sie 1,5 cm nach unten, versetzen Sie, von links nach rechts arbeitend, die Fäden und knüpfen Sie eine Reihe mit acht 8-fädigen Kreuzknoten.

10 Gehen Sie für die Gruppe 2 für 1,5 cm nach unten, versetzen Sie, von rechts nach links arbeitend, die Fäden und knüpfen Sie eine Reihe mit neun 8-fädigen Kreuzknoten.

11 Fahren Sie mit Gruppe 2 fort, gehen Sie 1,5 cm nach unten, versetzen Sie, von rechts nach links arbeitend, die Fäden und knüpfen eine Reihe mit neun 8-fädigen Kreuzknoten.

12 Fahren Sie mit Gruppe 2 fort, gehen Sie 1,5 cm nach unten, versetzen Sie, von rechts nach links arbeitend, die Fäden und knüpfen eine Reihe mit acht 8-fädigen Kreuzknoten.

13 Machen Sie für die Gruppen 1 und 2 mit diesem versetzten (8-fädigen) Kreuzknotenmuster weiter (siehe S. 13 unter „Versetztes Kreuzknotenmuster"), wobei Sie über weitere neun Reihen hinweg einen Abstand von 1,5 cm zwischen jeder Reihe lassen und für jede folgende Reihe vier Fäden zur Mitte des Musters hin auslassen. Damit wird erreicht, dass das Muster von der Mitte nach außen abnimmt und ein Bogen entsteht, während an den Außenseiten das versetzte Muster standardmäßig bleibt. Sie haben nun eine Reihe mit vier 8-fädigen Kreuzknoten in beiden Gruppen 1 und 2.

14 Versetzen Sie für die Gruppen 1 und 2 die Fäden, gehen Sie 1,5 cm nach unten und knüpfen Sie eine Reihe mit drei 8-fädigen Kreuzknoten.

15 Versetzen Sie für die Gruppen 1 und 2 die Fäden, gehen Sie 1,5 cm nach unten und knüpfen Sie eine Reihe mit vier 8-fädigen Kreuzknoten.

16 Setzen Sie für die Gruppen 1 und 2 dieses versetzte (8-fädigen) Kreuzknotenmuster fort, wobei Sie über weitere zehn Reihen hinweg einen Abstand von 1,5 cm zwischen jeder Reihe lassen. Nun wird die Bogenform sichtbar.

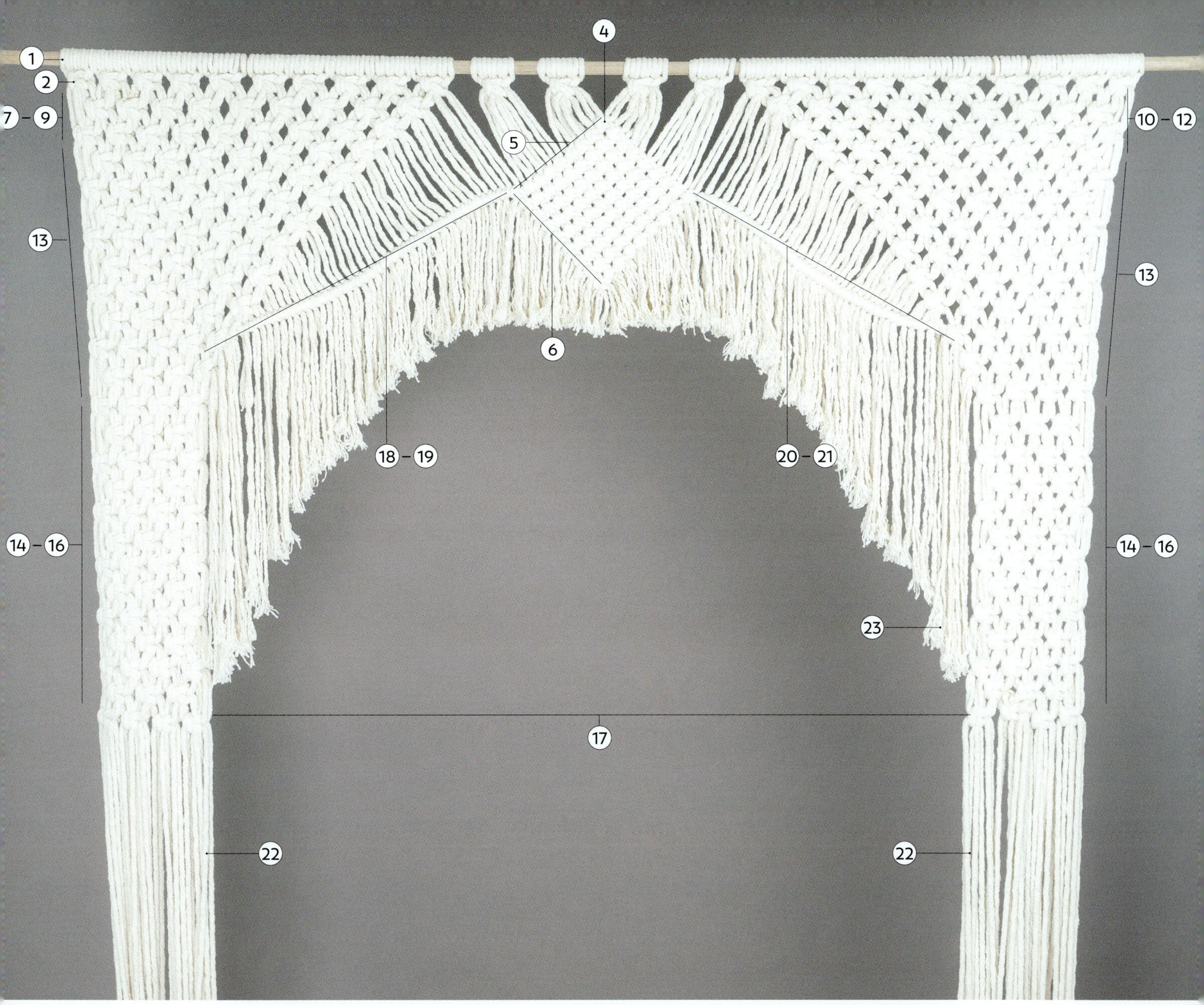
1
2
7 – 9
4
5
10 – 12
13
13
6
18 – 19
20 – 21
14 – 16
14 – 16
23
17
22
22

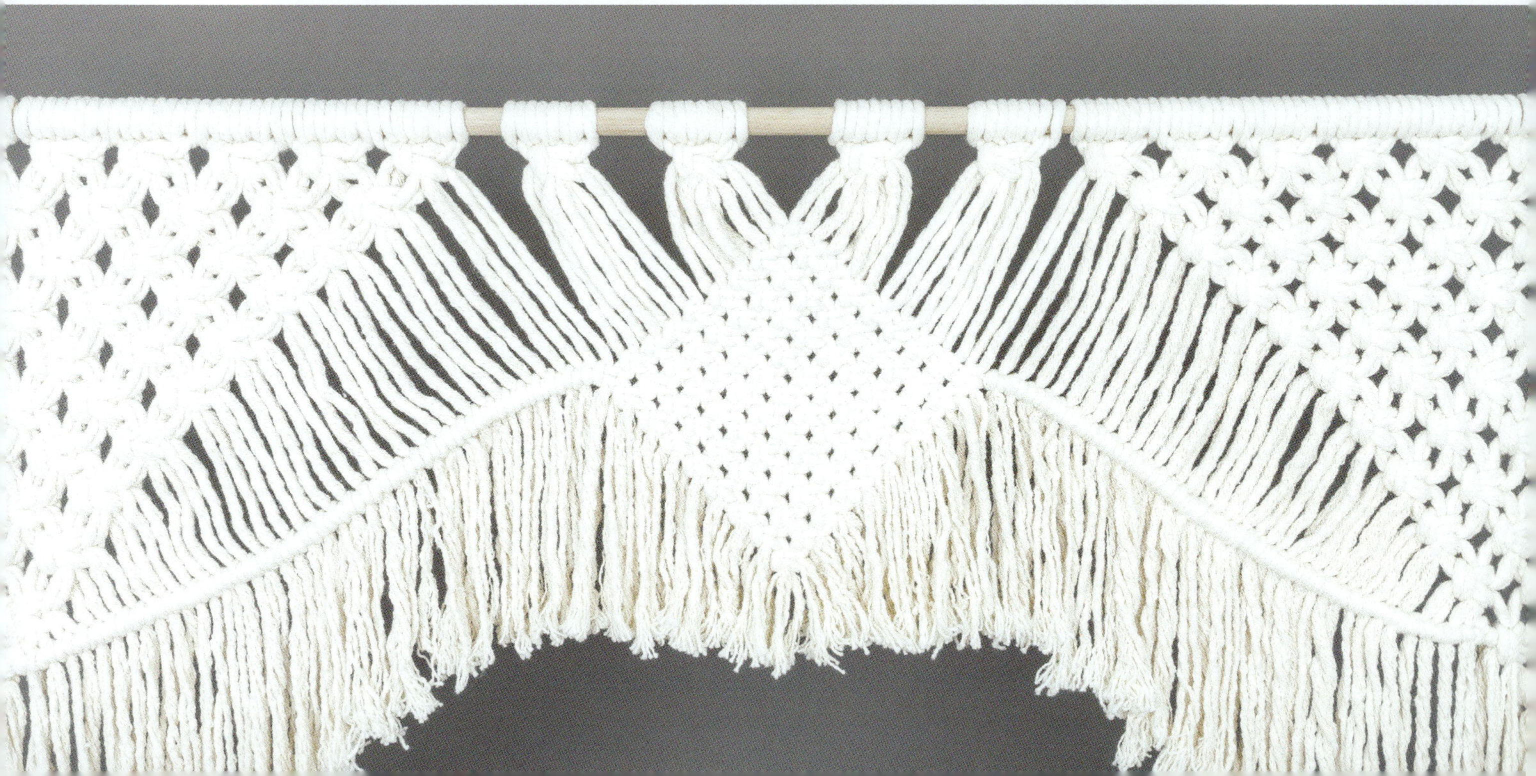

17 Legen Sie die äußeren Teile zur Seite (zweiunddreißig Fäden auf jeder Seite), nummerieren Sie die Fäden im mittleren Teil des Designs von 1 bis 128.

18 Machen Sie Faden 47 zum Leitfaden: Führen Sie ihn von rechts nach links diagonal nach unten und knüpfen Sie einen doppelten halben Schlag (siehe S. 9 unter „Halbe Schläge"), um ihn in der Lücke zwischen der zehnten und elften Reihe mit 8-fädigen Kreuzknoten zu fixieren.

19 Binden Sie die Fäden 9–46 mit diagonalen doppelten halben Schlägen (siehe S. 9 unter „Halbe Schläge") an Leitfaden 47.

20 Machen Sie Faden 82 zum Leitfaden: Führen Sie ihn diagonal von links nach rechts unten und knüpfen Sie einen doppelten halben Schlag, um ihn in der Lücke zwischen der zehnten und elften Reihe mit 8-fädigen Kreuzknoten zu fixieren.

21 Befestigen Sie die Fäden 83–120 mit diagonalen doppelten halben Schlägen an Leitfaden 82.

22 Kürzen Sie anschließend die Fäden der äußeren Teile (zweiunddreißig Fäden auf jeder Seite) auf eine Länge von 2,4 m.

23 Kürzen Sie die Fäden im mittleren Teil bogenförmig auf die von Ihnen gewünschte Länge und fransen Sie sie aus (siehe S. 21 unter „Ausfransen").

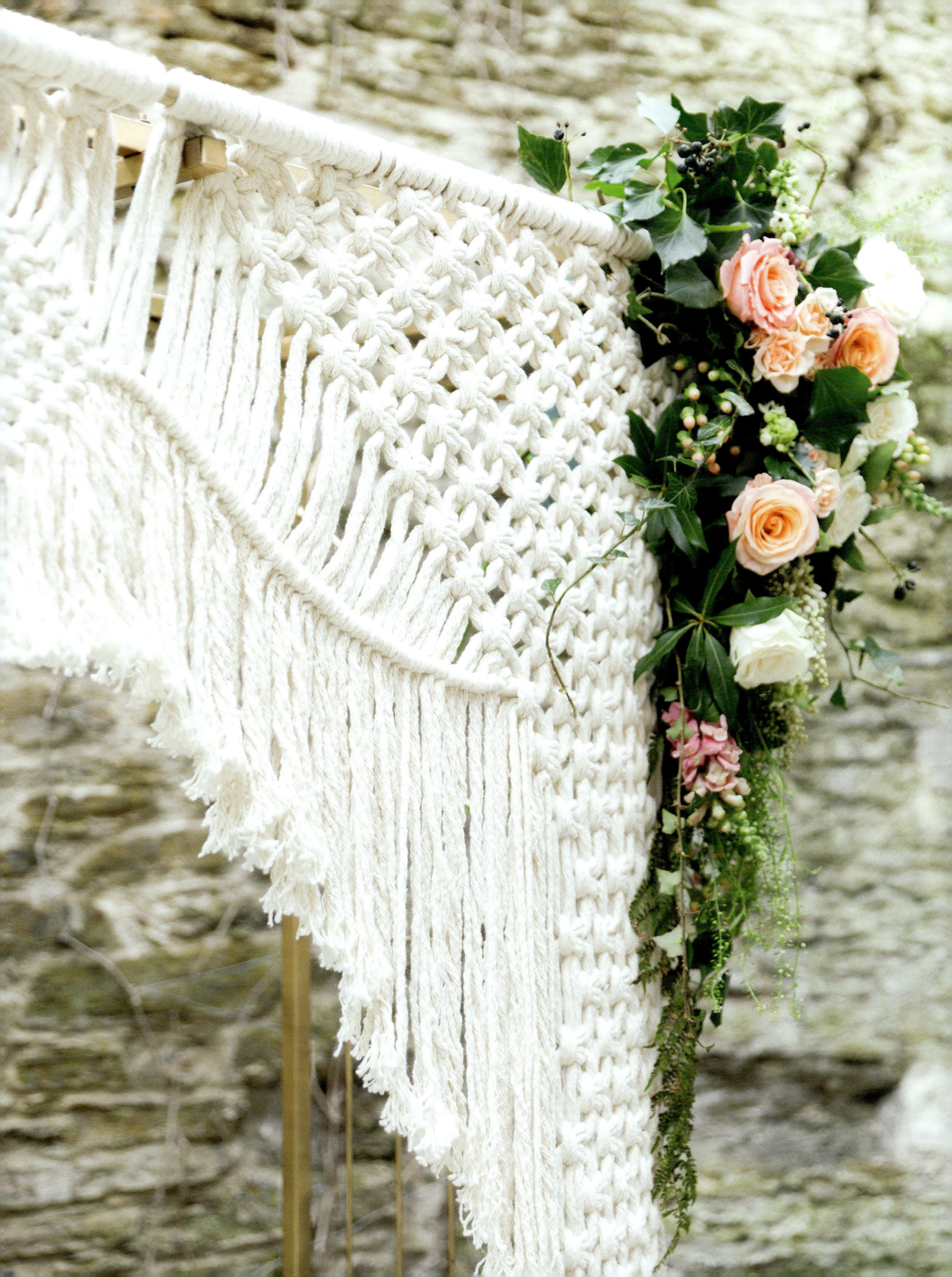

EINKAUFSNETZ

MATERIALIEN:

- Drei 32 m lange Schnüre, 5 mm dick, in Farben Ihrer Wahl
- 60 cm Schnur, 5 mm dick, in einer Farbe Ihrer Wahl
- Zwei hölzerne Taschengriffe mit einer Innenbreite von mindestens 12,5 cm

KNOTEN & TECHNIKEN:

- Umgekehrter Lerchenkopfknoten
- Kreuzknoten
- Versetztes Kreuzknotenmuster
- Doppelter halber Schlag
- Überhandknoten
- Fäden nummerieren
- Ausfransen

Dieses leuchtend bunte Einkaufsnetz können Sie mit ein paar einfachen Knoten arbeiten. Es eignet sich ideal, um damit zum Markt zu gehen oder sonstige Besorgungen zu machen. Sie können auch andere Griffe wählen, die Ihnen gut gefallen, aber denken Sie daran, dass die Griffe, die Sie sich aussuchen, die vorgesehene Zahl von Fäden aufnehmen können müssen.

VORBEREITUNG:

- Schneiden Sie acht 4 m lange Fäden von jeder der verschiedenfarbigen 32 m langen und 5 mm dicken Schnüre ab, sodass Sie insgesamt vierundzwanzig Fäden erhalten.

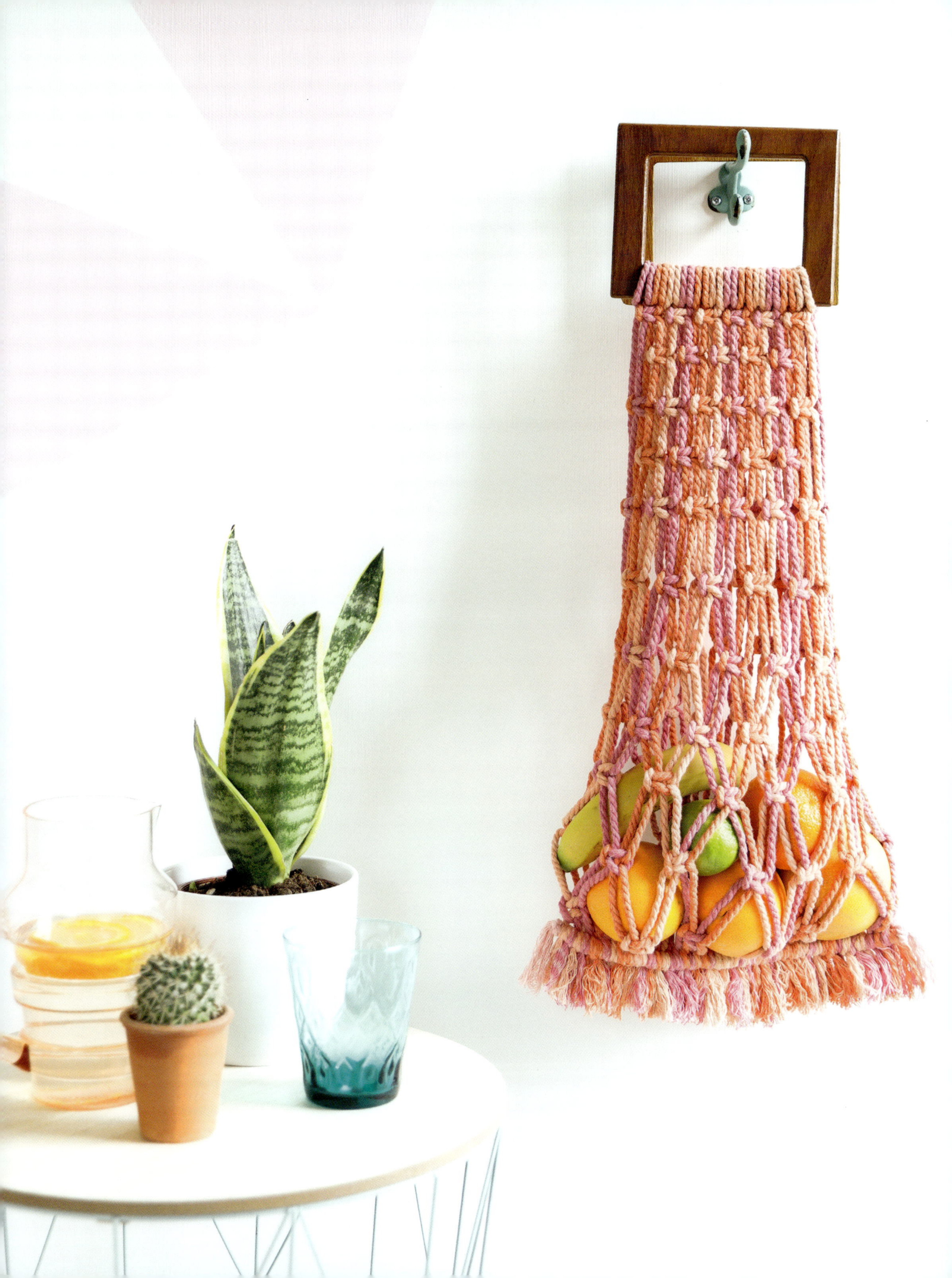

ANLEITUNG

1 Befestigen Sie zwölf 4 m lange Fäden mit umgekehrten Lerchenkopfknoten (siehe S. 10 unter „Umgekehrter Lerchenkopfknoten") an Ihrem ersten Taschengriff und wechseln Sie beim Arbeiten die Farben ab. Die Schnur wird über eine Breite von 12,5 cm befestigt. Das wird Griff Nummer 1.

2 Befestigen Sie nun die verbleibenden zwölf 4 m langen Fäden wie in Schritt 1 beschrieben an Ihrem zweiten Taschengriff. Das wird der Griff Nummer 2.

3 Bearbeiten Sie zunächst Griff 1 und knüpfen Sie eine Reihe von sechs Kreuzknoten (siehe S. 12 unter „Kreuzknoten") sehr fest direkt unterhalb des Griffs.

4 Versetzen Sie die Fäden (siehe S. 8 unter „Knotenterminologie"), gehen Sie 1,5 cm nach unten und knüpfen Sie eine Reihe mit fünf Kreuzknoten.

5 Versetzen Sie die Fäden, gehen Sie 2 cm nach unten und knüpfen Sie eine Reihe mit sechs Kreuzknoten.

6 Machen Sie mit einem versetzten Kreuzknotenmuster (siehe S. 13 unter „Versetztes Kreuzknotenmuster") über zwei weitere Reihen mit 2 cm Abstand dazwischen weiter.

7 Wiederholen Sie die Schritte 3–6 am Griff 2 und achten Sie darauf, dass die geknüpfte Strecke auf beiden Griffen gleich lang ist.

8 Nummerieren Sie für Griff 1 die Fäden von 1 bis 24 (siehe S. 21 unter „Fäden nummerieren").

9 Nummerieren Sie für Griff 2 die Fäden von 25 bis 48.

10 Bringen Sie beide Griffe zusammen, sodass die Vorderseite des Werkstücks auf beiden Seiten des Beutels nach außen zeigt. Um die Seiten des Beutels zu verbinden, bringen Sie die Fäden 1 und 2 mit 47 und 48 zusammen und knüpfen Sie 4 cm weiter unten einen Kreuzknoten mit den Fäden 48 und 1 als Füllerfäden und den Fäden 47 und 2 als Knüpffäden (siehe S. 8 unter „Knotenterminologie").

11 Bringen Sie ebenfalls 4 cm weiter unten die Fäden 23 und 24 mit 25 und 26 zusammen und knüpfen Sie einen Kreuzknoten mit den Fäden 24 und 25 als Füllerfäden und 23 und 26 als Knüpffäden.

12 Auf der Höhe der beiden in den Schritten 10 und 11 geknüpften Kreuzknoten knüpfen Sie nun fünf weitere Kreuzknoten auf jeder Seite des Beutels, sodass eine Reihe mit zwölf Kreuzknoten rund um die Tasche entsteht.

13 Machen Sie mit einem versetzten Kreuzknotenmuster rund um den Beutel weiter und lassen Sie über fünf weitere Reihen hinweg 4 cm Abstand zwischen jeder Reihe.

14 Fügen Sie nun den Beutel am unteren Ende zusammen. Legen Sie den Beutel flach hin und richten Sie die Griffe so aus, dass sie genau übereinanderliegen. Achten Sie dabei darauf, dass in der untersten Reihe die zwölf Kreuzknoten auf gleicher Höhe sind, Seite an Seite, beginnend mit einem Kreuzknoten von der hinteren Seite des Beutels, dann einem Kreuzknoten von der Vorderseite des Beutels und abwechselnd hintere und vordere Kreuzknoten über die ganze Reihe hinweg.

15 Legen Sie den 60 cm langen Faden horizontal direkt unter die Reihe mit zwölf Kreuzknoten. Er dient nun als Leitfaden.

16 Arbeiten Sie von links nach rechts und knüpfen Sie jeden Faden mit einem doppelten halben Schlag (siehe S. 9 unter „Halbe Schläge") an den Leitfaden, wobei Sie darauf achten, dass alle Fäden der in Schritt 14 geschaffenen Reihenfolge folgen.

17 Schieben Sie alle Fäden auf dem Leitfaden fest zusammen, knüpfen Sie dann einen festen Überhandknoten (siehe S. 8 unter „Überhandknoten") an jedem Ende des Leitfadens und lassen Sie die Enden des Leitfadens mit den Knüpffäden herunterhängen.

18 Kürzen Sie alle Fäden auf 5 cm Länge und fransen Sie sie aus, wenn Sie es wünschen (siehe S. 21 unter „Ausfransen").

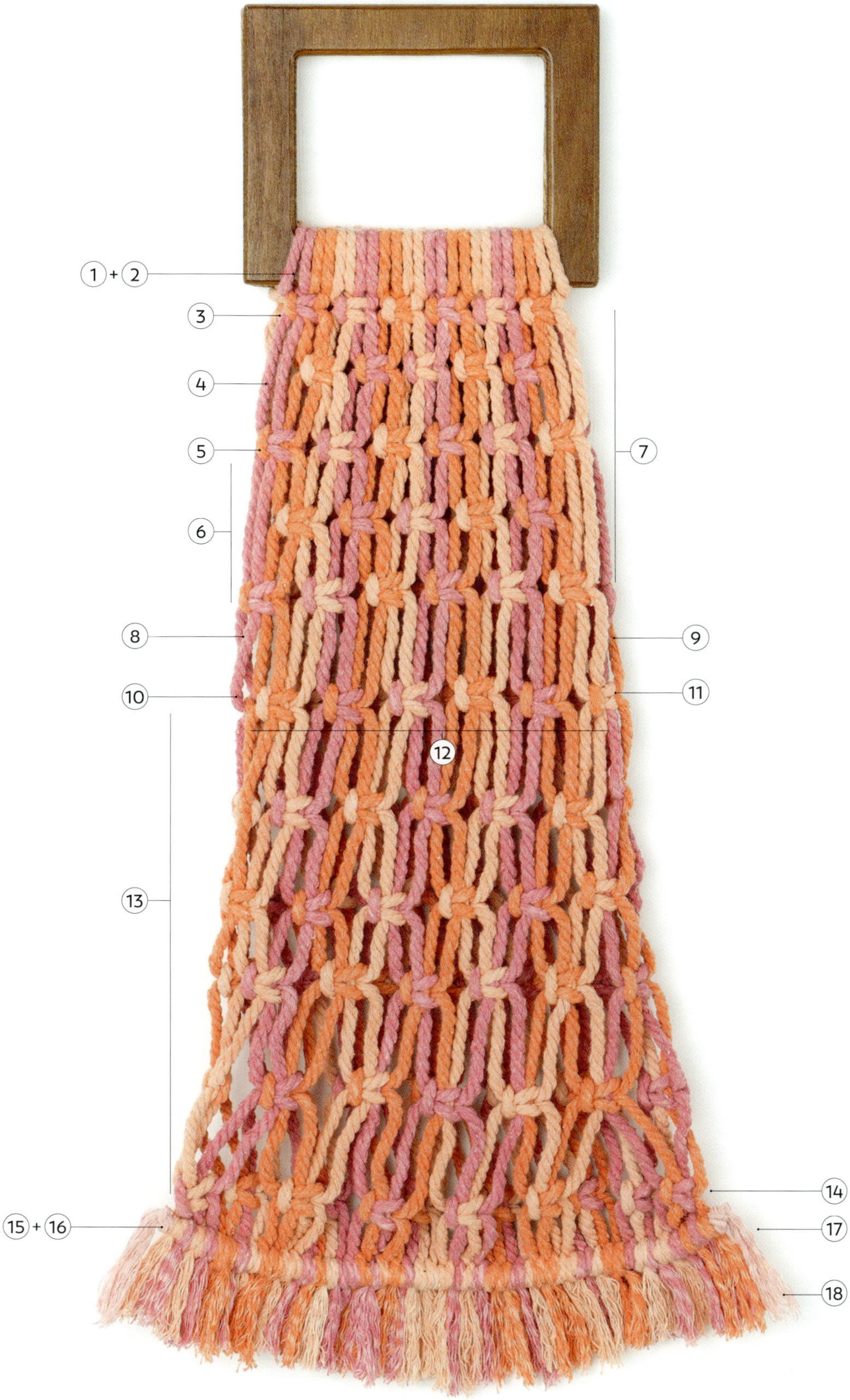
1 + 2
3
4
5
6
7
8
9
10
11
12
13
14
15 + 16
17
18

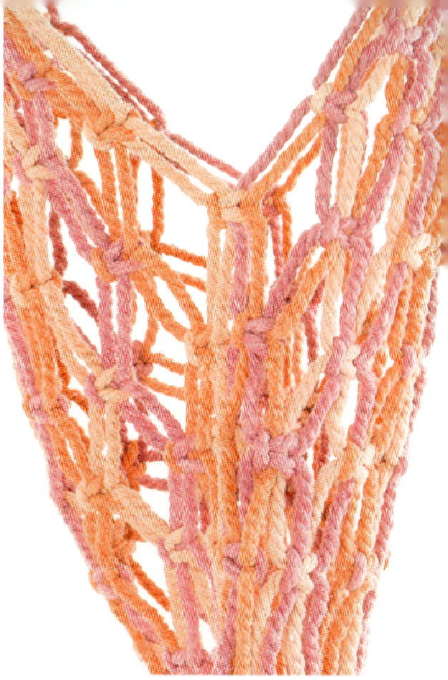

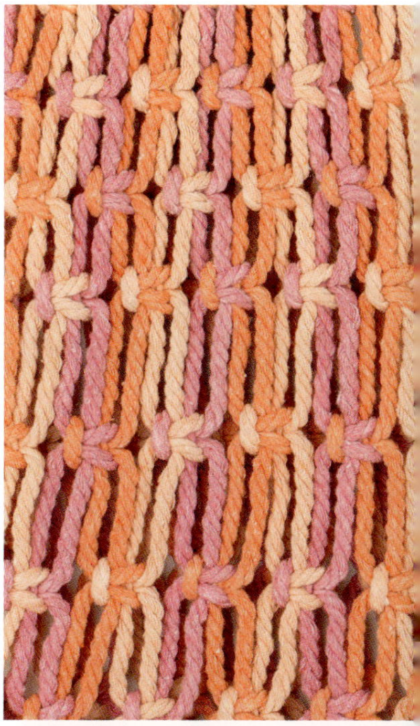

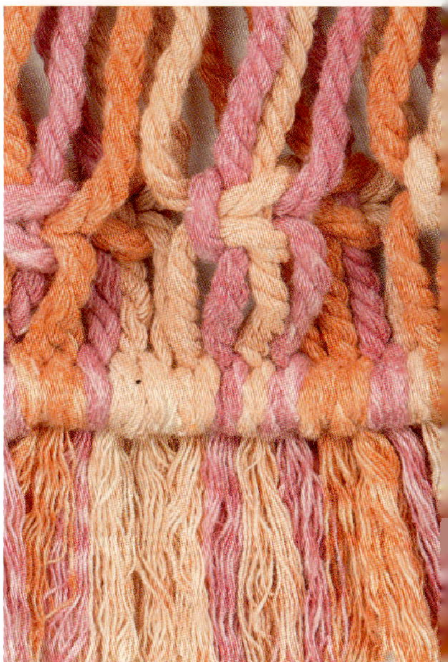

CLUTCH

MATERIALIEN:

- 54 m Juteschnur, 3 mm dick
- 56 m Schnur, 3 mm dick
- Heißklebepistole
- Drei magnetische Druckknöpfe, 18 mm

KNOTEN & TECHNIKEN:

- Umgekehrter Lerchenkopfknoten
- Kreuzknoten
- Versetztes Kreuzknotenmuster
- Abnehmendes Kreuzknotenmuster
- Diagonaler doppelter halber Schlag
- Überhandknoten
- Fäden nummerieren
- Gewebter Abschluss
- Zusammenschnüren

Mit dieser selbst gemachten Makramee-Clutch ziehen Sie beim Ausgehen todsicher die Blicke Ihrer Freunde auf sich. Sie hat genau die richtige Größe für alles, was Sie für eine Party brauchen. Mit der hübschen Zickzackklappe und dem magnetischen Druckknopfverschluss ist sie ein Must-have, das zu einem modischen Outfit gehört.

VORBEREITUNG:

- Schneiden Sie achtzehn 3 m lange Fäden aus 3 mm dicker Jute zu.
- Schneiden Sie achtzehn 3 m lange Fäden aus 3 mm dicker Schnur zu.
- Schneiden Sie einen 2 m langen Faden aus 3 mm dicker Schnur zu.

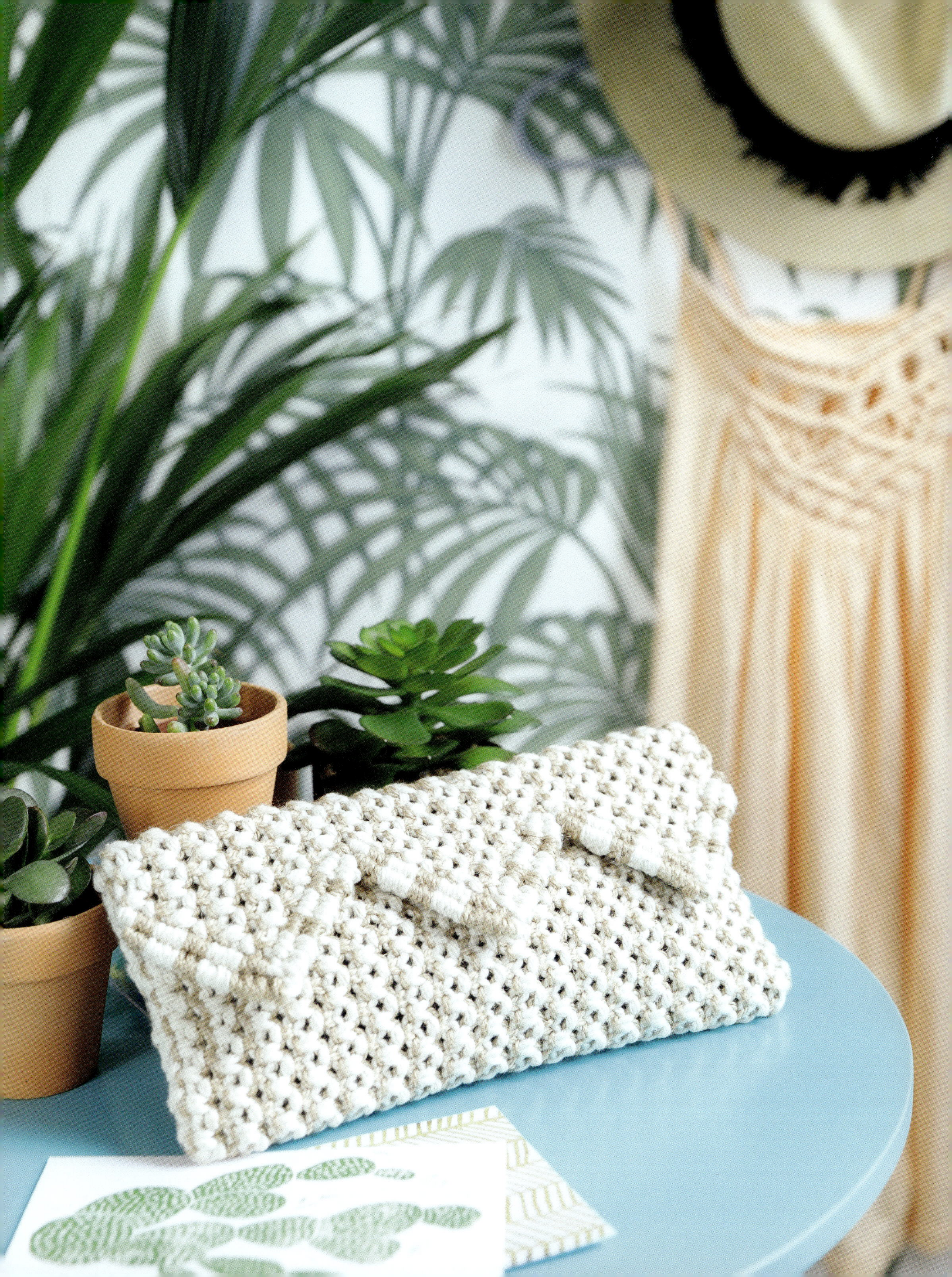

ANLEITUNG

1 Sichern Sie den 2 m langen Faden mit T-Nadeln auf einer Knüpfunterlage (siehe S. 6 unter „Werkzeug & Materialien") und achten Sie darauf, dass er stramm gespannt ist. Er dient als Leitfaden (siehe S. 8 unter „Knotenterminologie").

2 Wechseln Sie zwischen Jute- und Schnurfäden und befestigen Sie die achtzehn 3 m langen Jutefäden und die achtzehn 3 m langen Schnurfäden mit umgekehrten Lerchenkopfknoten (siehe S. 10 unter „Umgekehrter Lerchenkopfknoten") am Leitfaden. Die Fäden werden über eine Breite von 24,5 cm befestigt und sitzen in der Mitte des Leitfadens.

3 Knüpfen Sie direkt unterhalb des Leitfadens eine Reihe mit achtzehn Kreuzknoten (siehe S. 12 unter „Kreuzknoten").

4 Versetzen Sie die Fäden (siehe S. 8 unter „Knotenterminologie") und knüpfen Sie eine Reihe mit siebzehn Kreuzknoten.

5 Machen Sie mit einem versetzten Kreuzknotenmuster (siehe S. 13 unter „Versetztes Kreuzknotenmuster") ohne Zwischenräume zwischen den Reihen über weitere fünfundvierzig Reihen hinweg weiter und enden Sie mit einer Reihe mit achtzehn Kreuzknoten. Die Gesamtlänge des Makramees soll 27 cm betragen. Falls nötig, arbeiten Sie zusätzliche Reihen mit Kreuzknoten, um das Stück auf die erforderliche Länge zu bringen, aber denken Sie daran, dass es wichtig ist, mit einer Reihe mit achtzehn Kreuzknoten zu enden.

6 Unterteilen Sie die Fäden in drei Gruppen mit vierundzwanzig Fäden: Gruppe 1 – Fäden 1-24; Gruppe 2 – Fäden 25–48 und Gruppe 3 – Fäden 49–72. Führen Sie die Schritte 7– 15 an jeder der drei Fadengruppen aus, sodass die Zickzackklappe der fertigen Tasche entsteht.

7 Arbeiten Sie an jeder der drei Fadengruppen ein abnehmendes Kreuzknotenmuster (siehe S. 15 unter „Abnehmendes Kreuzknotenmuster") direkt unterhalb der letzten geknüpften Reihe, beginnend mit sechs Kreuzknoten und endend mit einem Kreuzknoten in der letzten Reihe.

8 Nummerieren Sie die Fäden in jeder der drei Gruppen von 1 bis 24 (siehe S. 21 unter „Fäden nummerieren").

9 Machen Sie Faden 1 zum Leitfaden; führen Sie ihn von links nach rechts diagonal am Rand des Musters nach unten, sodass er direkt unterhalb des einzelnen Kreuzknotens sitzt, und knüpfen Sie diagonale doppelte halbe Schläge mit den Fäden 2–12 (siehe S. 9 unter „Halbe Schläge").

10 Machen Sie Faden 24 zum Leitfaden; führen Sie ihn von links nach rechts diagonal am Rand des Musters nach unten, sodass er direkt unterhalb des einzelnen Kreuzknoten sitzt, und knüpfen Sie diagonale doppelte halbe Schläge mit den Fäden 13–23.

11 Legen Sie die Leitfäden (Fäden 1 und 24) so über Kreuz, dass sie ihre Position tauschen.

12 Nummerieren Sie die Fäden in jeder Gruppe nun neu von 1 bis 24.

13 Machen Sie Faden 1 zum Leitfaden; führen Sie ihn von links nach rechts unten, sodass er direkt unterhalb der Reihe mit diagonalen doppelten halben Schlägen sitzt, und knüpfen Sie diagonale halbe Schläge mit den Fäden 2–12.

14 Machen Sie Faden 24 zum Leitfaden; führen Sie ihn von rechts nach links unten, sodass er direkt unterhalb der Reihe mit diagonalen doppelten halben Schlägen sitzt, und knüpfen Sie diagonale halbe Schläge mit den Fäden 13–23.

15 Binden Sie die Leitfäden 1 und 24 mit einem doppelten Überhandknoten (siehe S. 8 unter „Überhandknoten) zusammen.

16 Nehmen Sie das Makramee vom Knüpfbrett. Drehen Sie das Makramee um und verbergen Sie mithilfe der Technik des gewebten Abschlusses (siehe S. 21 unter „Gewebter Abschluss") die Fäden entlang der Zickzackkante. (Schneiden Sie den Leitfaden nicht am geraden Ende ab.)

17 Kürzen Sie dann die Fäden in jeder Gruppe auf 5 mm Länge und fixieren Sie sie mit einer Heißklebepistole.

18 Damit aus Ihrem Makramee eine Clutch wird, legen Sie es mit der linken Seite nach oben hin, und zwar so, dass die Zacken oben liegen und das gerade Ende unten. Falten Sie den unteren Teil 12 cm nach oben.

19 Benutzen Sie den Leitfaden, um die Seiten der Tasche zusammenzuschnüren (siehe S. 21 unter „Zusammenschnüren") und enden Sie mit dem Leitfaden an der Innenseite der Tasche, wo Sie ihn mit einem doppelten Überhandknoten sichern.

20 Bringen Sie zum Schluss die magnetischen Druckknöpfe an. Befestigen Sie einen Teil jedes Druckknopfes mit der Heißklebepistole so an der Rückseite der Zacken und den anderen Teil auf der Vorderseite der Tasche, dass sie aufeinanderpassen, wenn die Zickzackklappe geschlossen ist.

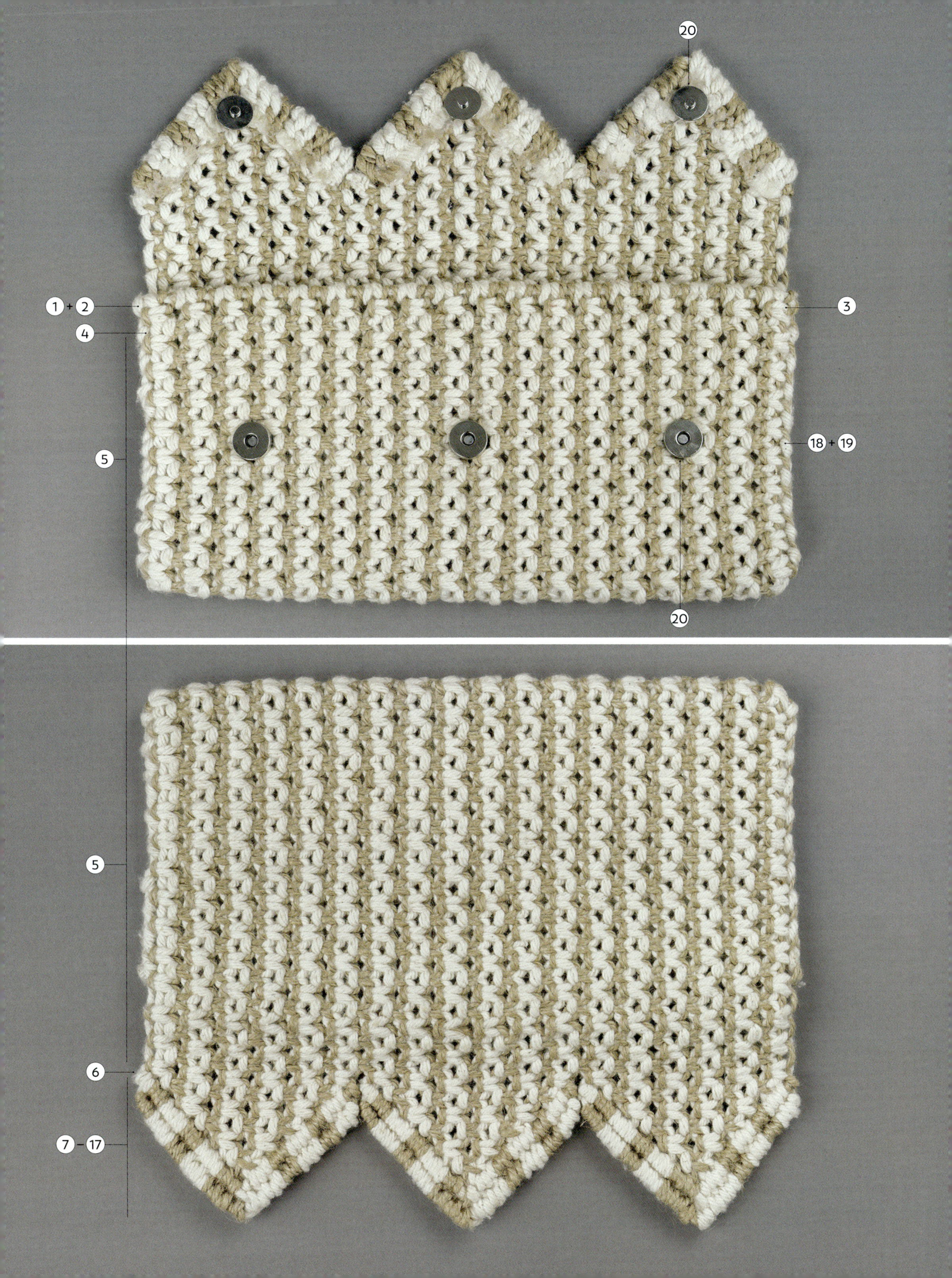
20
1 + 2
3
4
5
18 + 19
20
5
6
7 – 17

HÄNGENDES LICHT

Das mit einem einfachen, aber wirkungsvollen Halbknotenspiralmuster gefertigte hängende Licht ist ein ideales Makramee für Anfänger – es ist ein einfaches Projekt zum Selbermachen, mit dem Sie etwas Besonderes für Ihr Heim schaffen können. Wenn Sie etwas wirklich Tolles machen wollen, können Sie mehrere Lichter anfertigen und zu Ihrem ganz persönlichen Installationskunstwerk vereinen.

MATERIALIEN:

- 27 m Schnur, 8 mm dick
- 90 cm gedrehte Schnur, 4 mm dick
- 3 m farbigesTextilkabel mit Stecker, Kabel und E27-Lampenfassung

KNOTEN & TECHNIKEN:

- Halbknotenspirale
- Abbindeknoten

VORBEREITUNG:

- Befestigen Sie die Lampenfassung sicher an einer 2 m hohen horizontalen Leiste, damit das elektrische Kabel vertikal herunterhängen kann.

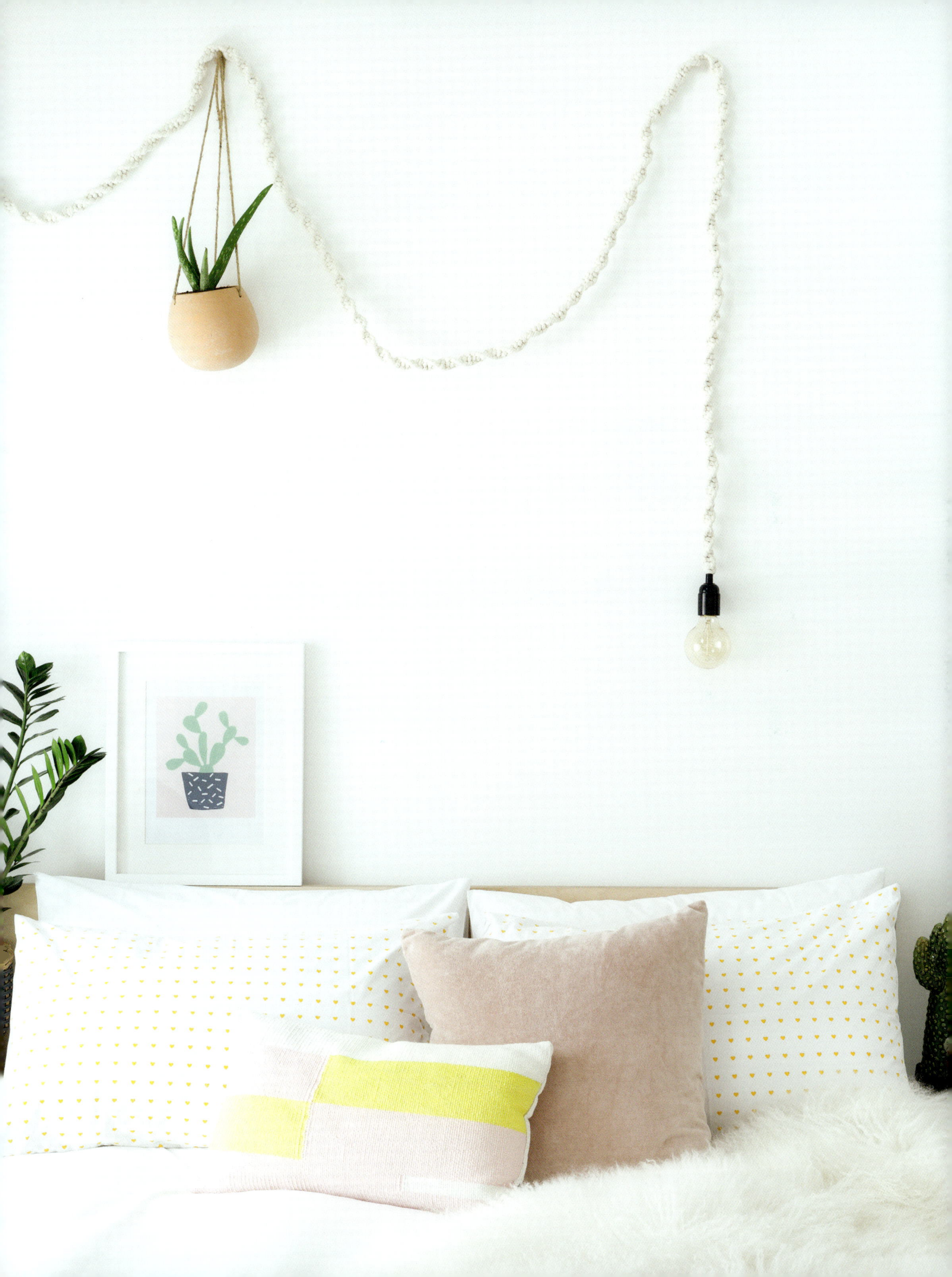

ANLEITUNG

1 Falten Sie die 27 m lange und 8 mm dicke Schnur auf die Hälfte und legen Sie die Schlaufe hinter das elektrische Kabel und so dicht wie möglich an die Lampenfassung.

2 Beginnen Sie mit dem Knüpfen einer Halbknotenspirale (siehe S. 17 unter „Halbknotenspirale"), wobei Sie das elektrische Kabel als Füllerfaden und die Schnurfäden als Knüpffäden benutzen und darauf achten, dass Sie Ihren ersten halben Knoten fest gegen die Lampenfassung drücken.

3 Setzen Sie die Halbknotenspirale fort, bis Sie 3 cm vor dem Stecker angelangt sind.

4 Schneiden Sie die überschüssige Schnur gleich über dem Stecker ab und drücken Sie die Enden flach gegen das elektrische Kabel.

5 Knüpfen Sie mit der 90 cm langen und 4 mm dicken gedrehten Schnur einen Abbindeknoten (siehe S. 11 unter „Abbindeknoten"), direkt unterhalb Ihres letzten halben Knotens beginnend. Bedecken Sie die Schnurenden und hören Sie direkt oberhalb des Steckers auf, sodass das gesamte elektrische Kabel ummandelt ist.

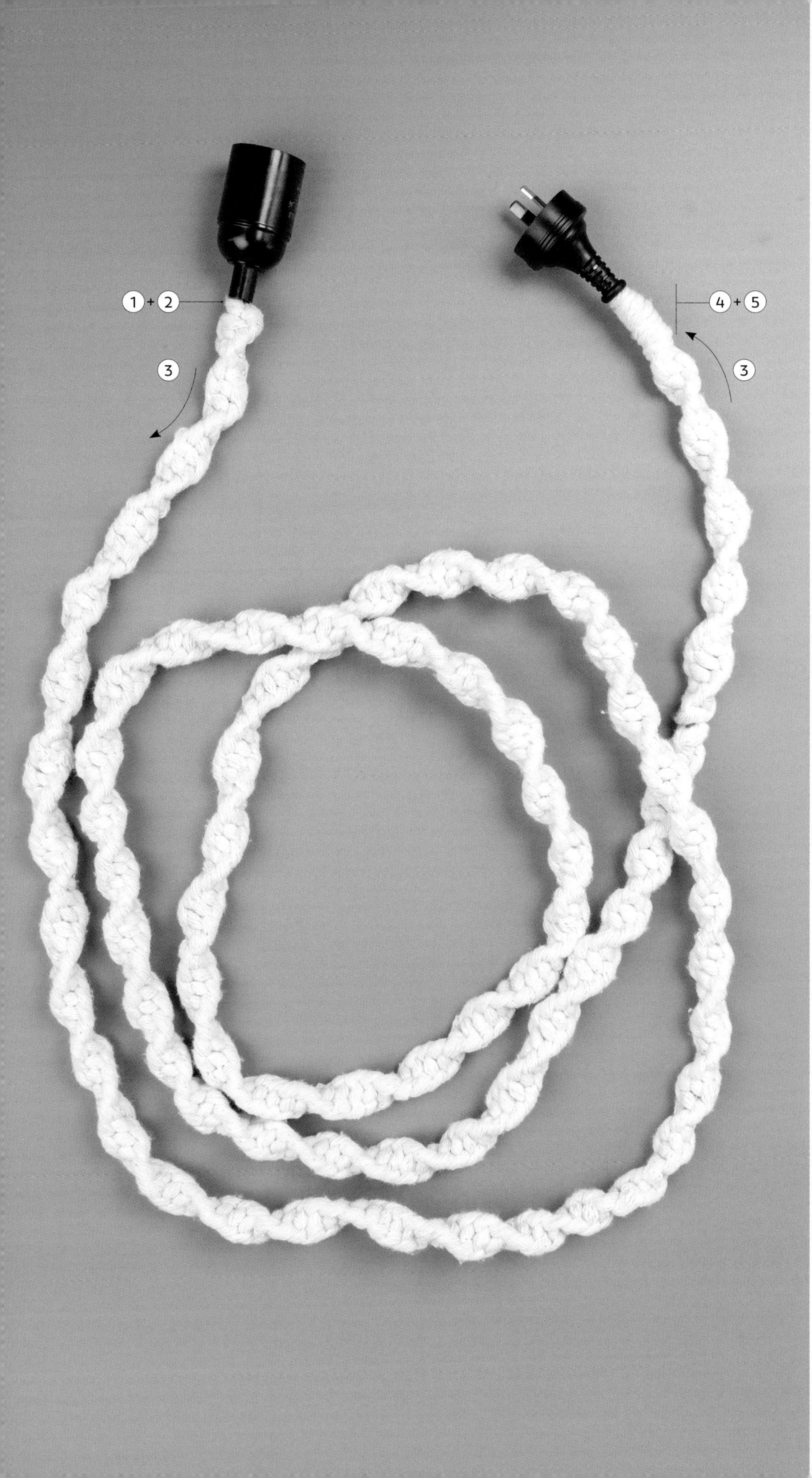
1 + 2
3
4 + 5
3
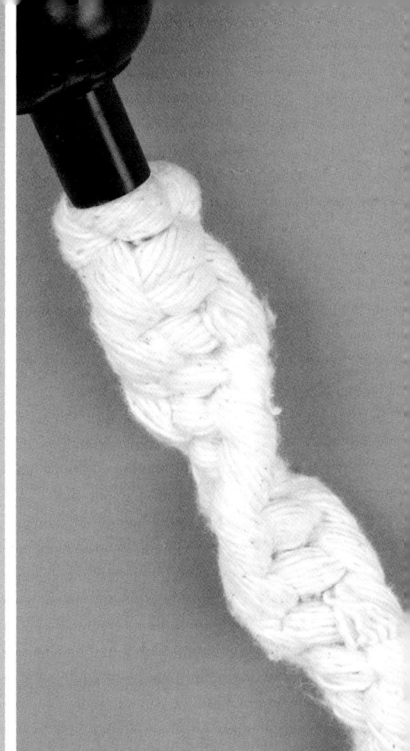
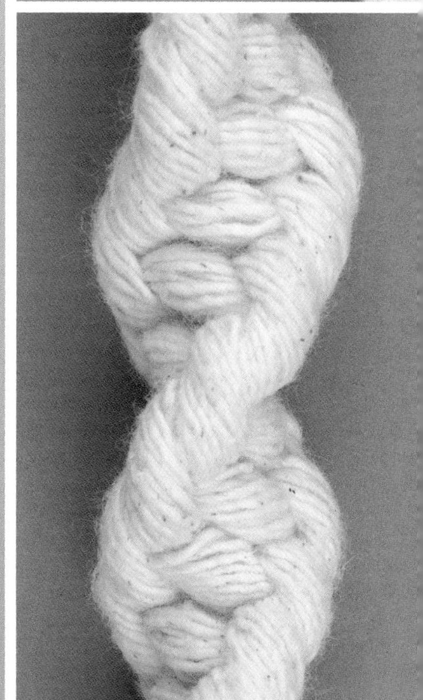
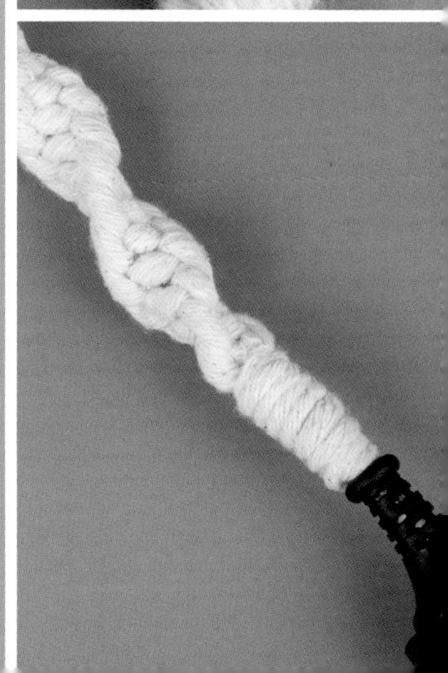

HÄNGELAMPE

MATERIALIEN:

- 106 m Schnur, 5 mm dick
- Metallring, 2,5 cm Durchmesser
- Vier Rohrringe: einer 10 cm; einer 13 cm; zwei 20 cm Durchmesser

KNOTEN & TECHNIKEN:

- Doppelter halber Schlag
- Umgekehrter Lerchenkopfknoten
- Kreuzknoten
- Dreifacher halber Schlag

Die Idee für diese formschöne Dekoration stammt von den fein perforierten marokkanischen Hängeleuchten. Die Lampe schafft eine einzigartige Stimmung, wo auch immer sie in Ihrem Heim hängt. Sie kann im Kinderzimmer als Mobile dienen oder als dekoratives Element neben Ihren Hängepflanzen platziert werden.

VORBEREITUNG:

- Schneiden Sie vierundzwanzig 4 m lange Fäden aus 5 mm dicker Schnur zu.
- Schneiden Sie zwei 5 m lange Fäden aus 5 mm dicker Schnur zu.

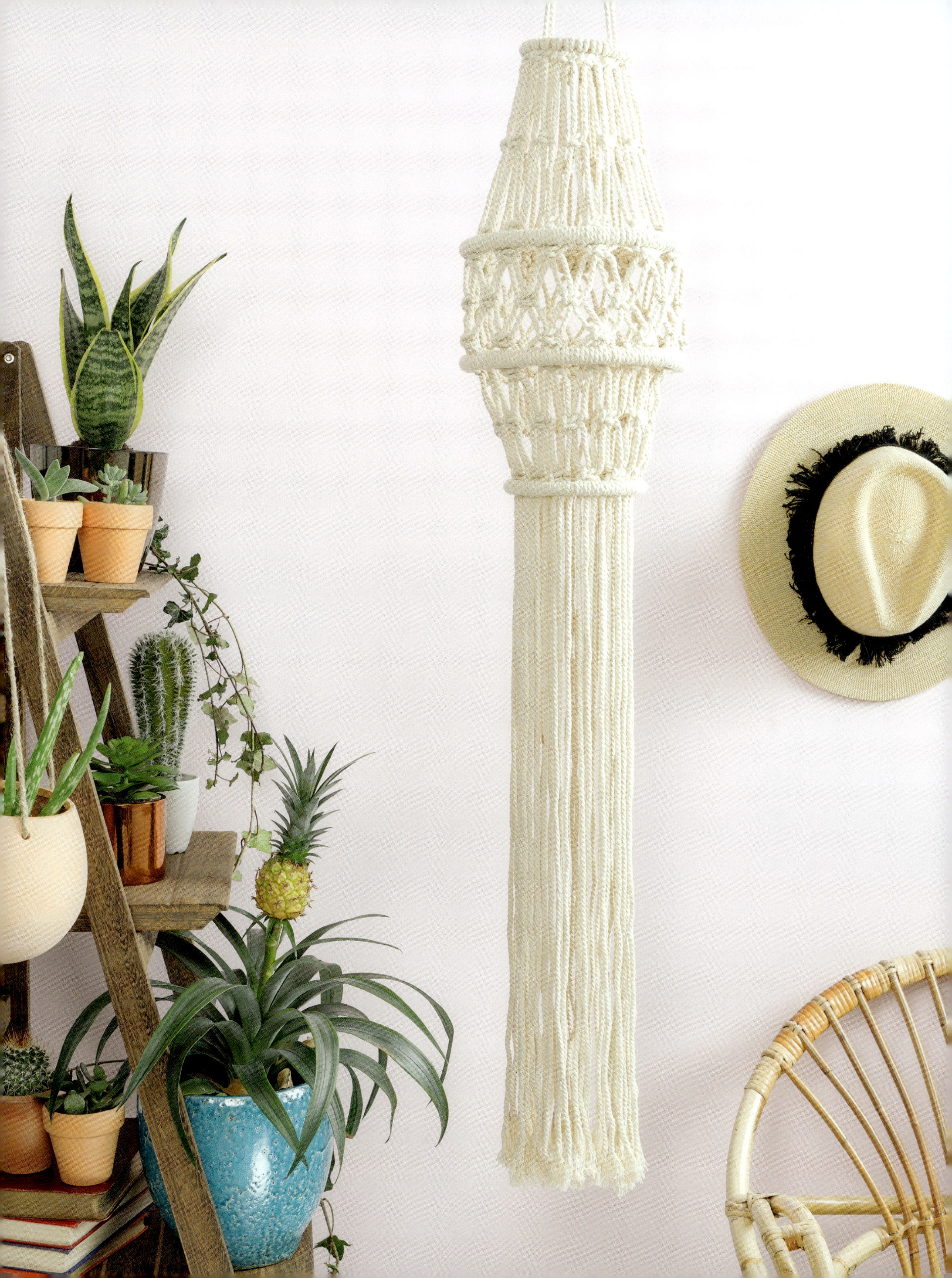

ANLEITUNG

1 Nehmen Sie beide 5 m lange Fäden, legen Sie sie doppelt und hängen Sie sie in den Metallring ein, sodass Sie vier gleich lange Fäden haben, die herunterhängen.

2 Führen Sie alle vier Fäden in den 10 cm breiten Rohrring. Der horizontal hängende Rohrring dient nun als Leitfaden (siehe S. 8 unter „Knotenterminologie").

3 Nehmen Sie zwei nebeneinanderliegende Fäden, gehen Sie 30 cm nach unten und knüpfen Sie die Fäden mit doppelten halben Schlägen an den Ring (siehe S. 9 unter „Halbe Schläge"). Knüpfen Sie ebenso die beiden anderen Fäden an die gegenüberliegende Seite des Rohrrings.

4 Befestigen Sie die vierundzwanzig 4 m langen Fäden an dem Rohring – zwölf Fäden an jeder Hälfte – und benutzen Sie dazu umgekehrte Lerchenkopfknoten (siehe S. 10 unter „Umgekehrter Lerchenkopfknoten").

5 Fixieren Sie die Fäden am Ring, indem Sie eine Reihe mit dreizehn Kreuzknoten (siehe S. 12 unter „Kreuzknoten") direkt unterhalb des Rohrrings knüpfen.

6 Versetzen Sie die Fäden (siehe S. 8 unter „Knotenterminologie"), gehen Sie 7 cm nach unten und knüpfen Sie eine Reihe mit dreizehn Kreuzknoten.

7 Versetzen Sie die Fäden, gehen Sie 7 cm nach unten und knüpfen Sie eine weitere Reihe mit dreizehn Kreuzknoten.

8 Legen Sie alle Fäden in einen der 20 cm breiten Rohrringe. Der horizontal hängende Rohrring dient nun als Leitfaden. Knüpfen Sie alle Fäden mit dreifachen halben Schlägen (siehe S. 9 unter „Halbe Schläge") an den Rohrring.

9 Fixieren Sie die Fäden am Ring, indem Sie eine Reihe mit dreizehn Kreuzknoten direkt darunter knüpfen.

10 Versetzen Sie die Fäden, gehen Sie 3 cm nach unten und knüpfen Sie eine Reihe mit dreizehn Kreuzknoten.

11 Versetzen Sie die Fäden, gehen Sie 3 cm nach unten und knüpfen Sie eine weitere Reihe mit dreizehn Kreuzknoten.

12 Wiederholen Sie die Schritte 8 und 9 mit dem zweiten 20 cm breiten Rohrring.

13 Versetzen Sie die Fäden, gehen Sie 4,5 cm nach unten und knüpfen Sie eine Reihe mit dreizehn Kreuzknoten.

14 Versetzen Sie die Fäden, gehen Sie 4,5 cm nach unten und knüpfen Sie eine weitere Reihe mit dreizehn Kreuzknoten.

15 Legen Sie alle Fäden in den 13 cm breiten Rohrring. Dieser horizontal hängende Rohrring dient nun als Leitfaden. Knüpfen Sie alle Fäden mit doppelten halben Schläge an den Rohrring.

16 Schneiden Sie die Fäden auf eine Länge von 65 cm oder eine von Ihnen gewünschte Länge ab.

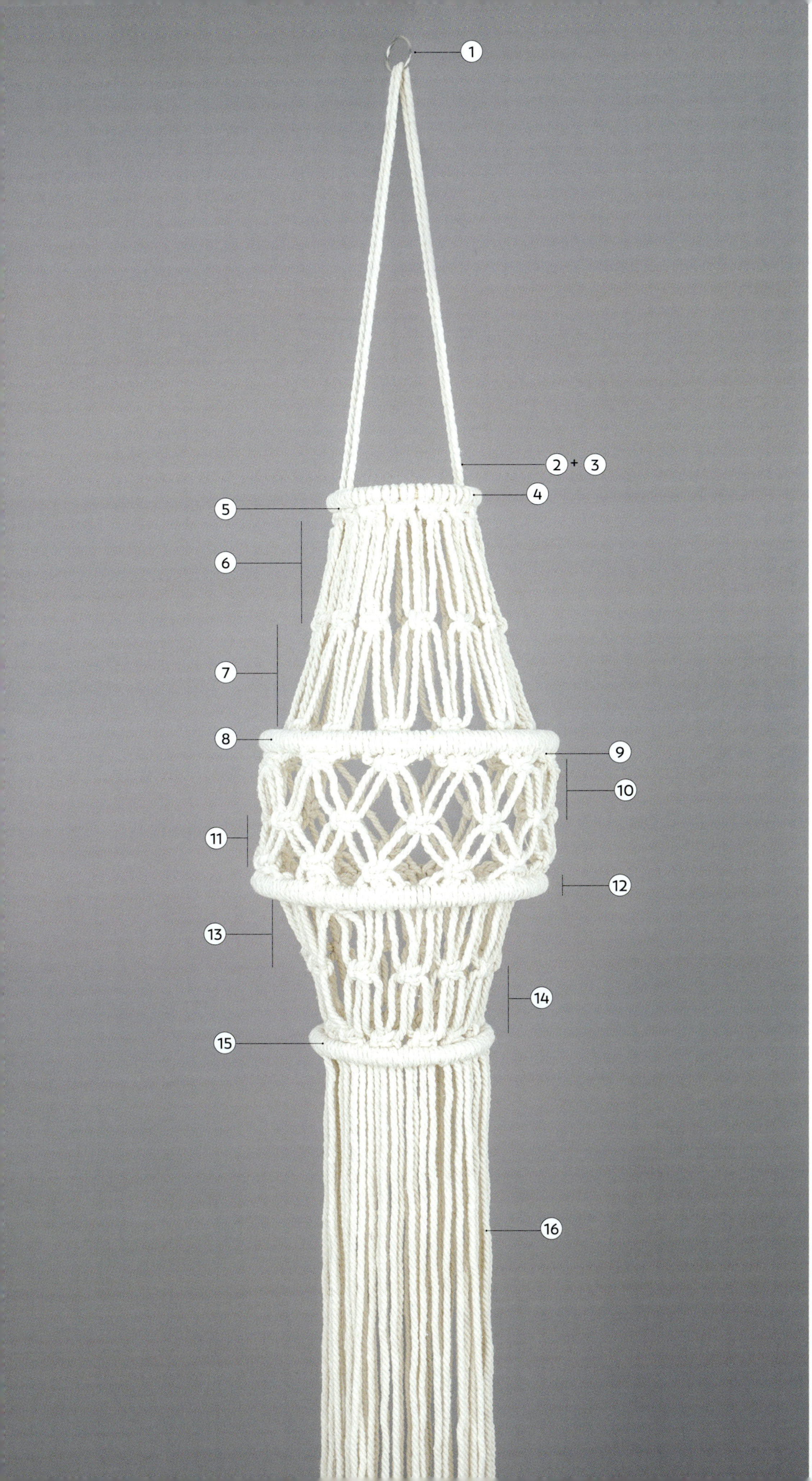
1
2 + 3
4
5
6
7
8
9
10
11
12
13
14
15
16

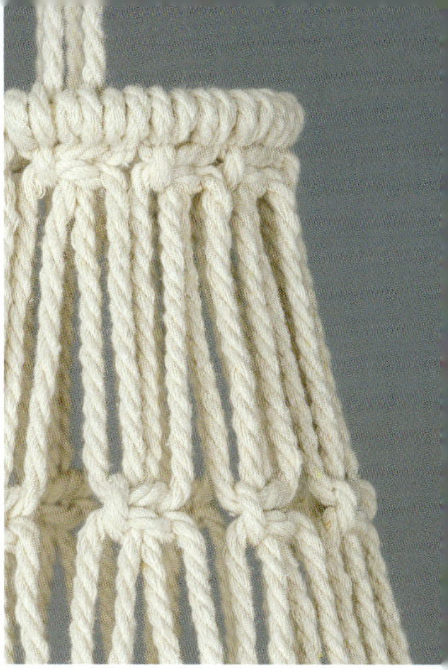

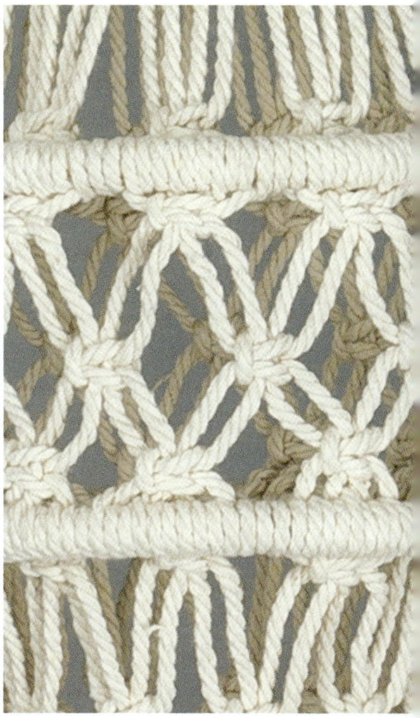

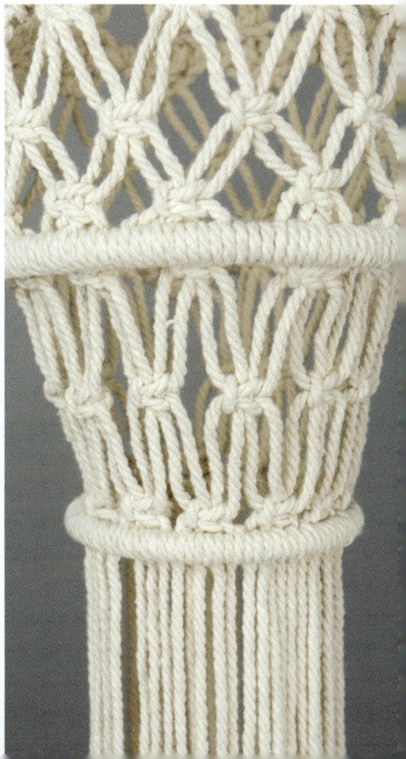

CREOLEN

Wenn Sie sich einmal an modischem Schmuck in Makramee versuchen möchten, ist dieses Projekt für den Anfang ideal. Ein Paar im Laden gekaufter Creolen wird mit einem Kreuzknotenmuster überzogen und mit runden Metallperlen verziert. Sie sind so einfach zu machen, dass Sie sich bestimmt noch mehr Paare in verschiedenen Farben anfertigen werden, die Ihre Auswahl an Modeschmuck schick ergänzen.

MATERIALIEN:

- 2,6 m Nylonperlenschnur, 1 mm dick, in einer Farbe Ihrer Wahl
- Ein Paar Creolen, 4 cm Durchmesser
- Sechs 4 mm runde Metallperlen mit einem 2 mm großen Loch

KNOTEN & TECHNIKEN:

- Kreuzknoten
- Überhandknoten

VORBEREITUNG:

- Schneiden Sie zwei 1,3 m lange Fäden aus 1 mm dicker Nylonperlenschnur.

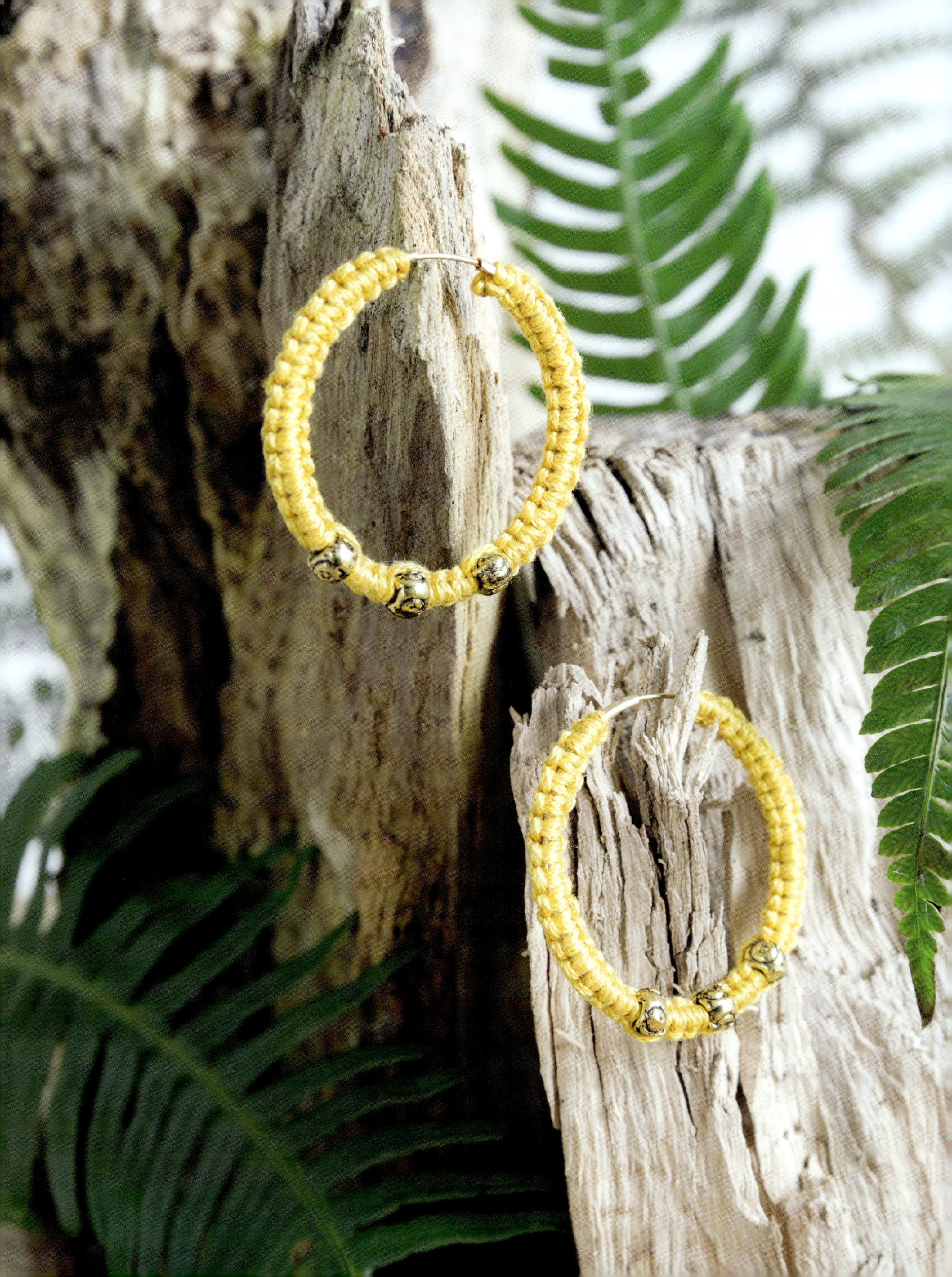

ANLEITUNG

1 Falten Sie einen der 1,3 m langen Fäden der Nylonperlenschnur auf die Hälfte und legen Sie ihn über die Innenseite einer der Creolen.

2 Fixieren Sie die Creole mit T-Nadeln auf einem Knüpfbrett (siehe S. 6 unter „Werkzeug & Materialien"). Die Creole wird als Ihr Füllerfaden dienen und die jeweiligen Seiten des gefalteten Fadens sind Ihre Knüpffäden (siehe S. 8 unter „Knotenterminologie").

3 Knüpfen Sie einen festen Kreuzknoten (siehe S. 12 unter „Kreuzknoten") so dicht wie möglich an der Stelle, wo sich der Steckverbinder in den Ring schiebt.

4 Knüpfen Sie ein Platting (siehe S. 8 unter „Knotenterminologie") mit fünfzehn Kreuzknoten rund um den Ring. Schieben Sie die Knoten fest zusammen, wenn das Platting fertiggestellt ist.

5 Fädeln Sie eine Metallperle auf den Ohrring und schieben Sie sie fest gegen das Kreuzknotenplatting.

6 Knüpfen Sie direkt unterhalb der Perle ein Platting aus drei Kreuzknoten.

7 Wiederholen Sie Schritt 5.

8 Wiederholen Sie Schritt 6.

9 Wiederholen Sie Schritt 5.

10 Knüpfen Sie direkt unterhalb der Perle ein Platting mit sechzehn Kreuzknoten, das kurz vor dem Steckverbinder endet.

11 Knüpfen Sie einen festen doppelten Überhandknoten mit beiden Fäden (siehe S. 8 unter „Überhandknoten").

12 Schneiden Sie die Fäden ab und verschmelzen Sie die Enden vorsichtig über einer Flamme, damit sie nicht ausfransen. Halten Sie die Flamme nicht zu dicht an die Fadenenden, sonst werden sie schwarz.

13 Wiederholen Sie die Schritte 1–12 mit der zweiten Creole.

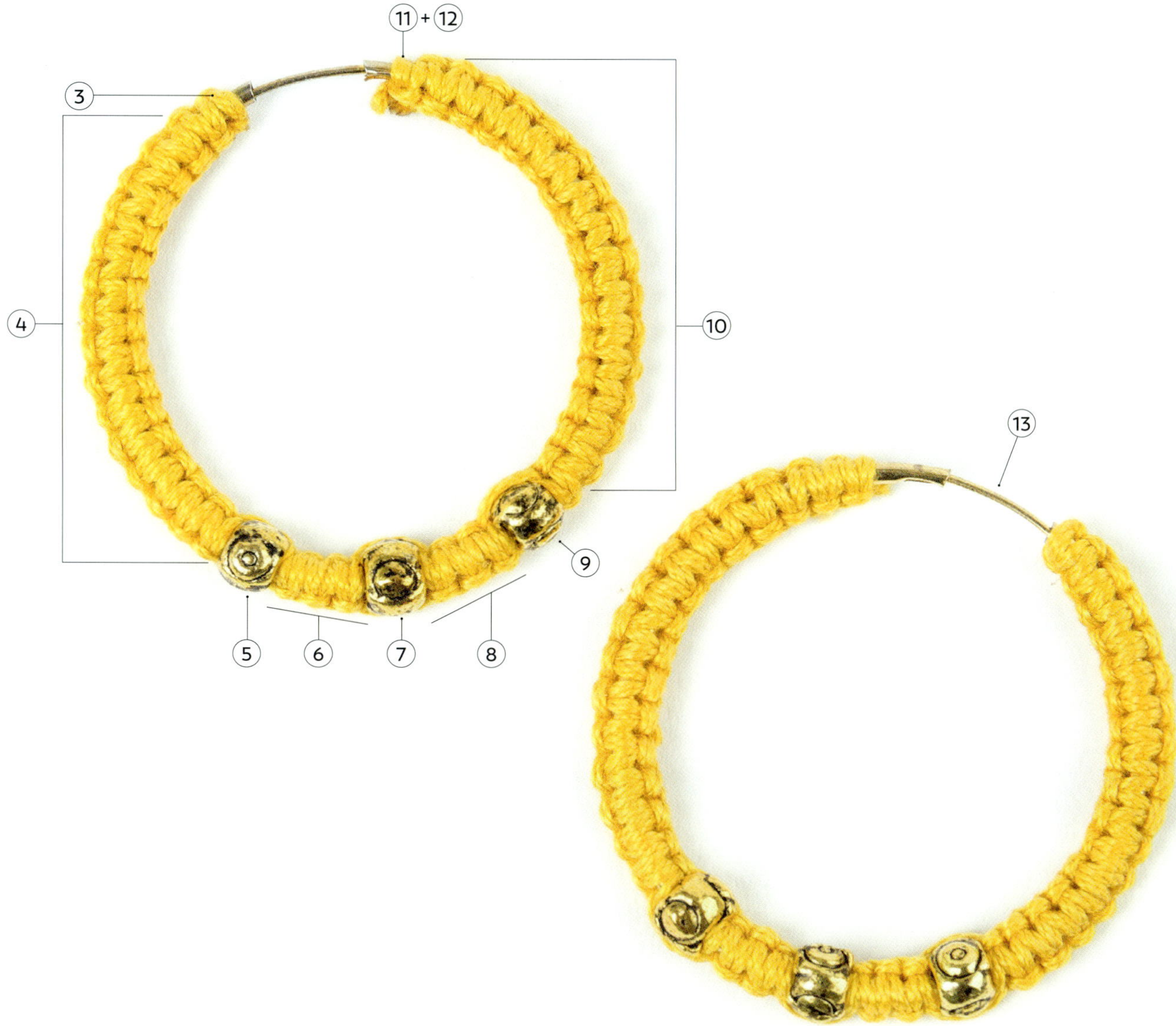
11 + 12
3
4
10
13
9
5
6
7
8

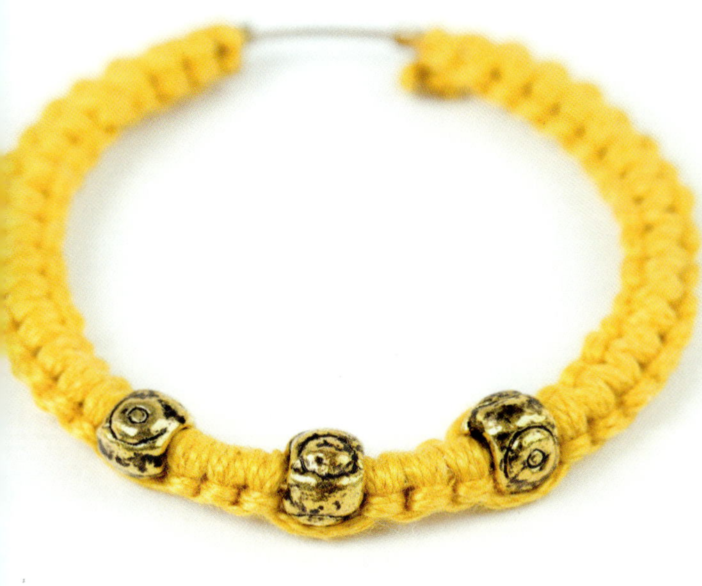

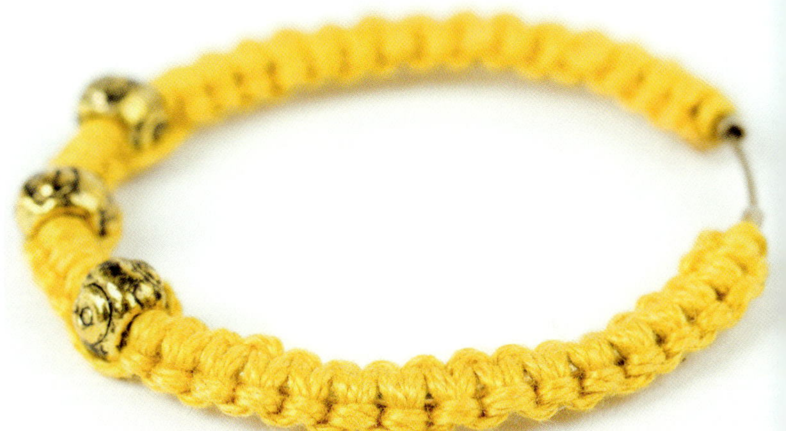

HALSBAND

MATERIALIEN:

- 12 m Nylonperlenschnur, 1 mm dick, in einer Farbe Ihrer Wahl
- 8 mm Biegering
- Vierzehn 4 mm runde Metallperlen mit einem 2 mm großen Loch

KNOTEN & TECHNIKEN:

- Umgekehrter Lerchenkopfknoten
- Kreuzknoten
- Überhandknoten
- Fäden nummerieren
- Flechten

Die feinen „Glieder" dieser eleganten, enganliegenden Halskette im Choker-Stil werden mit Kreuzknoten angefertigt und mit Metallperlen verschönert. Das fertige Stück wird mit geflochtenen Bändern um Ihren Hals geschlungen. Sie brauchen nur die Länge der Bänder zu verändern, damit die Kette länger oder kürzer wird. Sie können sich auch ein zum Halsband passendes Armband oder Fußband arbeiten – knüpfen Sie hierfür einfach weniger „Glieder".

VORBEREITUNG:

- Schneiden Sie acht 150 cm lange Fäden aus 1 mm dicker Nylonperlenschnur.

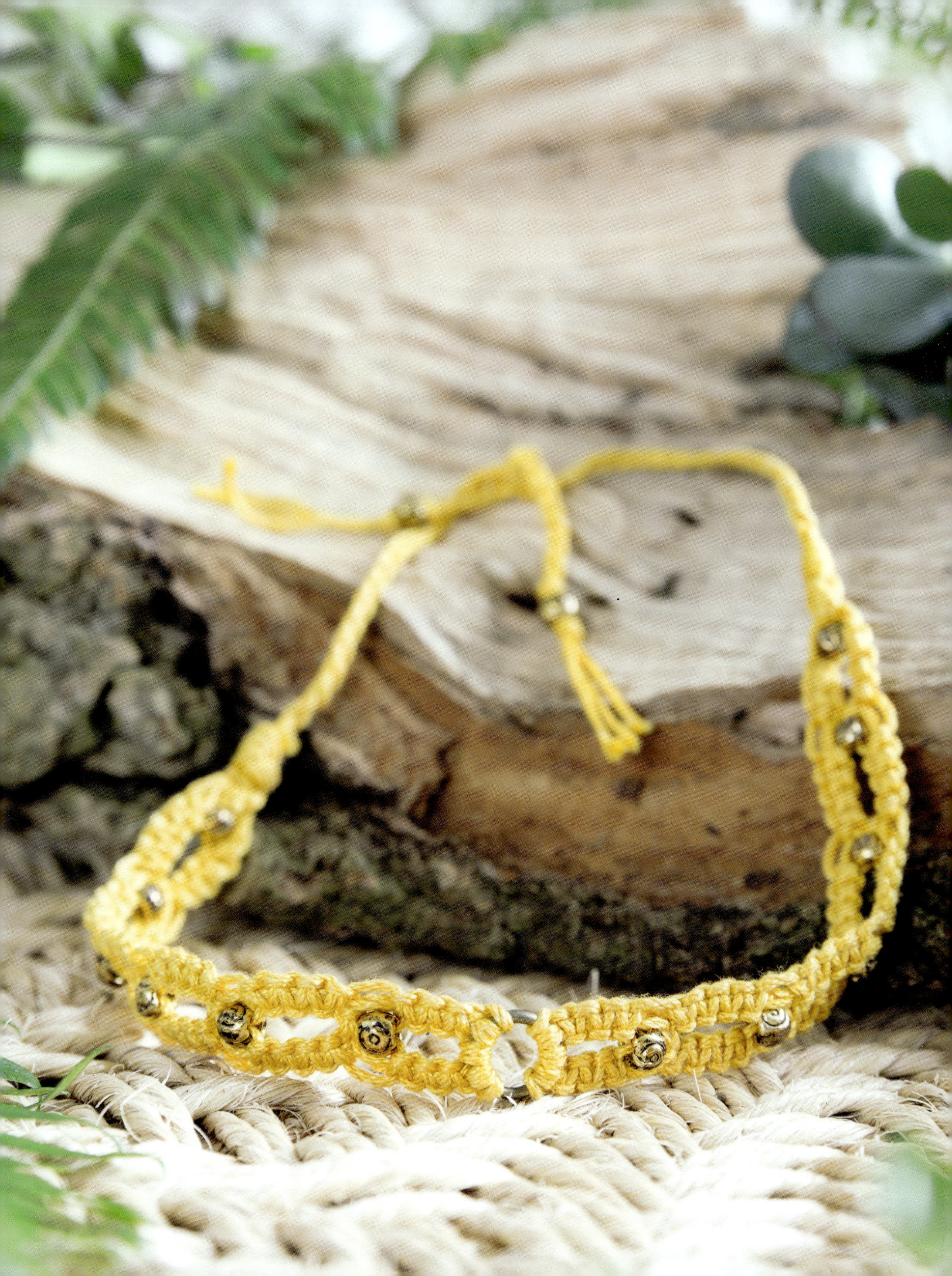

ANLEITUNG

1 Befestigen Sie den Biegering oben auf einem Knüpfbrett mit einer T-Nadel (siehe S. 6 unter „Werkzeug & Materialien).

2 Bringen Sie vier der 150 cm langen Fäden der Nylonperlenschnur mit umgekehrten Lerchenkopfknoten (siehe S. 10 unter „Umgekehrter Lerchenkopfknoten) an dem Biegering an.

3 Teilen Sie die Fäden in zwei Gruppen von je vier Fäden und knüpfen Sie mit jeder Gruppe ein Platting (siehe S. 8 unter „Knotenterminologie") mit drei Kreuzknoten (siehe S. 12 unter „Kreuzknoten").

4 Nummerieren Sie die Fäden von 1 bis 8 (siehe S. 21 unter „Fäden nummerieren"). Fädeln Sie eine Metallperle so auf die Fäden 4 und 5, dass die Perle direkt an die Kreuzknoten über ihr stößt.

5 Knüpfen Sie direkt unterhalb der Metallperle einen Kreuzknoten mit den Fäden 4 und 5 als Füllerfäden und den Fäden 3 und 6 als Knüpffäden (siehe S. 8 unter „Knotenterminologie").

6 Teilen Sie die Fäden in zwei Gruppen zu je vier Fäden und knüpfen Sie mit jeder Gruppe ein Platting mit vier Kreuzknoten.

7 Nummerieren Sie die Fäden von 1 bis 8. Fädeln Sie eine Metallperle so auf die Fäden 4 und 5, dass die Perle direkt an die Kreuzknoten über ihr stößt.

8 Knüpfen Sie direkt unter der Metallperle einen Kreuzknoten mit den Fäden 4 und 5 als Füllerfäden und den Fäden 3 und 6 als Knüpffäden.

9 Wiederholen Sie die Schritte 6–8 viermal.

10 Nummerieren Sie die Fäden von 1 bis 8. Knüpfen Sie einen 8-fädigen Kreuzknoten mit den Fäden 3–6 als Füllerfäden und den Fäden 1 und 2 und 7 und 8 als Knüpffäden.

11 Knüpfen Sie direkt unterhalb des 8-fädigen Kreuzknotens einen Überhandknoten (siehe S. 8 unter „Überhandknoten"), für den Sie alle 8 Fäden benutzen und den Sie sehr fest anziehen, um ihn zu sichern.

12 Schneiden Sie fünf der Fäden dicht unter dem Überhandknoten ab und verschmelzen Sie die Enden vorsichtig über einer Flamme. Achten Sie darauf, dass sie nicht schwarz werden, und pressen Sie sie dann auf den Knoten.

13 Flechten Sie mit den verbleibenden drei Fäden einen 12 cm langen Zopf (siehe S. 21 unter „Flechten") und sichern Sie ihn mit einem festen Überhandknoten.

14 Fädeln Sie eine Metallperle auf die Fäden und sichern Sie sie mit einem festen Überhandknoten, kürzen Sie dann die Fäden auf die von Ihnen gewünschte Länge.

15 Nehmen Sie das halb fertige Halsband vom Knüpfbrett, drehen Sie es um 180 Grad und befestigen Sie den Biegering wieder oben auf dem Knüpfbrett (die fertige Hälfte des Halsbands liegt mit der rechten Seite nach oben, hängt nun aber vom oberen Knüpfbrett herunter).

16 Wiederholen Sie nun die Schritte 2–14 auf der anderen Seite des Biegerings, um das Halsband fertigzuknüpfen.

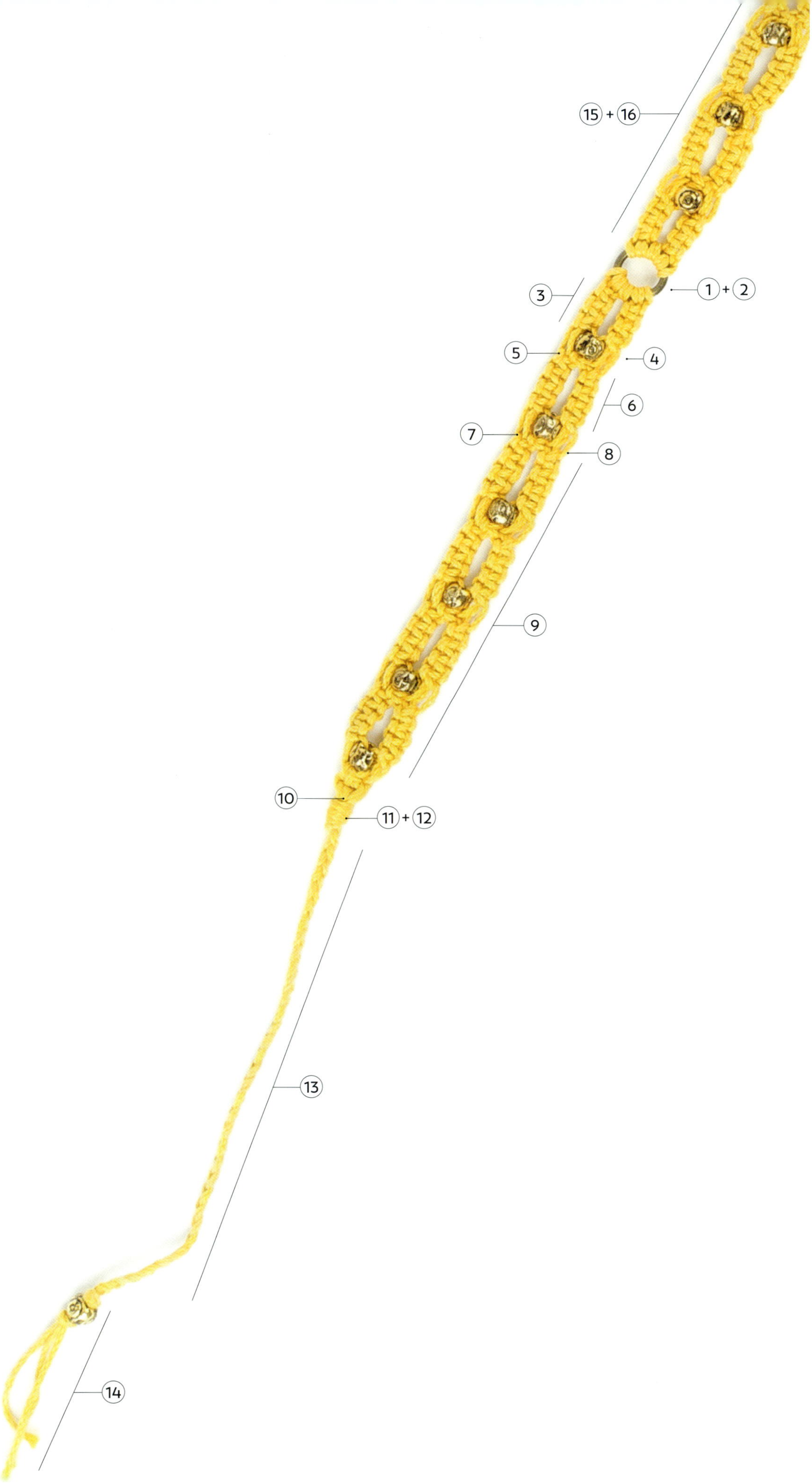

15 + 16
1 + 2
3
5
4
6
7
8
9
10
11 + 12
13
14

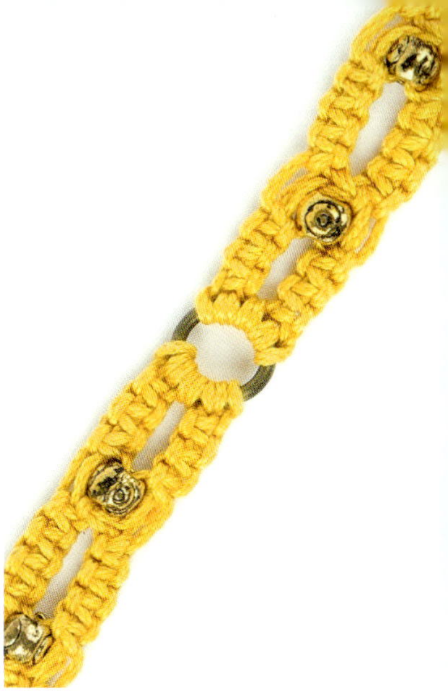

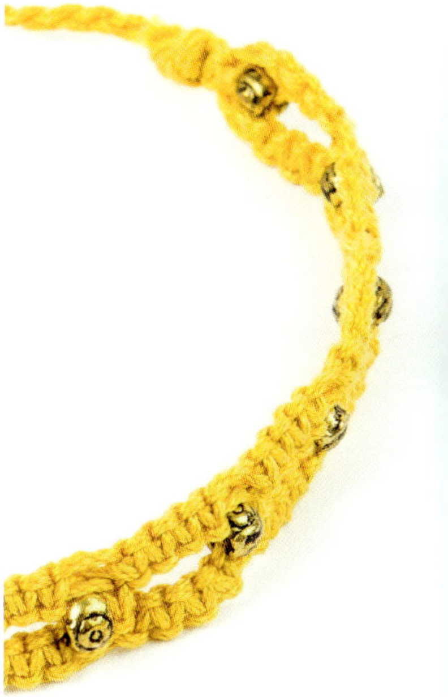

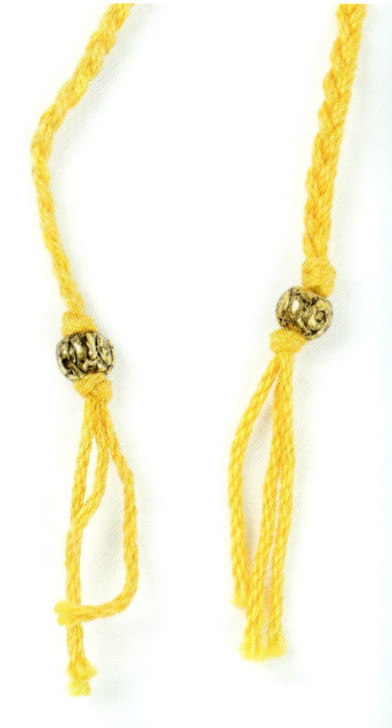

ÜBER DIE AUTORINNEN

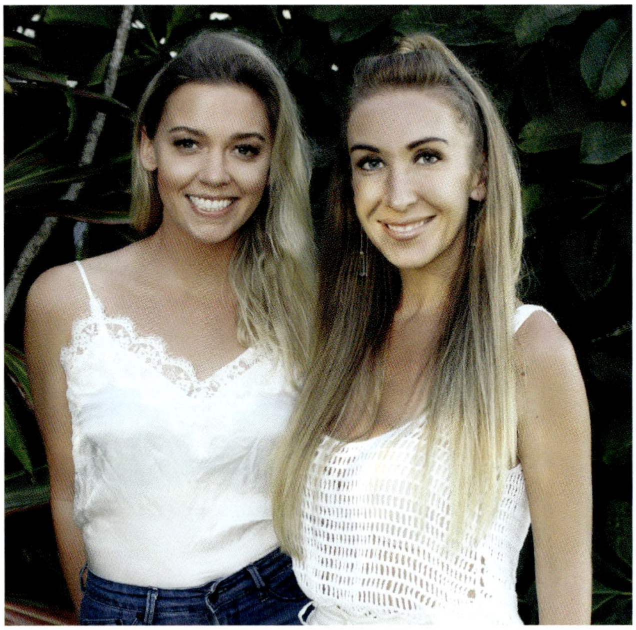

Amy Mullins und Marnia Ryan-Raison sind zwei australische Textilkünstlerinnen und Vorreiterinnen des neuen Makramee-Trends. Sie sind Freundinnen und lieben die Knüpfkunst. Marnia trat 2015 in Amys Online-Business Eden Eve ein. Seither gehören beide zu den führenden Namen in der Makramee-Welt. In ihrem erfolgreichen Online-Geschäft verkaufen Sie ihre eigenen Arbeiten, fertigen aber auch Auftragsarbeiten auf Wunsch ihrer Kunden, bieten Workshops und Zubehör sowie einen Mietservice für größere Arbeiten für besondere Anlässe an.
Sie haben sich zum Ziel gesetzt, eine optimale Auswahl moderner Makramee-Interpretationen zu schaffen, und mit diesem Buch, ihrem ersten, hoffen sie, andere zu inspirieren und ihnen dabei zu helfen, ihre Träume als Makramee-Künstler zu verwirklichen.

www.edeneve.com.au

REGISTER

ISBN 978-3-517-09677-3

4. Auflage 2020

Das vorliegende Buch ist eine Übersetzung aus dem Englischen.
First published 2017 under the title **Macramé for Beginners and Beyond by David and Charles Ltd.**, 1 Emperor Way, Exeter Business Park, Exeter, Devon, EX3 1QS, UK. Copyright (c) Amy Mullins and Marnia Ryan-Raison, David and Charles Ltd. 2017

Redaktionsleitung: Dr. Harald Kämmerer
Projektleitung: Stefanie Heim
Übersetzung: SAW Communications, Mainz, Sabine Tessloff
Redaktion, Satz und Producing: SAW Communications, Redaktionsbüro Dr. Sabine A. Werner, Mainz, in Zusammenarbeit mit Anke Enders - alles mit Medien, Sprendlingen
Buchdesign: Ali Stark
Fotografien: Jason Jenkins
Autorenfoto: Simone Ainsworth
Ausstattung: Prudence Rogers
Umschlaggestaltung: independent Medien-Design, München, unter Verwendung eines Fotos von © Jason Jenkins
Druck und Bindung: GPS Internationale Handels Holding GmbH, Velden, Austria

Printed in Europe

FSC www.fsc.org
MIX
Papier aus verantwortungsvollen Quellen
FSC® C118234

Penguin Random House Verlagsgruppe
FSC® N001967